A Morte da Tragédia

Coleção Estudos
Dirigida por J. Guinsburg

Equipe de realização – Tradução: Isa Kopelman; Edição de Texto: Marcio Honorio de Godoy; Revisão: Iracema A. Oliveira; Sobrecapa: Sergio Kon; Produção: Ricardo W. Neves e Raquel Fernandes Abranches.

George Steiner

A MORTE DA TRAGÉDIA

 EDITORA PERSPECTIVA

Título do original em inglês
The Death of Tragedy

Copyright © 1961, 1980 by George Steiner
First published by Alfred A. Knopf, Inc., 1961. First issued in paperback by Hill and Wang, 1963. First issued as an Oxford University Press paperback, New York, with a new Foreword, 1980. Reprinted by arrangement with the author

Dados Internacionais de Catalogação na Publicação (CIP)
(Câmara Brasileira do Livro, SP, Brasil)

Steiner, George
    A morte da tragédia / George Steiner ; tradução Isa Kopelman. — São Paulo : Perspectiva, 2006. — (Coleção estudos ; 228 / dirigida por J. Guinsburg)

    Título original: The death of tragedy
    ISBN 978- 85-273-0759-8

    1. Teatro - História e crítica 2. Tragédia - História e crítica I. Guinsburg, J.. II. Título. III. Série.

06-4149   CDD-809.2512

Índices para catálogo sistemático:
1. Tragédia : Literatura : História e crítica
809.2512

[PPD]

Direitos reservados em língua portuguesa à
EDITORA PERSPECTIVA LTDA.
Av. Brigadeiro Luís Antônio, 3025
01401-000 – São Paulo – SP – Brasil
Telefax: (0--11) 3885-8388
www.editoraperspectiva.com.br
2006

Sumário

Agradecimentos XI
Apresentação – *J. Guinsburg* e *Isa Kopelman* XIII
Prefácio à Edição pela Galaxy Book XVII

    I 1
    II... 7
    III 27
    IV.. 61
    V.. 87
    VI 107
    VII 137
    VIII.. 163
    IX 173
    X... 199

Índice Remissivo...................................... 203

Para Meu Pai

Agradecimentos

Este livro, em uma versão menor e mais esquemática foi apresentado durante o Seminário Gauss, na Universidade de Princepton. Aqueles que compareceram aos encontros saberão quanto o orador deve à presidência do Conselho, à mediação de R. P. Blackmur e à erudita vigilância dos Professores E. B. E. Borgerhoff e Edward Cone. Quero acrescentar um agradecimento especial a Roger Sessions, que deu ao Seminário o calor e a reputação de sua presença.

A expansão do livro em sua presente forma tornou-se possível graças a uma bolsa da Fundação Ford, administrada pelo Conselho de Humanidades da Universidade de Princepton para trabalho de criação em literatura comparada. Essa bolsa permitiu dedicar-me à tarefa enquanto lecionava apenas meio período.

Meus mais calorosos agradecimentos se dirigem ao Professor Whitney Oates e ao Professor R. Schlatter. Fico ainda mais grato pelo fato de este livro não representar exatamente o que esses eruditos patrocinadores tinham em mente. Porém, escritores tendem a ser rebeldes, até diante da generosidade.

Devo um agradecimento especial ao meu editor, Sr. Robert Pick, da Alfred Knopf, Inc. Seus conselhos e o prazer demonstrado para com o trabalho foram ambos de grande valor para mim.

No entanto, esse ensaio pertence principalmente ao meu pai. As peças que aí discuto são aquelas que, em primeira mão, ele lera para mim e me levara a assisti-las. Se sou capaz de lidar com literatura em mais de um idioma, devo-o ao meu pai que, por princípio, recusava-se a reconhecer provincianismo em questões da mente. Sobretudo, ensinou-me pelo exemplo de sua própria vida, que a grande arte não está reservada ao especialista ou ao erudito profissional, mas que ela é melhor conhecida e amada por aqueles que vivem mais intensamente.

G. S.

Apresentação

Com a tradução de *A Morte da Tragédia*, a editora Perspectiva torna acessível ao público de língua portuguesa uma análise fundamental para quem estuda a manifestação teatral em um de seus gêneros principais, particularmente na literatura dramática. Trata-se do abrangente e fascinante ensaio sobre o trágico e a tragédia empreendido pelo hoje internacionalmente reconhecido *scholar* e professor de literatura comparada da Universidade de Oxford, George Steiner. Apoiado em farta exemplificação comparativa, em remessas críticas e artísticas e numa argumentação condizente, atilada e provocativa, o autor vai tecendo, com a erudição, a ironia e o humor de sua dialética, uma interlocução contínua e envolvente com as obras mencionadas, conduzindo o leitor por sua aventura humanista.

Assim, graças a uma reflexão apaixonada e brilhante, Steiner situa o corpo vivo do drama trágico na textualização realizada pelo gênero, no decurso histórico da produção dramática ocidental. Nesse intuito, contracena com suas obras fundantes e a dos pósteros, que tornaram não só palpáveis aspectos significativos do trágico, como procuraram sondar e resgatar uma percepção mais penetrante e transcendente desta forma de expressão da experiência humana.

A Morte da Tragédia é percorrida por um pensamento aberto e compreensivo, no duplo sentido do termo, que não se restringe às formas modelares do gênero *stricto sensu*, mas se estende às elaborações ulteriores, avaliando-as na ponta da recepção, inclusive. Sob este prisma, o debate que a problematização do trágico propõe e as questões assim suscitadas são também examinadas sob o referencial diacrônico. Definindo criteriosamente os limites de seu objeto, o crítico detem-se numa das condições essenciais da tragédia, que é a de sua contextualização mítica e metafísica, em função de uma cosmo-ordenação transcendente, impreenchível por atos de invenção e intervenção particulares.

O trabalho de Steiner constitui-se não só em um convincente ensaio sobre a possibilidade do trágico no mundo contemporâneo, mas principalmente sobre a relação do discurso verbal com a cena teatral. Apontando o desgaste da "palavra" e a crescente desatenção auditiva do homem moderno como fatores cujo peso afeta de maneira crucial a viabilidade atual do estilo trágico, põe em relevo, de outro lado, a carência e a necessidade que se fazem sentir no tocante à "palavra", no contexto da modernidade e do poder expressivo e significativo de sua linguagem. Embora o âmbito de sua discussão seja marcadamente literário, ela traz à evidência e ressalta os vínculos vigorosos que existem entre literatura e teatro. Bem antes das concepções mais recentes sobre o teatro físico, destaca a especificidade dramática do verbo, assinalando a intensidade das emoções que o pressionam a ponto de transformá-lo em gesto. Nesse sentido, *A Morte da Tragédia* efetua um marcante resgate do discurso dramatúrgico no plano da verbalização e no que ela possui de eficácia, originalidade e beleza, na medida em que substancia o seu caráter cênico, fisicalizando a "palavra dramática" pela voz da personagem, em situações em que a ação e a vivência moral estão unidas, através da incorporação atuante, ao ritmo poético.

Ao questionar as possibilidades da subsistência da arte trágica, Steiner coloca os problemas básicos que constelam o próprio tema e que pautam as idéias teatrais contemporâneas e suas teorizações, repropondo-se em diferentes metamorfoses no repertório de seu debate crítico. Aí se encontram os tópicos que perseguem os analistas desde a irrupção do modernismo. É um temário que se refere à condição e à qualidade da linguagem no espaço histórico da cultura, que compreende a separação entre drama trágico e verso na literatura; a distinção entre literatura e teatro; a transformação radical da relação entre trágico e cômico e entre a dramatização poética e o fenômeno da banalização da vida.

Como se vê, o espectro temático cruza-se com o problemático, compondo um corpo, se não esgotante, ao menos representativo da tragediografia, cuja complexa abordagem, no entanto, se converte numa leitura prazerosa e estimulante, graças à riqueza expressiva do estilo e à fluência expositiva do escritor, o que não é pouca virtude.

Mas *A Morte da Tragédia* não é apenas uma notável obra de análise e divulgação. Constitui também um tributo aos poetas invocados, uma incitação à nossa própria escuta. Ainda que se leve em conta o torpor, que vem empanando a sensibilidade moderna a partir do romantismo, como um fato dominante de nossa experiência, como um pesado lastro sobre a viabilidade atual da escritura da tragédia, Steiner demonstra a contundência das peças e dos dramaturgos que conseguiram captar os embates da existência humana nas regiões sombrias do destino e do sofrimento. O trágico ocorre em uma curva que se fecha no ponto de encontro do nascimento com a morte. A tragédia é o grande espelho do homem em todos os tempos. Ela lhe revela sua condição na face mais precária, mais relativa e, paradoxalmente, mais possante.

Ainda que não exista mais um contexto social de crença e norma – fatores intrínsecos à plena realização do trágico na tragédia para o artista partilhar com o seu público – esse ensaio funciona, de certo modo, como uma provocação nesse sentido. Na verdade, George Steiner sugere a possibilidade de uma doutrina radical que irrompa de uma força poética social viva e não, simplesmente, de uma linguagem ou de suas convenções. Ele nos lembra que o olhar contemporâneo para o trágico é um exercício, uma inspiração e uma tarefa a ser assumida, para além de seus paradigmas tradicionais, pela dramaturgia no seu todo.

J. Guinsburg
Isa Kopelman

Prefácio à Edição pela Galaxy Book

É um privilégio ambíguo poder escrever um novo prefácio ao livro que tem agora vinte anos de existência. Primeiro porque não é o mesmo autor que era naquele tempo. E, também, não é o mesmo leitor. Isso é verdadeiro em dois aspectos. Eu não li e não tentei interpretar hoje os textos citados em *A Morte da Tragédia* como os lera e interpretara antes de 1960. Este deslocamento, porém, veio a ser o mais desconcertante, pois nem mesmo li a mim próprio como então o fizera. Inevitavelmente este livro tomou-se, em si, uma identidade própria. Ele se coloca um pouco fora do que eu agora (de forma inexata) lembro ter sido sua meta e conduta de persuasão. Induziu uma certa literatura secundária. Outros leitores aprovaram o argumento ou rejeitaram-no, propuseram adendos ou correções, usaram uma ou outra de suas seções para seus próprios propósitos. Hoje, essas leituras externas estão ligadas, em alguma medida, para se intercalar com as minhas.

Se eu fosse reescrever *A Morte da Tragédia* (e minha crítica favorita era aquela que lamentava a perda desse excelente título neste trabalho em particular), eu tentaria uma mudança de ênfase em dois pontos significativos. Ademais, tentaria desenvolver um tema o qual, como atualmente o vejo, estava implícito no argumento desde o início, mas que eu não tive a energia ou acuidade de torná-lo explícito.

O livro começa por enfatizar a absoluta singularidade da "grande tragédia" tal como era representada no século V em Atenas. Apesar de sugestivas tentativas da antropologia comparada em relacionar a tragédia grega às formas mais arcaicas e difundidas de ritual e prática mimética, o fato perdura que as peças de Ésquilo, de Sófocles e de Eurípedes são únicas não somente em estatura mas também em forma e técnica. Nenhum rito de fertilidade ou sazonal, não obstante expressivos, nenhuma dança-drama do sudoeste da Ásia, embora intricadas, são em nenhuma medida comparáveis em inexorabilidade de significado, economia de meios e autoridade pessoal de invenção com a tragédia clássica grega. Tem sido argumentado, plausivelmente, que a tragédia grega, assim como chegou até nós, foi imaginada por Ésquilo, e representa um daqueles raríssimos momentos de criação de um método superior de estética por um indivíduo de gênio. Mas, até se isso não é o caso em qualquer estrito senso, e até se o drama de Ésquilo origina-se de um múltiplo cenário de idioma épico, mitologia pública, lamento lírico e o postulado ético-político de constrangedores problemas cívicos e pessoais como encontramos em Sólon, tal drama, não obstante, constitui um fenômeno único. Nenhuma outra *polis* grega, nenhuma outra cultura antiga, produziu nada que se assemelhe ao drama trágico da Ática do século V. De fato, esse último incorpora tão peculiarmente uma congruência de energias filosóficas e poéticas, que floresceu durante apenas um período muito breve, alguns setenta e cinco anos ou menos.

O livro é inequívoco nesse ponto. O que eu deveria ter tornado mais claro é o fato de que dentro do *corpus* existente das peças trágicas gregas, aquelas que manifestam "tragédia" de forma absoluta, que dão à palavra "tragédia" o rigor e o peso, que eu pretendo por meio do argumento, são muito poucas. O que eu identifico como "tragédia" em sentido radical é a representação dramática ou, mais precisamente, a prova dramática de uma visão da realidade na qual o homem é levado a ser um visitante indesejável no mundo. As fontes de seu estranhamento – do alemão *Unheimlichkeit* carrega o significado vigente de "aquele que é impelido para fora das portas" – podem ser várias. Elas podem ser as conseqüências literais ou metafóricas de uma "queda do homem" ou de um castigo primal. Podem estar localizadas em alguma fatalidade de exagero ou automutilação inseparável da natureza do homem. Nos casos mais drásticos, o estranhamento humano, ou intrusão fatal em um mundo hostil ao homem, pode ser visto como resultante de uma malignidade e negação demoníaca na própria estrutura das coisas (a animosidade dos deuses). Mas tragédia absoluta existe apenas onde a verdade essencial substantiva é atribuída à declaração de Sófocles que "é melhor nunca ter nascido" ou onde o resumo do discernimento nos destinos humanos é articulado no cinco vezes "nunca" de Lear.

As peças que comunicam esta metafísica do desespero incluiriam *Os Sete Contra Tebas*, *Édipo Rei*, *Antígona*, *Hipólito* e, por último, *As Bacantes*. Elas não incluiriam os dramas de resolução positiva ou compensação heróica como a *Oréstia* e o *Édipo em Colona* (embora o epílogo faça do último um caso ambivalente). Tragédia absoluta, a imagem do homem como não desejado na vida, como um de quem os "deuses matam para seu esporte como travessas crianças com as moscas", é quase insuportável para a razão e a sensibilidade humanas. Por isso os raríssimos casos nos quais ela tem sido rigorosamente declarada. Meu estudo deveria ter feito essa classificação de maneira mais clara e deveria ter sido mais completo em diferenciar entre as implicações teológicas da tragédia absoluta e da "moderada".

Ao finalizar *A Morte da Tragédia* eu adiantei minha opinião de que os trabalhos de Beckett e dos "autores dramáticos do teatro do absurdo" não iriam retificar a conclusão de que a tragédia está morta, de que o "drama altamente trágico" não é mais um gênero naturalmente disponível. Eu continuo convencido que isto é assim, e que os mestres do drama no século XX são Claudel, Montherlant e Brecht (Lorca por breves e líricos períodos). Mas a discussão deveria ter sido mais ampla, e eu deveria ter tentado demonstrar de que maneiras a poética minimalista de Beckett pertence, apesar dela expressar desolação e até niilismo, mais às esferas da ironia, da farsa lógica e semântica, do que da tragédia. É como se o melhor das peças de Beckett, de Ionesco e de Pinter fossem peças satíricas para tragédias não escritas, como *Dias Felizes* é o epílogo satírico para algum distante "Prometeu". Se tivesse havido um trágico recente no sentido genuíno, seria provavelmente Edward Bond. Mas ambas *Bingo* e suas variações sobre *Lear* são literárias, quase reflexões acadêmicas sobre a natureza e eclipse das formas trágicas antes de invenções ou reinvenções em seu próprio favor.

O terceiro ponto é o mais importante. Inerente neste livro porém exposto de forma insuficiente e nunca aqui reclamado, é a intimação de uma cisão radical entre a tragédia verdadeira e a "tragédia" shakespeariana. Eu tenho dito que há pouquíssimos escritores que escolheram dramatizar uma visão desesperadora, estritamente negativa da presença do homem no mundo. Eles incluem os trágicos gregos, Racine, Büchner e, até certo ponto, Strindberg. A mesma visão anima *Lear* e *Timão de Atenas*. Outras peças trágicas do Shakespeare maduro vão decisivamente na contra-corrente desse desespero em sua tendência de reparação, de radiação humana, de restauração pública e comunal. A Dinamarca sob Fortinbras, a Escócia sob Malcolm, serão eminentemente melhores reinos para morar, uma melhora para a qual as aflições precedentes contribuem diretamente. Embora devastadora, a catástrofe em *Otelo* é, finalmente, uma coisa muito trivial, sua trivialidade, seu caráter puramente contingente são ambos aumentados e sutilmente solapados pela grandeza da retórica. Como via Dr. Johnson, a tendência de Shakespeare não era nativamente trágica. Por ser tão abarcante, tão receptiva à pluralidade e simultaneidade de diversas ordens de experiência – mesmo na casa de Atreus alguém está celebrando um aniversário ou contando piadas – a visão shakespeariana é a da tragicomédia. Apenas *Lear* e *Timão de Atenas*, um texto excêntrico e talvez truncado, cujas conexões íntimas com *Lear* são óbvias porém difíceis de decifrar, formam uma real exceção.

Assim, até onde falhei em alcançar com clareza, quando escrevia este livro, os dramas de Shakespeare não são um renascimento de ou uma variante humanística no modelo trágico absoluto. Eles são, antes, uma rejeição desse modelo à luz do critério tragicômico e "realístico". É em Racine que o ideal trágico ainda é instrumental com força não qualificada. A partir dessa descoberta poderia, talvez deveria, seguir certos julgamentos e preferências mais arriscados do que qualquer um que eu ousasse formular há vinte anos.

Pode Berenice permanecer de pé sob o latejar da aflição na cena nua de Racine ou ela terá de pedir uma cadeira, trazendo assim para esta cena toda a contingência e compromisso da ordem mundana do globo? Eu admito que, atualmente, essa questão e as convenções executivas das quais elas brotam, parecem-me cristalizar a verdade da tragédia absoluta com uma integridade, com uma economia de recursos, com uma transcendência de "negócios" teatrais e orquestração verbal além daquelas que encontramos na cena pródiga e ruidosa de Shakespeare. Não é necessário tormentas cósmicas ou florestas estranhas para alcançar o cerne da desolação. A ausência de uma cadeira o fará.

Por último, há uma "maturidade", uma inescapabilidade nos problemas apresentados pela *Oréstia*, pela *Antígona*, pelas *Bacantes* (uma peça que pergunta explicitamente que preço o homem e sua cidade devem pagar se eles se aventurarem a indagar, via arte, acerca da existência do homem, acerca da moralidade do divino), pela *Berenice* e pela *Fedra*, cujas formas híbridas mas ricas, Shakespeare só raramente reforça. Se é assim, os enigmáticos porém inconfundíveis elos entre *Lear* e *Édipo em Colona* e a antiga substância de *Timão de Atenas* não seria acidental. Pode ser esta a distinção essencial que é delineada por Wittgenstein em uma nota datada de 1950: entre o "prodigamente lançando adiante, disseminando *historietas* de um (Shakespeare) que pode, por assim dizer, permitir-se *tudo*", e este outro ideal de arte que é refreamento, abnegação e inteireza. Mas aí jaz outro livro.

G. S.

I

Estamos entrando em um vasto terreno, difícil. Há marcos que devem ser mencionados desde o início.

Todos os homens têm consciência da tragédia na vida. Mas a tragédia como uma forma de drama não é universal. A arte oriental conhece a violência, a dor, e o golpe do desastre natural ou planejado; o teatro japonês é cheio de ferocidade e morte cerimonial. Mas a representação do sofrimento e heroísmo pessoal que chamamos de drama trágico é distinta da tradição ocidental. Ela se tornou uma intensa parte da nossa percepção das possibilidades da conduta humana; a *Oréstia*, *Hamlet*, e *Fedra* estão tão arraigadas em nossos hábitos mentais, que esquecemos o quanto é estranha e complexa a re-encenação da angústia particular em um palco público. Essa idéia e a visão do homem que ela implica são gregos. E quase até o momento de seu declínio, as formas trágicas são helênicas.

A tragédia é alheia da percepção judaica do mundo. O *Livro de Jó* é sempre citado como uma instância da visão trágica. Mas essa fábula negra pertence ao outro extremo do judaísmo, e mesmo aqui uma mão ortodoxa tem insistido nos clamores da justiça contra os da tragédia: "Assim o Senhor abençoou o último fim de Jó mais do que o início: pois ele possuiu quatorze mil ovelhas, e seis mil camelos, e mil parelhas de bois, e mil mulas". O Senhor devolveu em bens a destruição enviada ao Seu servidor; Ele compensou Jó por suas agonias. Mas onde há compensação, há justiça, não tragédia. Essa demanda por justiça é o orgulho e o túmulo da tradição judaica. Jeová é justo, mesmo em Sua fúria. Freqüentemente a balança da retribuição ou do prêmio parece temerosamente falha, ou os procedimentos parecem insuportavelmente lentos. Mas na somatória do tempo, não pode haver dúvidas de que os caminhos de Deus para com o homem são justos. Não somente justos, eles são também racionais. O espírito judaico é veemente em sua convicção de que a ordem do universo e dos bens do homem é acessível à razão. Os caminhos do Senhor não são improcedentes nem absurdos. Conseguiremos aprová-los completamente se conferirmos aos nossos questionamentos a visão lúcida da obediência. O marxismo é caracteristicamente judaico em sua insistência por justiça e razão, e Marx repudiava o conceito inteiro de tragédia. "A necessidade", ele afirmava, "é cega somente na medida em que não é compreendida".

O drama trágico surge precisamente da asserção contrária: a necessidade é cega e o encontro do homem com ela lhe roubará seus olhos, seja em Tebas ou em Gaza. A asserção é grega, e o sentido trágico de vida construído a partir daí é a maior contribuição do gênio grego ao nosso legado. É impossível estabelecer precisamente onde ou como a noção de tragédia formal se apossou da imaginação pela primeira vez. Mas a *Ilíada* é a arte trágica primeira. Aí estão estabelecidos os motivos e as imagens em torno das quais o sentido do trágico se cristalizou por quase três mil anos de poesia ocidental: o encurtamento da vida heróica, a exposição do homem à criminalidade e ao capricho do inumano, a queda da Cidade. Note a diferença crucial: a queda de Jericó ou Jerusalém é meramente justa, enquanto que a queda de Tróia é a primeira metáfora da tragédia. Quando uma cidade é destruída por ter desafiado Deus, sua destruição é um instante passageiro no desígnio racional da intenção de Deus. Seus muros se erguerão novamente, na terra ou no reino dos céus, quando as almas dos homens forem restauradas para a graça. O incêndio de Tróia é definitivo porque é desencadeado pelo esporte feroz dos ódios humanos e pela escolha do destino temerário, misterioso.

Há tentativas na *Ilíada* de lançar a luz da razão sobre o mundo sombrio que envolve o homem. Dá-se um nome ao destino, e os elementos são apresentados sob a máscara frívola e tranqüilizadora dos deuses. Mas a mitologia é somente uma fábula que nos ajuda a sobreviver. O guerreiro homérico sabe que não consegue compreender nem dominar as obras do destino. Pátroclo é acorrentado e o miserável Tersites navega a salvo para casa. Clame por justiça e o mar troará de volta seu mudo clamor. Os acertos dos homens com os deuses não se equilibram.

A ironia se aprofunda. Ao invés de alterar ou diminuir sua condição trágica, a ampliação do recurso científico e do poder material deixa o homem ainda mais vulnerável. Essa idéia ainda não está explícita em Homero, mas é eloqüente em um poeta trágico maior, em Tucídides. Novamente, é preciso observar o contraste decisivo. As guerras registradas no *Velho Testamento* são sangrentas e dolorosas, mas não trágicas. Elas são justas ou injustas. Os exércitos de Israel terão o seu dia se observarem o desejo e a ordenação de Deus. Serão despachados se tiverem rompido com a aliança divina ou se seus reis tiverem caído em idolatria. As guerras do Peloponeso, pelo contrário, são trágicas. Atrás delas encontram-se fatalidades sombrias e maus julgamentos. Enredados pela falsa retórica e impelidos por convulsões políticas das quais eles não têm clareza, os homens saem para se destruir uns aos outros numa espécie de fúria sem ódio. Ainda estamos pagando pelas guerras do Peloponeso. Nosso controle do mundo material e nossa ciência positiva têm se desenvolvido fantasticamente. Mas nossas próprias realizações se voltam contra nós, tornando a política mais fortuita e as guerras mais bestiais.

A visão judaica concebe o desastre como uma falta moral específica ou como falha de compreensão. Os poetas trágicos gregos afirmam que as forças que modelam ou destroem nossas vidas estão fora do controle da razão e da justiça. Pior do que isso: pairam em torno de nós energias daemônicas que rapinam a alma e a tornam em loucura ou envenenam nossa vontade de tal modo que infligimos o insulto irreparável a nós mesmo ou àqueles que amamos. Ou para colocar em termos de desígnio trágico apontado por Tucídides: nossas frotas sempre navegarão em direção à Sicília, embora todo mundo esteja mais ou menos consciente que elas se encaminham para sua ruína. Etéocles sabe que perecerá no sétimo portal mas, apesar disso, ele segue adiante:

> Já ultrapassamos os cuidados dos deuses.
> Para eles nossa morte é a oferenda admirável.
> Por que então retardar, o agrado sobre nosso destino?

Antígona está perfeitamente ciente do que acontecerá a ela, e, nas profundezas de seu coração teimoso, Édipo também sabe. Mas eles evoluem na direção de seus desastres possuídos de verdades mais intensas que o conhecimento. Para o judeu há uma continuidade maravilhosa entre o conhecimento e a ação; para o grego um abismo irônico. A lenda de Édipo, na qual o sentido grego da desrazão trágica é tão duramente submetido, serviu ao grande poeta judeu Freud como um emblema da percepção racional e da redenção através da cura.

Não que a tragédia grega seja completamente sem redenção. Em *As Eumênides* e em *Édipo em Colona*, a ação trágica se encerra com uma menção da graça. Muito tem sido comentado a esse respeito. Mas penso que devemos interpretá-la com extrema cautela. Ambos os casos são excepcionais; existe aí um elemento da solenidade ritual que comemora aspectos especiais da santidade de Atenas. Além disso, o papel da música na tragédia grega está irremediavelmente perdido, e suspeito que a utilização da música deve ter conferido, ao final dessas duas peças, uma distinção solene, situando os momentos finais a alguma distância dos terrores que aconteceram antes.

Enfatizo isso porque acredito que toda noção realista de drama trágico tem de iniciar com o acontecimento da catástrofe. As tragédias terminam mal. O personagem trágico é rompido por forças que não podem ser completamente compreendidas nem superadas pela prudência racional. Isso novamente é crucial. Onde as causas do desastre são temporais, onde o conflito pode ser resolvido por meios técnicos ou sociais, podemos ter drama sério, mas não tragédia. Por mais flexíveis que fossem as leis do divórcio, não poderiam alterar o destino de Agamêmnon; a psiquiatria social não é resposta para Édipo. Mas relações econômicas mais saudáveis ou melhor alinhadas podem resolver algumas das graves crises nos dramas de Ibsen. Deve-se ter em mente essa distinção aguda. A tragédia é irreparável. Não é possível que haja compensação justa e material pelo sofrimento passado. Jó obtém o dobro de mulas, como deve ser, pois Deus encenou através dele uma parábola de justiça. Édipo não recupera seus olhos ou seu cetro sobre Tebas.

O drama trágico nos diz que as esferas da razão, ordem, e justiça são terrivelmente limitadas e que nenhum progresso de nossa ciência ou de nossos recursos técnicos ampliará sua relevância. Exterior ou interiormente o homem é *l'autre*, a alteridade do mundo. Chame como quiser: de um Deus oculto e malevolente, destino cego, solicitações do inferno, ou fúria bruta do nosso sangue animal. Ele nos aguarda numa tocaia da encruzilhada. Ele zomba de nós e nos destrói. Em certos casos raros, ele nos conduz à destruição em busca de um repouso incompreensível.

Sei que nada disso define a tragédia. Mas qualquer definição abstrata simples não significaria nada. Quando dizemos "drama trágico", sabemos do que se trata; não exatamente, mas suficientemente bem para reconhecermos a coisa em si. Em uma instância, no entanto, um poeta trágico chegou muito perto de fornecer um resumo explícito da visão trágica da vida. *As Bacantes* de Eurípides permanece especialmente próxima das origens não mais discerníveis do antigo sentimento trágico. Ao final da peça, Dionísio condena Cadmo, sua casa real, e a cidade inteira de Tebas a uma ruína selvagem. Cadmo protesta: a sentença é demasiadamente dura. É completamente desproporcional à culpa daqueles que falharam em reconhecer ou que insultaram o deus. Dionísio se evade da questão. Ele repete petulantemente que foi imensamente afrontado; então afirma que a ruína de Tebas estava predestinada. Não adianta pedir explicação ou perdão racional. As coisas são como são, desapiedadas e absurdas. Somos punidos excessivamente por nossa culpa.

É uma percepção terrível e dura da vida humana. Ainda assim, no excesso mesmo do seu sofrimento encontra-se o clamor do homem por dignidade. Destituído de poder e alquebrado, um mendigo cego perambula às margens da cidade; ele assume uma nova grandeza. O homem se enobrece com a maldade vingadora ou a injustiça dos deuses. Isso não o torna inocente, mas consagra-o como se tivesse passado pela chama. Desse modo, nos momentos finais da grande tragédia, seja ela grega, shakespeariana ou neoclássica, há uma fusão de dor e êxtase, de lamento pela queda do homem e de regozijo pela ressurreição de seu espírito. Nenhuma outra forma poética realiza esse efeito misterioso; ela faz de *Édipo*, *Rei Lear*, *Fedra*, os mais nobres ainda que forjados pela mente.

Desde a antiguidade até a época de Shakespeare e Racine, tal empreendimento parecia ao alcance do talento. Desde então a voz trágica no drama encontra-se opaca ou calada. O que se segue é uma tentativa de determinar porque isso acontece.

II

A palavra tragédia incorporou-se à língua inglesa nos últimos anos do século XIV. Chaucer a definiu no Prólogo de *The Monk's Tale* (O Conto do Monge):

> Tragédia é expor uma certa história,
> Que livros antigos trazem à memória
> Daquele que foi próspero,
> E de alta posição
> caiu na miséria e terminou desgraçado[1].

Não há implicação de forma dramática. Uma tragédia é uma narrativa sobre a vida de um personagem, antigo ou eminente, que sofreu um declínio da fortuna num desenlace desastroso. Essa é a característica definição medieval. Dante observou, em sua carta a Can Grande, que tragédia e comédia se movimentam em direções precisamente contrárias. Pelo fato de sua ação ser a da alma que ascende da sombra ao brilho estelar, da dúvida temente à alegria e à certeza da graça, Dante intitulou seu poema de uma *commedia*. O movimento da tragédia é de uma constante descida da prosperidade ao sofrimento e caos: "exitu et foetida et horribilis" ([a tragédia] "na saída, é infecta e horrível"). Em Dante, como em Chaucer, não há inferência de que a noção de tragédia esteja particularmente relacionada ao drama. A compreensão errônea de

---

1. Tragedie is to seyn a certeyn storie,/ As olde bookes maken us memorie,/ Of hym that stood in greet prosperitee,/ And is yfallen out of heigh degree/ Into myserie, and endeth wrecchedly.

uma passagem, em Livy, levou os comentadores medievais à suposição de que as peças de Sêneca e Terêncio tivessem sido declamadas por um único narrador, presumivelmente o próprio poeta. Duas tragédias latinas, em imitação de Sêneca, foram de fato escritas por eruditos italianos, entre 1315 e 1387, mas nenhuma das duas era destinada à execução no palco. Desse modo, o sentido do trágico permaneceu dissociado do teatro. Uma nota nos *Adagia*, de Erasmo, sugere que mesmo entre os classicistas do século XVI, ainda havia dúvidas se as tragédias grega e romana já tinham sido destinadas à encenação.

A definição de Chaucer tem seu vigor pela consciência contemporânea das súbitas reviravoltas da fortuna política e dinástica. Ao olhar medieval, os céus do estado estavam cravejados de estrelas portentosas, resplandecentes em sua ascensão, mas ferozes no seu declínio. A queda dos grandes personagens, altamente situados (*casus virorum illustrium* [o caso dos varões ilustres]), conferiu à política medieval seu caráter festivo e brutal. Atingindo os homens com cruel freqüência, as querelas dos príncipes envolviam as vidas e fortunas de toda a comunidade. Mas a ascensão e queda daquele que se situava no alto escalão representava a encarnação do sentido trágico por um motivo mais profundo: tornava explícito o drama universal da queda humana. Senhores e capitães pereciam por sua extrema ambição, pelo ódio e pela astúcia de seus adversários, ou por má sorte. Mesmo onde o moralista pudesse apontar um crime ou um caso de desastre específico, uma lei mais geral entrava em ação. Em virtude do pecado original, cada homem estava destinado a padecer, no âmbito de sua própria experiência, ainda que privada ou obscura, alguma porção da tragédia da morte. O lamento do Monge, "in manere of tragedie" ("à maneira da tragédia"), começa com Lúcifer e Adão, pois o prólogo da condição trágica do homem é estabelecido no Céu e no Jardim do Éden. Foi lá que a flecha da criação iniciou seu vôo descendente. É num jardim também que a simetria da intenção divina coloca o ato da reversão da fortuna. No Gethsêmane a flecha muda seu curso, e a peça da moralidade da história se transforma de tragédia em *commedia*. Finalmente, e em contraponto preciso ao prólogo da desobediência, há a promessa de um epílogo celestial no qual o homem será restituído de mais do que sua glória de origem. Dessa parábola grandiosa do desígnio de Deus, o recital dos destinos trágicos de homens ilustres é uma cintilação e um lembrete.

A ascensão do drama inglês, no período dos Tudor, e seu triunfo elisabetano, reintegraram à noção de tragédia as relações do espetáculo dramático vigente. Mas as imagens de tragicidade concebidas na literatura medieval foram transpostas para a linguagem do teatro. Quando a Fortuna abandonava os homens na alegoria medieval, era por meio de uma guinada radical de sua roda emblemática. Marlowe preservou essa antiga fantasia em *The Tragedie of Edward the Second* (A Tragédia de Eduardo II):

> Fortuna vil, agora eu vejo, que em sua roda
> Há um ponto em que os homens aspiram
> Que os arruína de repente: esse ponto eu alcancei
> E vendo que não havia lugar mais alto a escalar,
> Porque deveria eu crescer, em meu declínio?[2]

Mortimer aceita seu destino com austera calma. Apenas alguns momentos antes, ele havia se referido a si mesmo como "A imensa árvore de Júpiter. E outros, comparados a mim, são apenas arbustos". Um pensamento petulante, mas também um prenúncio de desastre, pois na iconografia medieval as árvores estavam perigosamente entrelaçadas à imagem do homem. Elas continham o enxerto do ramo da maçã arrancado por Adão, e uma lasca minúscula do consolo desesperado da cruz. E as árvores ilustram mais plenamente a condição humana quando arrancadas de suas copas, queimadas, ou ressecadas na raiz. Na primitiva tragédia elisabetana *Jocasta*, a roda e a árvore estão associadas à visão da fatalidade:

> Quando aquela que controla a roda movente do acaso,
> Volta sua face irada e sombria
> Sobre aquele que, primeiro, ela resolve rebaixar,
> Ela nunca deixa de enlameá-lo com desgraça,
> Atirando-o e revirando-o por todos os lugares,
> Até que, finalmente, ela o arremessa do alto
> E dobra-o, subjugado à miséria:
> E assim como o galho da árvore é arrancado da raiz,
> Ele jamais será nutrido como a folha a qual ele abandonou[3].

Como o *Tannhäuser* de Wagner nos lembra, o galho murcho não perdeu sua força na imaginação poética. Ao destacar dois versos de Thomas Churchyard daquela que é a narrativa poética elisabetana mais medievalista, *Mirror for Magistrates* (O Espelho dos Magistrados) Marlowe conferiu um esplendor definitivo à imagem. No epílogo de *The Tragicall Historie of Doutor Faustus*, (A História Trágica do Doutor Fausto), o Coro associa a árvore de Apolo à vinha ardente do oitavo Salmo:

---

2. Base fortune, now I see, that in thy wheele/*There is a point, to which when men aspire,*/ They tumble headlong downe: that point I touchte,/ And seeing there was no place to mount up higher,/ Why should I greeue at my declining fall?
3. When she that rules the rolling wheele of chaunce,/ Doth turne aside hir angrie frowning face,/ On him, who erst she deigned to aduance,/ She never leaues to gaulde him with disgrace,/ To tosse and turne his state in euery place,/ Till at the last she hurle him from on high/ And yeld him subject unto miserie:/ And as the braunche that/ from the roote is reft,/ He never wines like leafe to that he lefte.

Ceifado foi o galho que deveria crescer ereto,
E queimado o ramo do laurel de Apolo
Que certa vez cresceu no interior desse homem sábio[4].

Somos convocados a assistir à "sua queda infernal", porque ele sustenta um espelho da sina dos homens comuns. O personagem trágico é mais nobre e mais próximo das origens sombrias da vida do que o ser humano comum. Mas ele é também típico. De outro modo sua queda não seria exemplar. Essa, também, é uma concepção medieval que permaneceu viva no drama elisabetano. Com exemplos de "trewe" e "olde" ("verdadeiro" e "antigo"), o Monge de Chaucer nos advertiria a respeito do orgulho ou ambição nas alturas. E é por esse enfoque que os autores de *Jocasta* encaravam o mito de Édipo. Não o consideravam um enigma da inocência injustamente perseguida, nem o eco de algum rito arcaico de sangue e expiação. A peça lidava com um conflito de personagens representativos: "Creonte é o rei, o modelo da Tirania./ E, Édipo, o espelho da miséria"[5]. O vidro não se rompe com o fechamento do período medieval. Encontra-se ainda no espelho em que Hamlet propõe aos atores que se atenham à natureza.

Desse modo, a roda, o ramo e o espelho tiveram sua intensa vida por mais de dois séculos, depois das fábulas trágicas de Chaucer e Lydgate. Transpostas como o *coup de théâtre* ou como a "doutrina do realismo", essas imagens antigas ainda governam nossa experiência de drama. Mas, no teatro elisabetano, a noção de tragédia perdeu o sentido da verticalidade medievalista. A própria palavra assumiu, ao mesmo tempo, valores mais universais e mais restritos. Com o declínio da esperança que se seguiu, no início do Renascimento – o obscurecimento do espírito que separa a visão do homem, em Marlowe daquela de Pico della Mirandola – o sentido do trágico se ampliou. Foi além da queda da grandeza individual. Uma brecha trágica, um núcleo desumano irredutível, parecia subjacente ao mistério das coisas. O próprio sentido da vida é obscurecido pelo sentimento de tragédia. Tal perspectiva da condição humana pode ser verificada tanto no relato de Calvino como em Shakespeare.

Mas ao mesmo tempo, "tragédia" também adquiriu um significado especial. Um poema ou um romance em prosa poderia ser chamado de "trágico" devido à sua temática. Ainda assim não era mais designado como uma "tragédia". A redescoberta do drama senequino, em torno de 1560, conferiu a essa palavra implicações nítidas de forma teatral. Daí em diante, uma "tragédia" é uma peça que lida com assuntos

---

4. Cut is the branch that might have growne full straight,/ And burned is Apolloes Laurel bough/ That sometime grew within this learned man.
5. Creon is King, the type of Tyranny./ And Oedipus, the myrrour of misery.

trágicos. Mas seriam todas essas peças tragédias no sentido estrito? Os conflitos a respeito das definições críticas surgiram desde o início. Nunca cessaram, no decorrer da história do teatro ocidental. Já bem no início do século XVII surgem os prenúncios das dificuldades que preocuparão Racine, Ibsen e Wagner. A teoria tinha começado a incomodar o dramaturgo com aquilo que Ibsen poderia ter chamado de "as demandas do ideal".

Pode-se datar quase precisamente o momento em que essas demandas foram apresentadas pela primeira vez. Em *Sejanus* (1605), Ben Jonson escreveu uma tragédia erudita, modelada na retórica de Sêneca e na sátira romana. Contudo, ele se viu compelido a defender na peça certas liberdades, contra os cânones do neoclassicismo estrito:

se for contestado que aquilo que eu publiquei não é verdadeiro poema, segundo as estritas leis de tempo, eu confesso: não, não vi ninguém, desde os antigos, nem aqueles que, presentemente, foram mais influenciados pelas leis, nem mesmo aqueles que desejam um coro apropriado; cuja maneira de ser e estado de espírito são tais e tão difíceis, que tenha enveredado por esse caminho. Isso não é necessário, nem sequer possível, em nosso tempo [...] a observância do antigo estado e esplendor dos poemas dramáticos com a preservação de qualquer deleite popular[6].

Sete anos depois, no prefácio de *The White Devil* (O Diabo Branco), John Webster fazia a mesma apologia. Ele admitia não ter produzido um "verdadeiro poema dramático", significando com isso uma peça rigorosamente de acordo com os preceitos aristotélicos. Mas acrescentava, com ironia confiante, que a falha era do público. As audiências elisabetana e jacobina mostravam-se desmerecedoras "da antiguidade e do esplendor" da tragédia.

Estas constatações surgem da imensa segmentação de ideais que moldaram a história do teatro europeu, do final do século XVI quase até a época de Ibsen. A concepção da tragédia neoclássica tinha ao seu lado o antigo precedente, a força exemplar do modelo senequino, e uma teoria crítica poderosa. O ideal do drama popular, romântico, alimentava-se das encenações contemporâneas das dramaturgias elisabetanas e, simplesmente, do sucesso teatral. O público, em geral, gostava mais da variedade do drama shakespeariano do que "do verdadeiro poema dramático".

---

6. if it be objected, that what I publish is no true poem, in the strict laws of time, I confess it: as also in the want of a proper chorus; whose habit and mood are such and so difficult, as not any, whom I have seen, since the ancients, no, not they who have most presently affected laws, have yet come in the way of. Nor is it needful, or almost possible in these our times [...] to observe the old state and splendour of dramatic poems, with preservation of any popular delight.

O neoclassicismo surgiu com os poetas eruditos e com os críticos do Renascimento italiano. Pode ser rastreado antes, na compreensão imperfeita de Aristóteles e Horácio, mas sua forma corrente surgiu pela arte de Sêneca. A concepção do neoclassicismo tem, em Scaliger e Castelvetro, dois representantes geniais. A interpretação da *Poética* deste último, *Poética d'Aristotele vulgarizata* (A Poética de Aristóteles Vulgarizada) mostrou-se decisiva no desenvolvimento do gosto ocidental. Estabeleceu preceitos e ideais que mobilizaram as preocupações dos críticos e dramaturgos da época de Jonson à de Claudel e T. S. Eliot. Suas idéias fundamentais foram trazidas para a Inglaterra, e ganharam expressão memorável em *Defense of Poesy* (Defesa da Poesia), de Sidney. O estilo de Sidney confere uma nobreza sedutora à disciplina sisuda do neo-aristotelismo. "O palco", diz ele, "deve sempre representar somente um localidade, e o tempo pressuposto deve transcorrer, segundo o preceito aristotélico e a razão comum, em um dia, no máximo". Observe o direcionamento do apelo de Sidney: à autoridade e à razão. O neoclassicismo insiste sempre em ambos. Além disso, tempo e espaço são, unicamente, instrumentos do objetivo principal, a unidade de ação. Esse é o centro vital do ideal clássico. A ação trágica deve ocorrer, em total coerência e economia. Não pode haver nenhum resíduo de emoção desperdiçada, nem energia de linguagem ou gesto inconseqüente para o efeito final. O drama neoclássico, quando atinge seu objetivo, tem um acabamento extremamente compacto. É arte pela privação; uma estrutura de linguagem austera, esparsa, até cerimoniosa, e um esteio para as solenidades da morte heróica. Todas as outras convenções partem desse princípio de unidade. O sentido trágico e cômico da existência deve ser mantido severamente separado; o verdadeiro poeta não "associará trombetas a funerais". Além disso, a Tragédia é agostiniana; poucos são eleitos para sua graça perigosa. Ou, na proposição de Sidney, não se deve confiar "forçosamente no bufão" para se tomar parte de assuntos majestáticos.

Mas mesmo enquanto ele escrevia, os bufões estavam afirmando seus direitos na cena trágica. Eles apresentam seus números cômicos no caminho da danação de Fausto. Abrem os portais da vingança, em *Macbeth*, e negociam sabedoria com Hamlet. Através do longo enterro da razão de Lear ecoa a musicalidade do Bufão. Sidney ridiculariza esse tipo de drama popular "onde se tem a Ásia de um lado, e a África do outro, e tantos outros sub-reinos que o ator, quando entra em cena, deve sempre começar a informar onde se encontra". Ainda mesmo antes da *Defesa da Poesia* ser escrita, Fausto estava planando no ar: "Sentado numa carruagem incandescente./Puxado pela força das cangas emparelhadas de dragões"[7]. E, abaixo dele, encontra-se

---

7. Being seated in a chariot burning bright,/ Drawn by the strength of yoaked dragons neckes. Sir Philip Sidney, *Fausto*.

a geografia licenciosa do teatro elisabetano, com suas transições instantâneas de Roma ao Egito, às praias da Boêmia. Sidney afirma ser absurdo que uma peça, que requer umas poucas horas breves de apresentação, tenha a pretensão de imitar fatos que levem anos para acontecer. Não há citação desse tipo "nos exemplos antigos", e nem "os atores da Itália", os guardiões do estilo neoclássico, o permitirão. Mas os personagens shakespearianos envelhecem entre os atos e, no *Conto de Inverno*, uns dezesseis anos se passam entre a discórdia da abertura e a música final.

As dramaturgias elisabetanas violentavam todo preceito do neo-classicismo. Elas rompiam com as unidades, dispensavam o coro e juntavam partes trágicas e cômicas, indiscriminadamente. O teatro de Shakespeare e seus contemporâneos era *el gran teatro del mundo*. Nenhuma variedade de sentimento, nenhum elemento do cadinho da experiência estavam alheios do seu propósito. Os dramaturgos elisa-betanos e jacobinos saqueavam Sêneca. Extraíam dele sua retórica, seus fantasmas, sua moralidade sentenciosa, seu faro pelo horror e pela vingança sangrenta; mas dispensavam as práticas austeras e artificiais da cena neoclássica. Ao gênio da tragédia grega, ou ainda de sua versão latina inferior, Shakespeare opõs uma concepção que rivalizava com a forma trágica e com a magnificência de execução.

Apesar da erudição maciça, a história dessa forma permanece obscura. Marlowe, Kyd, e Shakespeare se afastaram dos modelos neo-clássicos por razões práticas. Um dramaturgo não conseguiria sustento, seguindo os preceitos de Castelvetro. O público resolutamente preferia o romance e o tumulto da tragicomédia ou da peça histórica. Encanta-va-se com os bufões, com os interlúdios cômicos, e com a acrobacia e brutalidade das ações físicas. O espectador elisabetano possuía vigores intensos e exigia que fossem representados. Havia calor de sangue, no mundo ao seu redor, e ele cobrava sua encenação no palco. Poetas "cultos", como Ben Jonson e Chapman, buscaram em vão educar seu público aos prazeres mais sublimes. Mas mesmo descontando as realidades do teatro popular, parecia que o gênio de Shakespeare o conduzia antes a formas "abertas" do que a formas "fechadas" de encenação. Enquanto a visão de Dante inclina todos os raios luminosos para um centro de controle, a percepção do mundo em Shakespeare parece mover-se para fora. Ele utilizava as formas dramáticas com um pragmatismo maravilhoso, moldando-as conforme a necessidade. O real e o fantástico, o trágico e o cômico, o nobre e o vil estavam igualmente presentes, em sua apreensão da vida. Conseqüentemente, ele exigia um teatro mais irregular e provisório do que a tragédia clássica.

Mas o modelo de peças como *Dr. Fausto*, *Ricardo II*, *Rei Lear* ou *Medida por Medida*, representa mais do que uma tendência pes-soal dos dramaturgos elisabetanos. Elas resultam da confluência de energias antigas e complexas. Sob o fenômeno do desenvolvimento do verso branco, sob o espírito sequino de violência majestática, repousava a imensa herança das formas medievais e populares. Essa é a hera viva da qual o final do século XVI extrai muito da sua força. No desprezo supremo de Shakespeare pelas limitações de espaço e tempo, se reconhece o espírito dos ciclos de mistério que tomavam o mundo do céu, da terra e do inferno como seu cenário, e da história do homem como sua escala temporal. Os bufões, os tolos sábios, e as feiticeiras do drama elisabetano carregam com eles uma ressonância medieval. Atrás dos funerais de Sêneca, vinham as trombetas dos dançarinos de Morris. E não se pode compreender as peças históricas de Shakespeare, ou suas últimas comédias sombrias, se não se distinguir nelas um legado do procedimento ritual e simbólico que retrocede à riqueza imaginativa do Medievo. Como esse legado foi transmitido e como se associou à liberdade nervosa do temperamento elisabetano, não está claro até agora. Mas percebemos sua presença modeladora, ainda que tardiamente, no drama jacobino. Quando a nova paisagem da razão usurpou o lugar da antiga tradição, no transcorrer do século XVII, o teatro inglês entrou em longo declínio.

Em retrospecto, o contraste entre o trabalho realizado pelos dramaturgos elisabetanos e as exigências estabelecidas pela crítica neoclássica é esmagador. As peças de Shakespeare, Marlowe, Middleton, Tourneur, Webster e Ford são claramente superiores a qualquer coisa produzida no veio neoclássico. Mas essa disparidade é, em parte, uma questão de perspectiva. Nossa própria experiência de dramaticidade é tão amplamente condicionada pela forma shakesperiana aberta, que é difícil sequer imaginar a validade de uma tradição alternativa. Os classicistas elisabetanos não eram bobos. Sua argumentação se fundamentava em algo mais do que a autoridade de gramáticos italianos e os exemplos espalhafatosos da tragédia latina. A perspectiva neoclássica expressa uma percepção crescente do milagre do drama grego. Essa percepção era fragmentária. Havia umas poucas traduções de Ésquilo, e as peças de Eurípides eram conhecidas por meio das versões de Sêneca, principalmente. Além disso, os eruditos do Renascimento não conseguiram perceber Aristóteles como um crítico prático, cujos julgamentos são mais relevantes a Sófocles do que à totalidade do drama grego (não há unidade de tempo em *As Eumênides*, por exemplo). No entanto, os ideais de Sidney e as ambições de Ben Jonson implicam na percepção de que a imaginação trágica tem uma dívida de reconhecimento para com o precedente grego. Em muitas ocasiões, essa percepção dominou a sensibilidade dos poetas ocidentais. Muito do drama poético, de Milton a Goethe, de Hölderlin a Cocteau, é uma tentativa de reviver o ideal grego. Por um grande e misterioso golpe de sorte, Shakespeare escapou do helenismo. Sua aparente inocência, no que concerne às realizações mais formais do classicismo, pode ser avaliada por sua tranquilidade majestática. É difícil imaginar como seria *Hamlet* se Shakespeare tivesse antes lido a *Oréstia*, e podemos somente agradecer pelo final do *Rei Lear* não apresentar nenhuma noção consciente de como as coisas se passavam em Colona.

Os classicistas ingleses não foram os primeiros na área. Os preceitos neo-aristotélicos e a exemplaridade de Sêneca já havia inspirado um corpo considerável do drama italiano e francês. Atualmente, só especialistas lêem as peças de Trissino e Giraldo Cintio, ou o *Torrismondo*, de Tasso. Essa omissão estende-se a Jodelle e Garnier. À luz de Racine, a tragédia do século XVI assemelha-se a um prelúdio arcaico. Mas essa é, também, uma perspectiva amplamente moderna. Nesses dois trágicos franceses há uma forte musicalidade que nunca mais ouviremos, mesmo nos momentos altos do estilo classicista. Considere-se a invocação da morte na *Cléopâtre Captive* (Cleópatra Cativa) de Jodelle (1552):

> Ah morte, doce morte, morte único remédio,
> Aos espíritos oprimidos numa estranha prisão,
> Porque deixaste solapar de teus direitos?
> Em que te ofendemos, ó doce e doce morte?
> Porque não te aproximas, ó parca tardia?
> Porque queres ver sofrer esse bando cativo,
> Que não terá mais o dom da liberdade,
> Enquanto esse espírito não for abatido por teu dardo?[8]

A voz se eleva acima do lamento do coro num ornato de tristeza. Os versos caem como brocado. Mas debaixo de sua dureza ouvimos a invasão desatada da morte: "o douce, douce mort. A Parque trop tardive" é como uma figura alegórica capturada em meio ao vôo; é difícil de acreditar que o olho de Valéry não a notasse.

Em *Marco Antônio*, de Garnier, uma peça pouco posterior, o mesmo momento é dramatizado. Rejeitando o conselho de Charmian, para que apelasse aos seus conquistadores, Cleópatra se prepara para as cerimônias de morte:

> Que culpa será essa? ó Deuses, que infâmia,
> Por sua amiga ter amado Antônio, e sua fama
> E ter sobrevivido a sua morte, feliz em honrar
> Uma tumba solitária, e por ele derramar o pranto
> Com que justiça as raças futuras poderão dizer
> Que o amei somente pelo Império,

---

8. Ha mort, o douce mort, mort seule guerison/ Des esprits oppressés d'une estrange prison,/ Pourquoy souffres tu tant à tes droits faire tort?/ T'avons nous fait offense, ô douce & douce mort?/ Pourquoy n'approches tu, ô Parque trop tardive?/ Pourquoy veux tu souffrir ceste bande captive,/ Qui n'aura pás plustot le don de liberté,/ Que cest esprit ne soit par ton dard écarté?

Por sua grandeza, somente e que na adversidade
Eu o desprezei, e o deixei por outro.
Como esses pássaros de asas passageiras, que na primavera,
Chegam na arribação das terras estrangeiras,
E vivem entre nós enquanto há calor
E pastagem, e depois voam para outro lugar[9].

As palavras são persuasivas pela ausência de retórica. Cleópatra refere-se a si mesma como a *amie* de Antônio. No século XVI as conotações eróticas do termo eram mais fortes do que atualmente; mas nessa hora silenciosa e cruel, a força da amizade é tão vital quanto do amor. O seu símile é despojado de toda pretensão; ela não será inconstante como os pássaros. Mas, ao mesmo tempo, a aceleração do compasso e a cadência das *ailes passageres* dirigem nossa imaginação ao vôo mortal da alma. O falcão real da coroa egípcia abrirá suas asas. Aqui, os valores não são os mesmos de Corneille e Racine. Os personagens são apresentados de modo a marcar uma transição da alegoria para o drama. Eles tendem a viver na superfície da linguagem e a ação, em vez de ter uma progressão direta, é uma das ornamentações sucessivas. Mas nessas tragédias existe uma entrega emocional mais ingênua e, ao mesmo tempo, mais humana do que no classicismo maduro.

Quatro anos depois da morte de Sidney, a condessa de Pembroke traduziu *Marco Antônio*. Garnier era o modelo para a *Cleópatra* de Samuel Daniel e Thomas Kyd traduzia seu *Cornélie*, uma tragédia sobre a queda de Pompéia. Eram dramas de gabinete, escritos para o desfrute de uma confraria. Mas eles iniciaram uma tradição de tragédia formal que se estende ao período romântico. Fulke Greville destruiu uma de suas tragédias políticas na época da rebelião de Essex. As duas que sobreviveram, *Mustafá* e *Alaham*, possuem o tipo de ornato e de solenidade intrincada que marca a arquitetura do alto barroco. Elas prenunciam as peças de Moorish e Dryden e as obras de um aristocrata bem mais talentoso – as tragédias venezianas de Byron e sua *Sardanapalus*.

Além disso, a perspectiva neoclássica encontrou, ao menos, expressão parcial no teatro elisabetano e jacobino. Chapman e Ben Jonson procuraram combinar as concepções conflitantes do drama erudito e popular. Eles eram, ao mesmo tempo, eruditos e homens de teatro. De todos os elisabetanos, Chapman é o mais próximo de Sêneca. Tinha

---

9. Que blasme me seroit-ce? hé Dieux! quelle infamie,/ D'avoir esté d'Antoine et son bonh-heur amie,/ Et le survivre mort, contente d'honorer/ Un tombeau solitaire, et dessur luy pleureur?/ Les races à venir justement pourroyent dire/ Que je l'aurois aimé seulement pour l'Empire./ Pour sa seule grandeur, et qu'en adversité/ Je l'aurois mechamment pour un autre quitté./ Semblable à ces oiseaux, qui d'ailes passageres,/ Arrivent au Printemps dëes terres estrangeres,/ Et vivent avec nous tandis que les chaleurs/ Et leur pasture y sont, puis s'envolent ailleurs.

uma visão estóica das questões humanas, e seu estilo era naturalmente sombrio e complicado. Ele aceitava inteiramente a crença neo-aristotélica no objetivo moral do drama. A tragédia autêntica precisa adequar "a instrução material, a instigação elegante e sentenciosa com a virtude, e com o desvio do seu contrário". Ele compartilhava do sentimento dos historiadores romanos tardios de que os altos assuntos de estado estão enraizados na cobiça e na ambição privada. *Bussy d'Ambois*, *The Tragedy of Chabot* (A Tragédia de Chabot), *Admiral of France* (Admiral de França), são alguns, entre os poucos dramas políticos maiores da literatura inglesa. Na convicção de Chapman, de que a violência alimenta violência e o mal não pode ser escarnecido, existe algo da tristeza lúcida de Tácito. Ao mesmo tempo, Chapman se empenhava pelo sucesso da cena popular. Por isso, ele fornecia ao público sua devida ração de brutalidade física, bruxaria e intriga amorosa. Seus fantasmas e a freqüência de seus assassinatos são tão sangrentos quanto quaisquer outros do teatro elisabetano. Mas a pressão de ideais conflitantes era muito grande. Não há unidade de argumento nas peças de Chapman. Em meio ao trançado da retórica, surgem esclarecimentos súbitos, em que a rigidez de sua visão política contamina tudo mais. Mas nenhuma proporção é mantida, como se um severo limiar destemido acessasse, repentinamente, a um interior barroco.

A latinidade de Chapman é a do declínio romano. O classicismo de Ben Jonson pertence à plenitude de Roma. Ele é o clássico mais verdadeiro da literatura inglesa. Outros escritores beberam da superfície da poesia latina; Jonson atingiu seu coração. Seus poderes de observação intimista, irônica, seu realismo picante, a urbanidade e energia de sua constatação, mostram quão intensamente seu raciocínio estava relacionado ao de Horácio. Se Jonson tivesse trazido para suas tragédias as virtudes de *Volpone* e de *A Mulher Silenciosa*, ele teria imprimido ao corpo de sua obra, de espírito clássico, uma força capaz ainda de rivalizar com a obra de Shakespeare. Em vez disso ele resolveu firmar seus compromissos com o aprendizado clássico e com o status social. *Sejanus* e *A Conspiração de Catilina* foram concebidos para demonstrar a habilidade de Jonson em lidar com as convenções eruditas e formais do estilo neoclássico. As duas peças exibem uma compreensão segura sobre o significado criminoso da política romana, e há, em cada uma delas, passagens, cuja excelência resiste a uma análise, precisamente porque o controle de Jonson foi extremamente discreto. Em *Coriolano*, encontra-se algo que ultrapassa a inteligência nervosa e a pressão contida, no diálogo entre Cesar e Catilina:

CESAR: Vem, nunca houve pretensão de qualquer evento grandioso, ainda que./ Somente violência e fraude:/ E aquele que se fixa na loucura de uma consciência/ Para atingir –
CATLINA: É um bom beato idiota.
CESAR: Um escravo supersticioso, e morrerá como uma besta./ Boa Noite. Saberás o

que Crassus pensa, e eu, a esse respeito. Enfurne tuas asas como grandes veleiros,/ para singrar os ares sem deixar pegada atrás de ti./ Uma serpente chega a ser um dragão,/ devora um morcego. E assim deves com cônsul ficar atento./ O que fizeres faça rapidamente, Sergius[10]*.

Mas as tragédias de Jonson, como as de Chapman, pecam por sua intenção dividida. Elas transcorrem sem rumo, na tentativa de conciliar as convenções neoclássicas com as convenções bem distintas do drama histórico elisabetano. *Volpone* é bem mais "clássica" do que qualquer tragédia romana. Tem o gosto cruel da sátira romana e uma disciplina perfeita de proporção. Os sentimentos extremados são aparados, e os personagens são vistos com um tipo de luz direta, chapada que se encontra também na comédia romana. Nenhuma peça elisabetana acha-se mais distante de Shakespeare. Ela pertence àquele pequeno canto da literatura inglesa, genuinamente latina, junto à lírica de Matthew Prior e Robert Graves.

Nem Chapman nem Jonson preenchiam o ideal de Sidney, do "verdadeiro poema dramático". Será que isso significa que não há tragédia inglesa, no modo clássico, que se contraponha ao universo de Shakespeare? Uma única, talvez. Seu prefácio é uma declaração rigorosa da concepção neoclássica:

> Tragédia, no modo como foi composta antigamente, foi sempre considerada como o poema mais sério de maior moralidade e de maior proveito do que todos os outros Poemas: por essa razão Aristóteles fala do seu poder gerador de piedade e temor, ou terror, de purgar a mente daqueles e de tais paixões [...] Isso é mencionado para vingar a Tragédia da baixa estima ou, mais propriamente, da infâmia por que passa, na avaliação de muitos, hoje em dia, junto aos Interlúdios comuns; isso acontece por erro dos Poetas que entremeiam material cômico à tristeza e gravidade Trágicas; ou apresentam pessoas triviais e vulgares [...] introduzidas sem discrição, de modo corrompido para gratificar as pessoas [...] eles somente serão bem avaliados por aqueles que não estão familiarizados com Ésquilo, Sófocles e Eurípides, os três Poetas Trágicos ainda inigualados, e a melhor regra para quem se empenha em escrever Tragédia[11].

10. CAESAR: Come, there was never any great thing yet/ Aspired, but violence or fraud:/ And he that sticks for folly of a conscience/ To reach it –
CATILINE: Is a good religious fool.
CAESAR: A superstitious slave, and will die beast./ Good night. You know what Crassus thinks, and I./ By this. Prepare your wings as large as sails,/ To cut through air, and leave no print behind you./ A serpent, ere he comes to be a dragon,/ Does eat a bat; and so must you a consul,/ That watches. What you do, do quickly, Sergius.
* *Coriolano*, trad. de Carlos Alberto Nunes, São Paulo: Melhoramentos, s/d.
11. Tragedy, as it was antiently compos'd, hath been ever held the gravest, moralest, and most profitable of all other Poems: therefore said by Aristotle to be of power by raising pity and fear, or terror, to purge the mind of those and such like passions [...] This is mention'd to vindicate Tragedy from the small esteem, or rather infamy, which in the account of many it undergoes at this day with other common Interludes; hap'ning through the Poets error of intermixing Comic stuff with Tragic sadness and gravitiy; or introducing trivial and vulgar persons... brought in without discretion,

"Ainda inigualados,..." – foram as palavras escritas sessenta e três anos após a publicação de *Rei Lear*. O julgamento que elas implicam e a tragédia que elas apresentam são a maior contestação a Shakespeare e a todas as formas "abertas" de drama trágico da literatura inglesa. *Samson Agonistes* (Sansão, o Lutador) é difícil de focalizar, justamente porque quase chega a atingir suas pretensões. A obra é um caso especial, em virtude de seu poder e de seu intento. O drama inglês não produziu mais nada que possa ser comparável a isso. A organização da peça é quase estática, à maneira de *Prometeu*, de Ésquilo, no entanto aí se desenrola uma imensa progressão em direção ao desfecho. Como toda tragédia cristã, uma noção paradoxal em si mesmo, *Sansão, o Lutador* é, em parte, *commedia*. A realidade da morte de Sansão é drástica e irrefutável; mas não carrega o significado principal ou final da peça. Como em *Édipo em Colona*, a obra finaliza com uma nota de transfiguração solene, de júbilo mesmo. A ação procede da cegueira noturna do olhar e do espírito em direção a uma cegueira causada pela luz sobrepujante.

Em *Sansão, o Lutador*, Milton aceitou as exigências do ideal neoclássico e identificou-se plenamente com elas. Ele escreveu uma tragédia numa língua moderna; nem mesmo precisou recorrer à mitologia grega; observou estritamente as unidades e preservou o coro. Mas ao mesmo tempo criou um teatro magnífico. Essa constatação deveria ser um lugar comum. Fica-se encantado com o desempenho, e a simples leitura inteligente mantém a formidável excitação da peça. Somente um ouvido surdo ao drama poderia omitir a dor e a tensão, tão cortante quanto uma chicotada, dos sucessivos assaltos à integridade ferida de Sansão. E existe pouca coisa, antes de Strindberg, que se iguale a esse antagonismo sexual desnudo que arde entre Sansão e Dalila, "uma manifestação da Serpente descoberta por sua picada".

É através de *Sansão, o Lutador*, de um modo talvez mais legível do que o conhecimento erudito arqueológico e clássico, que intuímos a totalidade perdida do drama grego. A linguagem de Milton parece extrair daí os poderes da música e da dança. Em certas passagens, a fusão é tão completa quanto deveria ter sido na lírica coral de Ésquilo:

> Mas quem é esse, que ser de Mar ou Terra é esse?
> Parece ser de sexo, fêmea,
> Tão enfeitada, adornada, e alegre,
> Vem singrando nessa direção,
> Como um Navio imponente

---

corruptly to gratifie the people... they only will best judge who are not unacquainted with Aeschulus, Sophocles, and Euripides, the three Tragic Poets unequall'd yet by any, and the best rule to all who endeavour to write Tragedy. John Milton, prefácio de *Samson Agonistes*.

De Tarsus, que parte em direção às Ilhas
De Java ou Gardier
Com toda sua valentia, e equipamento,
Veleja cheia, e flâmulas ondulam,
Cortejada por todos os ventos que se mantém brincando [...][12]

Nenhum teatro, desde aquele de Dionísio, ouviu tal música.
O prefácio a *Sansão, o Lutador* destaca os versos da batalha que encurtam a história do drama ocidental. Depois do século XVII, o escritor de tragédia se depara com um persistente conflito de ideais. Deveria ele adotar as convenções que o neoclassicismo obteve de Ésquilo, Sófocles e Eurípides, ou deveria voltar-se para a tradição shakespeariana do drama aberto? Esse problema de modos rivalizantes era por si só muito difícil; mas nas entrelinhas se encontrava um dilema mais crucial ainda. Seria possível a um escritor moderno criar um drama trágico, sem ser incorrigivelmente encoberto pelas realizações do teatro grego e elisabetano? Poderia um homem escrever a palavra "tragédia" sobre uma página em branco sem escutar, atrás de si, a imensa presença da *Oréstia*, de *Édipo*, de *Hamlet* e de *Rei Lear*?

Pode-se argumentar, com Lessing e os românticos, que a rígida distinção entre a visão sofocliana e a shakespeariana de tragédia é falsa. Pode-se afirmar que o vivo não deve se curvar sob o peso do morto. Mas os fatos são inegáveis. Até a época de Ibsen, Tchékhov e Strindberg, o problema da tragédia é modelado pela herança dividida do passado clássico e elisabetano. Os olhos dos poetas posteriores estavam fixados nesses ápices, e suas próprias ambições atreladas ao mero fato da comparação. Ibsen veio a ser o primeiro para quem os ideais realizados da forma trágica, não derivaram nem do exemplo da Antiguidade, nem de Shakespeare. E antes que isso fosse possível, o centro da linguagem expressiva teve de mudar do verso para prosa. Esses imensos problemas da grandiosidade do passado e do malogro do presente foram colocados pela primeira vez, no final do século XVII. Com ele tem início todo questionamento da condição do drama moderno.

Foi um período notável pela agudeza de suas percepções críticas. Mesmo antes de *Sansão, o Lutador*, os críticos perceberam que o drama se movia por ideais contraditórios. Richard Flecknoe, em seu *Short Discourse of the English Stage* (Pequeno Discurso sobre a Cena Inglesa), destacou o limite entre Shakespeare e Ben Jonson. Compare-os e "verás a diferença entre Natureza e Arte". Esta constatação é uma caixa de Pandora, um enxame de confusão. "Natureza" e "arte" traçam um padrão insano através do tecido da crítica. Por vezes, a arte

---

12. But who is this, what thing of Sea or Land?/ Female of sex it seems,/ That so bedeckt, ornate, and gay, Comes this way sailing/ Like a stately Ship/ Of Tarsus, bound for th'Isles/ Of Javan or Gardier/ With all her bravery on, and tackle trim,/ Sails fill'd, and streamers waving,/ Courted by all the winds that hold them play [...]

se equipara às convenções clássicas e a natureza às formas abertas e mistas do drama shakespeariano. Mais freqüentemente, críticos rivais proclamam que sua própria concepção de teatro realiza a liberdade da fantasia natural através da arte dissimulada. Nenhuma escola abandonará totalmente nenhum desses dois termos.

A mente mais sutil para conduzir tais assuntos foi a de Thomas Rymer. Ele foi um crítico cujo poder se encontrava numa estreiteza deliberada de gosto. Ele percebeu em profundidade, e as questões por ele propostas foram aquelas que dois séculos do drama europeu procuraram resolver. Mesmo sua crítica a Shakespeare, que revela um Rymer mais cinzento, contém uma certa honestidade memorável. Em comparação, o ataque de Voltaire é sem engenhosidade. Em seu estudo, *The Tragedies of the Last Age* (As Tragédias da Última Era), Rymer tenta demonstrar que as convenções do drama clássico não são limitações artificiais mas, antes, expressões de modos naturais da razão. As formas da tragédia grega codificam a verdade da experiência e do entendimento comum. A selvageria do incidente, em *Rei Lear*, e a alternância entre tristeza e bufonaria, em *Macbeth*, são repreensíveis não porque violam os preceitos de Aristóteles, mas porque contradizem o modelo natural do comportamento humano. Foi preciso o gênio e a boa fortuna de Ésquilo, Sófocles e Eurípides para ter herdado e modelado uma espécie de drama, cujas convenções eram satisfatórias, em sua formalidade proporcional, e, ao mesmo tempo, estavam de acordo com o senso comum.

Mesmo com argumentação clara, a teoria de Rymer, na realidade, se funda em equívocos. Ele inicia com suposições prevalentes de que o drama grego é uma arte deliberada, enquanto que as peças de Shakespeare são efusões espontâneas do talento natural (o "gorjeio de sons da floresta selvagem"). A partir daí, ele impõe a concepção de que tragédias clássicas são realistas, enquanto que os dramas elisabetanos são peças de fantasia desbragada. Perceba o intrincado trançado de termos críticos: a arte é, agora, expressão do realismo do senso comum, enquanto que a natureza tem sido relegada ao reino do fantástico. Sob essa inversão de valores críticos tradicionais, encontramos alusões a uma estética sutil e complicada. Para Rymer, a tragédia grega é, ao mesmo tempo, formal e realista. É natural ao espírito porque imita a vida quando a vida se encontra numa condição de ordem extrema. Suas "leis" ou convenções técnicas são os meios para tal imitação; a ordem na ação somente pode ser refletida pela ordem na arte. Na falta desta estrutura, o naturalismo de Shakespeare induz, na realidade, à licença extravagante e à improbabilidade (Gloucester superando Dover Cliff). A tendência do drama elisabetano é a do realismo, mas a imagem de vida que ele dispõe é bem menos real do que aquela colocada pela tragédia sofocliana. Em suma: o verdadeiro realismo é fruto de estilização intensa. Esses não são os termos de Rymer e é duvidoso se alguém, fora Racine, compreendeu plenamente o paradoxo sobre o qual as teorias do neoclassicismo foram constituídas. Mas as noções contrárias da dialética de Rymer – arte-natureza, senso comum-imaginação, razão-fantasia – vieram a exercer grande influência. Elas abrigaram a teoria do drama da época de Dryden a Shaw e Brecht.

Um dos méritos de Rymer é o de nunca ter se evadido das dificuldades inerentes à perspectiva neoclássica. Tendo assumido a tragédia de Atenas como ideal governante da prática moderna, ele enfrentou a complicada questão de como os mitos e crenças, centrais à arte grega, poderiam ser transportados para o teatro cristão ou secular:

> Alguns ririam por me encontrar citando Sacrifícios, Oráculos e Deusas: antigas superstições que eles afirmam serem impraticáveis, além de tachá-las como sendo ridículas em nossa Cena. Eles não têm percebido com que Arte Virgílio lidava com os Deuses de Homero, nem o julgamento com que Tasso e Cowley empregam os poderes celestiais em um Poema Cristão. Alusões semelhantes de Sófocles e Eurípides podem também ser aperfeiçoadas pelos tragediógrafos modernos, e imaginado algo daquele tempo adequado a nossa Fé e Costumes[13].

A questão está mais na procura do que na resposta. Foi novamente Racine quem enfrentou o problema e percebeu que as convenções implícitas da tragédia neoclássica são os mitos esvaziados de fé viva, de crença ativa.

Rymer se encontra em solo mais firme, quando argumenta que o ideal sofocliano implica na utilização do coro: "O coro foi raiz e origem e, certamente, sempre será a parte mais necessária". Aí ele toca na diferença essencial entre o teatro aberto e o fechado. A presença circulante do coro é indispensável para certos modos de ação trágica; ela torna outros modos, tais como os do drama shakespeariano, impossíveis. O problema do coro surgirá continuamente, no drama europeu. Ele preocupou Racine, Schiller e Yeats; desempenha um papel no teatro de Claudel e T. S. Eliot. Rymer, além do mais, percebe agudamente que a intervenção do coro traz consigo a possibilidade do drama musical. O elemento lírico pode minar a força vital da palavra falada. O drama coral pode estar a meio caminho da casa de ópera. Sir Robert Howard, um contemporâneo de Rymer, percebia a iminência desse perigo: "Eis a Ópera... adeus Apolo e Musas"! Trata-se de um grito profético que tornaremos a ouvir, na época de Wagner e Richard Strauss.

---

13. Some would laugh to find me mentioning Sacrifices, Oracles, and Goddesses: old Superstitions, say they, not practicable, but more than ridiculous on our Stage. These have not observ'd with what Art Virgil has manag'd the Gods of Homer, nor with what judgment Tasso and Cowley employ the heavenly powers in a Christian Poem. The like hints from Sophocles and Euripides might also be improv'd by modern Tragedians, and something thence devis'd suitable to our Faith and Customes.

A linguagem crítica de Rymer e de seus contemporâneos não é mais a que usamos. Mas as controvérsias, nas quais eles se envolveram, permanecem ainda entre nós. Pois desde o século XVII, a história do drama tem sido inseparável da teoria crítica. A maior parte dos dramas modernos mais famosos tem sido escrita para demolir uma teoria antiga ou provar uma nova. Nenhuma outra forma literária tem sido tão sobrecarregada por conflitos de definição e objetivo. Os teatros ateniense e elisabetano foram inocentes do debate teórico. *As Poéticas* são concebidas depois do fato, e Shakespeare não deixou manual de estilo. No século XVII, essa inocência e a conseqüente liberdade da vida imaginativa estavam perdidas para sempre. Daí em diante, os dramaturgos tornaram-se críticos e teóricos. Corneille escreve crítica ácida sobre suas próprias peças; Victor Hugo e Shaw prefaciam suas obras com declarações programáticas e manifestos. Os dramaturgos mais importantes tendem a ser aqueles que também têm um propósito mais articulado. Dryden, Schiller, Ibsen, Pirandello, Brecht trabalham pró ou contra formas teóricas explícitas. Sobre o drama moderno inteiro paira o conjunto do pensamento crítico. Este, freqüentemente, provou ser muito pesado para a estrutura subjacente da imaginação. Desde o final do século XVII, há muitas peças mais fascinantes para a teoria que representam do que para sua arte. Diderot, por exemplo, foi um dramaturgo do terceiro time, mas seu lugar na história dramática é muito relevante. Essa dissociação entre valor criativo e crítico começa com Dryden. O que o torna o primeiro dos modernos.

Sua situação era artificial. Ele foi requisitado para restaurar a tradição nacional do drama, rompida pelo intervalo de Cromwell. No entanto, ao mesmo tempo, ele foi impelido a considerar as novas tendências e a sensibilidade que a Restauração trouxera com ela. Com a Restauração surgiu um forte impulso neoclássico. Concepções como as de Rymer estiveram em ascensão. Como, então, Dryden pôde substituir Shakespeare e os Jacobinos? O teatro inglês não deveria se mirar na França, na qual a corte de Charles II extraiu tanto de seu estilo e colorido? Dryden, que possuía um gosto católico e uma inteligência de primeira linha, estava consciente dessas asserções conflitantes. Ele sabia que atrás de si se erguia o legado dividido de Sófocles e Shakespeare. Para qual deles deveria se voltar, em seu esforço para restabelecer um teatro nacional? Buscando forçar uma solução de compromisso, Dryden impôs a suas próprias peças um aparato crítico preliminar e conciliador. Ele é o primeiro dos autores críticos.

Sua tentativa de reconciliar os ideais da Antiguidade aos elisabetanos resultou numa complexa teoria do drama. Além do mais, essa teoria era instável, e a balança do julgamento de Dryden mudou perceptivelmente entre o *Essay of Dramatic Poesy* (Ensaio de Poesia Dramática, 1668) e o prefácio de *Tróilo e Créssida* (1679). O ponto de partida de Dryden era, por si mesmo, ambíguo. A tendência do seu próprio temperamento e o exemplo de Tasso e Corneille inclinavam-no para a observância das unidades neoclássicas. No entanto, àquela época, Dryden era profundamente receptivo ao gênio de Shakespeare e se sentia atraído pela riqueza e pelo alvoroço da cena elisabetana. Pensava ter encontrado, em Ben Jonson, a *via media*. Em contraste com Rymer e Milton, Dryden estava preparado para admitir uma mistura dos modos trágico e cômico: "Uma gravidade contínua mantém o espírito envergado demais; precisamos refrescá-lo de vez em quando, enquanto empreendemos uma jornada, para que possamos continuar mais à vontade". Mas o tipo de drama resultante dessa concessão, a peça heróica, não seguiu nem Corneille nem Jonson. Na realidade, trata-se de uma continuação das comitragédias românticas de Beaumont e Fletcher e revela a influência das mascaradas dramáticas das cortes de Stuart e Caroline.

Ainda assim, Dryden estava claramente insatisfeito com seu próprio trabalho. No prefácio de *All for Love* (Tudo por Amor, 1678), ele parece determinado em restaurar a tradição shakespeariana. Os confinamentos do drama neoclássico "são muito pequenos para a tragédia inglesa; que requer uma construção num compasso maior [...] Eu professei ao meu estilo a imitação do divino Shakespeare". Mas apenas um ano depois, ele novamente mudava sua base crítica. Muito do ensaio que precede a versão de Dryden para *Tróilo e Créssida* é uma glosa da *Poética*, segundo os rígidos cânones de Boileau e Rymer. Ainda assim, em meio à argumentação, encontra-se o elogio à figura mais anticlássica, Caliban. O ensaio inteiro é uma tentativa extenuante de demonstrar que o drama shakespeariano está de acordo com Aristóteles, e que há uma conformidade necessária entre as "leis" aristotélicas e uma submissão justa à natureza. A instabilidade inerente a uma tal concepção crítica também afetou o uso do verso, em Dryden. Ele vacilou entre a crença na propriedade natural do verso branco shakespeariano e a adesão às parelhas rimadas do teatro neoclássico francês. Por vezes, seus argumentos acabam em total confusão. Desse modo, ele declarava que a rima heróica estava "mais próxima da Natureza, por ser a espécie mais nobre de verso moderno".

Essas dúvidas teóricas e ideais conflitantes estão refletidos nas peças de Dryden. Ele escreveu para o palco por um período de trinta anos e compôs, ou colaborou, em vinte e sete peças. As melhores são as comédias – *Marriage à la Mode* (Casamento a Moda de), em particular. Dryden possuía muitas virtudes de um grande escritor de comédias. Tinha um ouvido ágil para os matizes sociais da linguagem. Media a distância do centro de conduta até seus limites exteriores – uma distância que é o solo clássico da comédia. Possuía uma percepção robusta mas delicada das escaramuças do amor sexual. *Marriage à la Mode* possui o ritmo e a inteligência da comédia de época. A obra de Sheridan, em comparação, é grosseira. A falha de

Dryden foi quanto ao tratamento dos motivos políticos e trágicos. As peças heróicas se sustentam melhor na paródia. São grandes edifícios de retórica e gestualidade ostentosa, construídos sobre uma lacuna de sentimento. Em geral, onde é possível se emocionar, como em certas cenas de *Aureng-Zebe*, o deleite é técnico. Fica-se maravilhado com a habilidade de Dryden em manter longos vôos de paixão e fúria em parelhas rimadas. Essas últimas nem são satisfatoriamente tragédias "estritas". As melhores são releituras de obras alheias. Esse é um ponto decisivo. A história do grande drama está recheada de plágio inspirado. Os elisabetanos, em particular, pilhavam livremente por onde seus olhos vagassem. Mas o que eles tomavam, tomavam como conquistadores, não emprestado. Eles dominavam e mudavam segundo sua própria medida, com a intenção arrogante de ultrapassar aquilo que se passara anteriormente. Esse não é mais o caso, em Dryden. Quando ele "adapta" *Antônio e Cleópatra*, *Tróilo e Créssida*, e *A Tempestade*, ele o faz com a consciência completa do original. Ele assume a vida da obra anterior na lembrança de seu público. Sua própria versão funciona como uma crítica ou variação sobre um tema dado. É "literário" no sentido estreito. Em suma, o que se tem aí é pastiche, não reinvenção. Depois do século XVII, a arte do pastiche assumirá um papel crescente na história do drama. Barrados da invenção, os poetas começaram a encher lingüiça nova com carne velha. Com Dryden, ainda estamos a léguas de distância de misérias como em *Mourning Becames Electra* (Electra Enlutada) de Eugene O'Neil ou *La Machine Infernale* (A Máquina Infernal) de Cocteau, mas nos encontramos nessa estrada.

Esse fato não diminui os méritos de *Tudo por Amor*. Nenhuma outra peça, depois de Shakespeare, utiliza o verso branco com tanta vantagem. Dryden foi um grande mestre do seu instrumento:

> É tempo do Mundo
> ter um Deus, e saber a quem obedecer.
> Nós dois suspendemos sua homenagem,
> E inclinamos o Globo em cada lado percorrido,
> Até que estivesse entalhado por dentro: Deixe-o caminhar
> sozinho sobre ele; estou farto da minha porção.
> Minha tocha se apagou; e o mundo à minha frente
> permanece como um deserto, com a proximidade da noite[14].

Mas por trás da nobreza grave desses versos, ouve-se a música mais rica, mais densamente tecida de Antônio, de Shakespeare. Além disso,

---

14. 'Tis time the World/ Should have a Lord, and know whom to obey./ We two have kept its homage in suspense,/ And bent the Globe on whose each side we trod,/ Till it was dented inwards: Let him walk/ Alone upon't; I'm weary of my part./ My Torch is out; and the World stands before me/ Like a black Desert, at th'approach of night.

entre os dois, ocorre uma diminuição perceptível da pressão do sentimento sobre a linguagem. O efeito é de uma habilidosa transcrição para piano de um registro orquestral completo. Dryden designou a peça de *A Tragedy Written in Imitation of Shakespeare's Style* (Uma Tragédia Escrita em Imitação ao Estilo de Shakespeare). Mesmo que ele tivesse se referindo principalmente ao uso das convenções elisabetanas, o toque é odioso. O grande teatro não é concebido na imitação.

Dryden percebia a realidade sob a luz do encontro dramático e dialético. Num poema como *The Hind and the Panther* (A Corça e a Pantera), "ouve-se" o ímpeto e o esquivar-se de idéias, como em Ibsen. Se Dryden não conseguiu produzir peças que se equiparassem ao seu talento, é porque estava produzindo em uma época em que a própria possibilidade do drama sério era duvidosa. O passado ateniense e elisabetano lançou uma sombra prolongada sobre o futuro da imaginação dramática. Dryden foi o primeiro, entre os numerosos dramaturgos que se depararam com uma barreira psicológica entre eles e o ato da invenção teatral. A grandiosidade do empreendimento passado parecia intransponível. Saintsbury está certo quando afirma que Dryden nunca atingiu aquele "objetivo absoluto, que torna a leitura de todas as maiores tragédias, sejam gregas ou inglesas, uma espécie de capítulo concluído da vida".

Mas, por outro lado, podemos perguntar: será que algum dramaturgo atingiu esse objetivo, desde o século XVII?

III

No *Ensaio de Poesia Dramática*, Dryden destaca que "nenhuma peça francesa, quando traduzida, teve ou jamais pode ter sucesso no palco inglês". Referia-se ele à tragédia neoclássica francesa e, desde então, seu julgamento continua atual. O fato em si ainda é surpreendente e coloca um dos problemas mais difíceis da história da literatura. Para um francês educado é uma verdade auto-evidente que Corneille e Racine estejam entre os maiores poetas do mundo. Um crítico amplamente civilizado como Brunetière pode afirmar que um estudo de drama deve incluir os autores espanhóis do século XVII e os elisabetanos; mas um estudo de tragédia deve concentrar-se somente nos gregos e nos classicistas franceses. O *alexandrin* (o verso alexandrino), com o qual Corneille e Racine escreveram suas peças, deu à fala francesa parte de sua estrutura forte mas delicada e muito de sua cadência retórica à vida pública francesa. Os românticos tentaram expulsar Corneille e Racine do alto do qual dominaram o panorama interno francês. Mas fracassaram e, em retrospecto, os gritos guerreiros de Victor Hugo e os epigramas de Gautier parecem tentativas de assustar escolares que grafitam monumentos. Ao comparar Racine a Shakespeare, André Gide que, sem dúvida, não era um chauvinista, reverteu o julgamento de Stendhal, emitido em seu período romântico. Ele achava que o autor de *Fedra* deveria ser priorizado sobre o autor de *Hamlet*, como poeta dramático mais completo. Gide queria dizer com isso que no drama elisabetano a poesia freqüentemente contém ação excessiva. Em Racine, nada é exterior ao objetivo trágico.

Mas o vinho não viajará. Fora da França, a fruição de Corneille e Racine fica geralmente restrita aos poetas individuais e aos estudiosos. *O Cid, Horácio, Fedra,* ou *Atália* são ocasionalmente encenados mais como peças de museu do que como teatro vivo. Em qual literatura estrangeira o classicismo francês atuou como força modeladora? Nenhum corpo de obras de importância comparável e de esplendor intrínseco foi tão paroquial no seu campo de ação. Isso não deve ser unicamente uma questão de má tradução. A grande literatura cruza fronteiras, continuamente, mesmo sob o disfarce da paródia ou do desentendimento. A *Oréstia*, *Hamlet*, e *Fausto* são posses do mundo, embora sua poesia essencial seja intraduzível. Os elementos do enredo, personagem, e argumento parecem reter poder suficiente para "atravessar" linguagens alheias ou inferiores ao original. Mesmo uma versão em prosa, em linguagem moderna, da *Antígona* ou de *Macbeth*, mantém a imaginação encantada. Não há dúvida que a ausência de ação física da tragédia francesa clássica coloca todo peso do significado sobre a linguagem verbal. Mas isso é também verdade para grande parte do drama grego. É difícil crer que isto se deva a uma resistência inerente do verso francês à tradução. É verdade que toda boa poesia, quando transposta para uma outra língua, é apenas aproximada. Mas Stefan George e Rilke demonstraram quão belamente parte da poesia francesa mais nacional pode ser vertida para o alemão, uma linguagem de hábitos sintáticos totalmente diferentes. Ou considere a recente promoção, em inglês, do fluido estilo exótico de um poeta bastante estimado como St. John Perse.

Em sua *Introduction à la Poésie Française* (Introdução à Poesia Francesa), Thierry Maulnier argumenta que a poesia francesa está mais distante do que as outras dos elementos folclóricos e vernaculares. Ela utiliza o material refinado pela tradição literária anterior. O assunto predominante da poesia francesa é a poesia que aconteceu antes. É arte que se refere à arte. O meio é rigorosamente puro e abstrato e, abaixo dele, não existe nenhum solo rico do mito e do sentimento arcaico que faça *Édipo*, *Rei Lear* ou *Fausto* ressoar para além de suas fronteiras geográficas e temporais.

Mesmo admitindo a especial austeridade da prática poética francesa, porque será que as montagens vigentes de Corneille e Racine são tão pouco convincentes fora da moldura da Comédie Française? *Cinna* e *Ifigênia* requerem uma estilização extrema, mas o mesmo acontece com a encenação de Sófocles ou com as óperas de Mozart. Dryden acreditava que as peças de Corneille eram muito retóricas. O público londrino queria ação, em cena. Mas há muitos exemplos de drama "sem ação" que prendiam a atenção. Não há menos ação em *Britannicus*, por exemplo, do que nas peças de Eurípides, e nem mais retórica do que nas peças de Schilller.

O problema é mais profundo. A literatura francesa moldou grande parte da sensibilidade ocidental. Os *Essays* (Ensaios), de Montaigne,

III

Confissões, de Rousseau, e *Madame Bovary* pertencem à corrente sangüínea geral. Todos somos, em alguma medida, descendentes de Voltaire. Mas aquela obra que, no seu conjunto, os franceses consideram suprema, permanece um bem mais nacional do que universal.

Dão-se muitos motivos para isso. Tem-se discutido que a arte de Corneille e Racine depende, mais do que a dos outros dramaturgos, de um meio político e social específico. As condições necessárias para sua compreensão sobreviveram somente na França. O General De Gaulle fala a linguagem de *Horácio*, e ao propor aos seus adversários "a paz do valente", ele manifesta um gesto familiar à dramaturgia de Racine. Esses modos de retórica não perduraram em outro lugar da cultura ocidental. Fora da Comédie Française, a perspectiva da tragédia neoclássica parece terrivelmente datada. Mas porque um argumento comparável a esse não se aplicaria a Shakespeare? É difícil afirmar que o universo dos elisabetanos está mais vivo em nós do que o de Luis XIV. É uma questão complicada. Os grandes momentos, em Corneille e Racine, são aqueles, cuja passagem se traduz pior. A mais sensível tradução, por exemplo, não chega a lugar nenhum com a famosa injunção em *Horácio*: *qu'il mourût* (que ele morra). A língua francesa e o estilo de vida francês, intimamente unidos a essa expressão, incluem uma cadeia de pompa e grandiloqüência, que outras culturas não partilham. A solenidade francesa, em inglês, torna-se pomposidade e, em alemão, torna-se discurso bombástico.

Em Racine, o caso é um pouco diferente. Seus efeitos supremos são obtidos através do "emagrecimento" de todo assunto supérfluo. É por ser o palco tão despojado que Fedra, ao usar uma cadeira, provoca uma perturbação tão intensa. Mas os elementos supérfluos do drama – a emoção excessiva, o assunto cênico, o humor, os gestos melodramáticos – trafegam melhor. O deslumbrante chamariz de Rostand tem encantado as audiências, às quais Racine é inacessível.

Mas até essa dificuldade – e, sem dúvida, ela concorre muito para o isolamento do drama clássico francês – foi vencida em casos comparáveis. A sobriedade da tragédia grega ou a superfície calma do *Torquato Tasso*, de Goethe, não foram barreiras para o público escolado em tradições teatrais mais robustas. Por que um público ao aceitar as convenções da imobilidade, em *As Três Irmãs*, ficaria frustrado com a ausência de som e fúria, em *Fedra* ou *Berenice*? Talvez o neoclassicismo francês chegou demasiadamente próximo de seus ideais. Talvez Racine seja negligenciado porque se pode recorrer diretamente a Eurípides.

Fala-se em "Corneille e Racine" porque as datas e os livros escolares o afirmam, mas é um engano. Não devem ser agrupados dois poetas, cujo estilo pessoal e cuja concepção dramática se mantiveram rigorosamente separados. A crítica tem uma queda por oposições simplistas: Lope de Vega-Calderón, Goethe-Schiller. Supõem analogias onde, na realidade, há agudas diferenças. As dificuldades de acesso a Racine não se aplicam a Corneille. Os dois escritores diferem, em sensibilidade e técnica dramáticas. É preciso aprender a mantê-los distintos.

Corneille era do teatro, *un homme de thèâtre*, o que Racine enfaticamente não era. Corneille era um dramaturgo natural que não considerava o artifício e a perfumaria do palco como uma afronta à dignidade poética. Ele era um provinciano cujo *terroir* (torrão natal) permanecia em Rouen e não em Paris. Ele trazia para cena parisiense um sabor antiquado do tratamento direto. Ao lado do florete veloz, flexível de Racine, Corneille dá a impressão de uma bengala maciça. No entanto, suas peças não se originam de uma visão formal ou teórica. Elas representam uma confluência de tradições cultas, profissionais e populares. Há um elemento senequino das últimas décadas do século XVI (Corneille estreou profissionalmente, em 1625). Esse traço senequino persistiu no drama francês. A ressonância metálica e a crueldade cerimoniosa do teatro de Sêneca vivem novamente em Montherlant. Ele também se harmonizava com o papel da Espanha na imaginação francesa do século XVII. Quando Corneille surgiu em Paris, a Espanha e a moda espanhola estavam no auge. Paradoxalmente, a guerra franco-espanhola conferia ao timbre de Castela um prestígio ainda maior que antes. Além disso, essa fascinação nunca cessou. *O Cid* é apenas um exemplo inicial de uma brilhante linhagem que se estende até *Don Juan*, *Hernani*, *Ruy Blas*, *Le Soulier de Satin* (A Sapatilha de Cetim), de Claudel, e o *Le Maître de Santiago* (Mestre de Santiago), de Montherlant. À tradição senequina e ao hábito de encarar o drama espanhol, Corneille trouxe seu próprio conhecimento da cena provinciana. Não há duvidas de que ele conhecia o trabalho das trupes teatrais que excursionavam pela França se apresentando em feiras e ocasiões festivas. Esses grupos mantinham agudamente vivas as formas do drama pré-literário, que pode ser rastreado na farsa medieval e nas improvisações da *Commedia dell'Arte*. A lição da ação vivaz e acidamente rebatida não estava perdida para o futuro autor de *Le Menteur* (O Mentiroso) e *Rodogune*.

É necessário juntar a esses elementos um teatro parisiense florescente. Hoje em dia, somente especialistas dão uma espiada em uma ou outra das seiscentas peças escritas por Alexandre Hardy. Mas Hardy não era um mero mercenário. Ele encarnava aquele aspecto do barroco que é uma espécie de pura e jubilosa energia. Sua tradição é belamente descrita no repertório dos Atores, em *Hamlet*: "tragédia, comédia, história, pastoral, pastoral-cômica, histórico-pastoral, trágico-histórico, trágico-cômico-histórico-pastoral; cena indivisível ou poema ilimitado". Seu estilo dominante é o do romance barroco. A maioria de suas peças constitui-se de grandes imbróglios e apóia-se despudoradamente na maquinaria do palco para fazer surgir efeitos cênicos fantásticos mitológicos. Mas Hardy concebeu uma certa poesia de ação e, o melhor dele, pode ser comparado a Calderón ou às práticas mais habilidosas de Beaumont e Fletcher.

III

A chegada de Corneille a Paris, à época em que a estrela de Hardy começava a declinar, marca uma divisão de caminhos na história do drama europeu. Corneille, em vez de colocar sua arte a serviço do novo classicismo, poderia ter optado por dar continuidade ao modo exuberante de seus predecessores, um modo próximo da naturalidade de seu talento. Pode-se argumentar plausivelmente que, se tivesse assim procedido, o teatro francês teria seguido um caminho mais rico e mais universal. Na dramaturgia de Hardy está implícito o tipo de drama, no qual é possível a coexistência do trágico e do cômico, do realista e do fantástico, do poético e do prosaico. O neoclassicismo francês nega, por si mesmo, essa dualidade e essa amplidão. Ele obteve uma maravilhosa economia formal e pureza de linguagem, mas ao preço de uma imensa soma de vida. Além do mais, as raízes do neoclassicismo são tão políticas quanto literárias. O mundo de Hardy é o do feudalismo decadente. Reflete a revolta e a alegria quixotesca dos aristocratas que, durante o *Fronde*, lançaram um desafio final ao poder centralizado do Estado moderno. A visão do drama neoclássico é aquela forjada por Richelieu e imposta por Mazzarin: era preciso existir ordem tanto na vida como na arte.

No teatro de Corneille a tradição anticlássica encontra-se quase sempre abaixo da superfície. Sua primeira tragédia, *Medéia*, termina num estilo barroco, com Medéia voando em sua carruagem puxada por dragões e Jasão cometendo suicídio em cena. Depois de *O Cid*, Corneille privou-se de tais liberdades. Mas mesmo o poeta maduro fez experiências com formas de drama mais abertas e mais "impuras" do que as da doutrina oficial clássica. *Don Sancho de Aragon* é característico da inclinação natural de Corneille. Tragicomédia em parte e, parte, pastoral heróica, é uma peça distinta de qualquer outra do repertório clássico (não se encontra nada parecido, antes de Kleist e o *Prinz von Homburg* [O Príncipe de Homburg]). O retorno das intrigas complicadas do drama barroco acentua-se no Corneille tardio. Num sentido real, sua maior obra, a série de tragédias rigorosas, de *O Cid* a *Polieuto*, foi concebida contra a corrente.

Para Racine, nada disso é relevante. Deixando de lado uma de suas primeiras peças, encontra-se nele pouco vestígio de tradição senequina. Ele não se mirou na Espanha, nem em Hardy e no teatro barroco. O ideal da ordem clássica era inerente ao seu gênio.

Foi a celebrada "disputa do *Cid*" que impeliu Corneille a tornar-se um mestre da forma clássica. Em si mesmo, essa peça literária sobre conspiração, não tem importância. Os críticos sempre sentirão ciúmes dos poetas e encontrarão justificativas elaboradas para sua acrimônia. Mas os detratores de Corneille desviaram-no da direção natural de seu talento dramático para ideais mais exigentes. No melhor do drama cornellino, há uma tensão inequívoca: o instinto para intriga envolvente, e soluções tragicômicas parecem pressionar as barreiras confinantes da tragédia neoclássica.

Corneille era um artista suficientemente orgulhoso para perder tempo refutando os sofismas com os quais os neo-aristotélicos questionavam O Cid. Ele se retirou para Rouen. A manobra é característica dele: trata-se de Antaeus em contato com a terra para readquirir força. Em Rouen, concebeu uma peça de máxima unidade e despojamento de ação. *Horácio* é uma refutação brilhante aos críticos acadêmicos de Corneille. Mas é mais, porque nele o poeta atinge o tema que dominaria sua vida criativa: o tema de Roma. Em seu caráter e em sua educação havia o forte traço latino do humanismo pós-renascentista. Além disso, Corneille percebeu que a história romana poderia tornar-se ilustrativa das condições políticas que prevaleceram durante os últimos anos de Luis XIII e o início da autocracia de Luis XIV. Como Maquiavel e Montesquieu, ele fez de Roma um contraponto explícito à história contemporânea. Em um louvor endereçado a Mazarin, em 1644, Corneille construiu um elaborado conceito sobre as analogias entre França e Roma. Ele percebeu a França da realeza como herdeira direta das dignidades da Roma papal e imperial:

> És tu, ó grande Cardeal, alma sobre-humana,
> Raro dom que o céu e Roma deram à França,
> És tu, eu afirmo, ó herói, ó coração verdadeiramente romano,
> Que Roma, a meu favor, me conduz[1]*.

É justo dizer que a visão de Roma de Corneille continha algo da intensidade imaginativa que pode ser encontrada em Dante.

O motivo romano dominou os dramas de Corneille, de *Horácio* a *Suréna*. Estas peças constituem o corpo principal da tragédia política na literatura ocidental. Em Shakespeare, há tragédias com um fundo político fortemente marcado, mas penso que não há uma realização completa da natureza trágica do poder político. Os críticos modernos têm interpretado, nas complexas percepções políticas de Shakespeare, e em certas peças, tais como *Medida por Medida* e *Coriolano*, a íntima observação da força tendenciosa da política sobre as vidas humanas. Mas em grande parte do drama shakespeariano, a concepção de política não se afastou muito do pensamento medieval, e o tratamento da ação política está subordinado ao caráter dramático individual. Desse modo, os reis shakespearianos projetam seus conflitos privados e ambições sobre uma tela mais ampla dos assuntos públicos. As ações de Henrique V são vivacidades e despertares privados, ampliados numa escala de guerra nacional. O que importa é o amadurecimento

---

1. C'est toi, grand Cardinal, âme au-dessus de l'homme,/ Rare don qu'à la France ont fait le ciel et Rome,/ C'est toi, dis-je, ô héros, ô coeur vraiment romain,/ Dont Rome en ma faveur vient d'emprunter la main.

* *Horácio*, trad. de Jenny Klabin Segall, São Paulo: Livraria Martins Editora, 1965, Teatro Clássico, v. III.

psicológico do Príncipe Hal, em um rei experiente. É a si mesmo que ele procura governar no ato da coroação. *Ricardo II* é uma espécie de peça de paixão, uma meditação sobre os vícios do temperamento poético, quando exposto às seduções do poder material. A perspectiva da peça é alegórica, e talvez por essa mesma razão as referências à política elisabetana podem ser lidas no contexto da trama. O conflito é representado inteiramente através do embate pessoal entre o rei e Bolingbroke. Trata-se de um torneio feudal ampliado. Ricardo III lança sua sombra odiosa por meio do corpo político. Mas o caso é de cobiça privada e de ódios pessoais. Tem relevância política somente porque concerne aos indivíduos de sangue real. A Guerra das Rosas é inteiramente vista na perspectiva do antagonismo dinástico; Shakespeare raramente faz alusão a uma confrontação econômica e política mais ampla.

Corneille, pelo contrário, possuía uma compreensão moderna da natureza autônoma da vida política. Ele insistia numa verdade central: política é uma tradução da retórica para ação. Como Pascal, Corneille foi assombrado pelo papel destrutivo da retórica nos assuntos políticos. Os personagens do drama cornellino persuadem-se, literalmente, de ódios irreconciliáveis. O pronunciamento formal (a *tirade*) conduz o pensamento a um rigor excessivo. As palavras transportam-nos ao encontro de confrontos ideológicos dos quais não há volta. Essa é a raiz trágica da política. Slogans, clichês, abstrações retóricas, antíteses falsas chegam a possuir a mente ("os Mil anos do Reich", "Rendição Incondicional", "luta de classe"). A conduta política não é mais espontânea nem responsiva à realidade. Congela-se em torno de um núcleo de retórica morta. Em vez de tornar a política dúbia e provisória, à maneira de Montaigne (que sabia que princípios duram somente enquanto são tentativas), a linguagem aprisiona o político na cegueira da certeza ou na ilusão de justiça. A vida do pensamento é estreitada ou aprisionada pelo peso de sua eloqüência. Em vez de nos tornarmos mestres da linguagem, nos tornamos seus servos. Essa é danação da política. Corneille conhecia esse processo com exatidão. Nenhum dramaturgo se iguala na representação da "percepção", da complicação e da vitalidade cancerosa do conflito político. Somente Tácito pode rivalizar com Corneille na demonstração de como os homens estão enterrados no assunto opressivo, nebuloso da circunstância política.

Ele realizou sua maestria particular no primeiro golpe do Ato V, em *Horácio*. Da perspectiva do objetivo teatral, o ato inteiro é desnecessário (o conflito principal foi resolvido e a morte de Camille é um ultraje gratuito). Mas demonstra como a retórica política pode desviar a razão humana. Horácio tornou-se uma espécie de colosso público. Sua linguagem é sonora e vazia como a das trombetas. A todo o momento, ele invoca abstrações retóricas para justificar a destruição da vida. A proposta do suicídio, como expiação de seu crime, é oferecida à dignidade do patriotismo: "Permiti, grande rei, que deste braço o afã/ me imole à minha glória, e não à minha irmã"[2]. A justaposição da noção abstrata (*gloire*) contra a realidade da vida humana (*ma soeur*) é profundamente cornellina.

A seguir, surgiu *Cinna*, uma peça que é, basicamente, uma análise das estratégias do absolutismo. Napoleão admirava-a por sua fidelidade à verdade política. Ele escutava aí a nota imperial. Em *Horácio*, a Roma é arcaica; em *Cinna*, é augustinina. A mudança no tempo histórico é importante. Daí em diante, Corneille dramatizou incidentes do período das Guerras Civis e do império tardio. E ele trouxe para o repertório da imaginação uma nova geografia: a Síria em *Rodogune*, o reino Lombardo em *Pertharite* (Pertarita), a Pérsia em *Suréna*. O drama cornellino tem uma tendência natural para a intriga sombria e para o desastre violento. A história do império em declínio e seus ambientes bizarros forneciam a Corneille precisamente a espécie de enredos que ele necessitava.

A crítica, com a exceção brilhante de Basillach, tem ignorado as últimas peças de Corneille. No entanto nossa época, na qual a retórica política tem forjado tanta destruição, deveria reconhecer a força da visão de Corneille. *Pompeu*, *Nicomède*, *Sertorius*, e *Suréna* são realizações maiores. Não há drama político mais agudo ou duro.

O tema de *Pompeu* está identificado às origens da tragédia francesa. Já havia sido dramatizado por Garnier, Chaulmer, Jodelle e Benserade. Corneille optou por uma abordagem extremamente difícil: Pompeu é assassinado de início e nunca aparece na cena. Mas sua presença domina cada momento da peça (mesmo quando a sombra de Hannibal recai sobre a totalidade de *Nicomède*). "Quanto ao estilo", escreve Corneille, "é mais sublime do que em qualquer outra das minhas composições poéticas e o verso é, inegavelmente, mais rico em pompa (*pompeux*) do que qualquer outro que eu jamais tenha produzido". Há algo mais do que um trocadilho joyciano na associação entre *Pompeu* e *pompeux* (pomposo). A idéia de pompa por si só não é recomendável à utilização moderna. Mas, para Corneille o termo contém os valores da alta retórica, da sonoridade, de suporte cerimonioso. A concepção implícita de drama está mais próxima dos oratórios de Handel do que do teatro moderno. Mas isso é natural porque pertence a um mundo em que a pompa, fosse na corte real de França ou fosse na eloqüência religiosa de Bossuet, era uma virtude.

A ação trágica, em *Pompeu*, deriva da maneira dos personagens assumirem posições abstratas e aderirem a elas até a ruína. Seu livre arbítrio é dirigido e corrompido pela retórica política. Em *Cinna*,

---

[2]. Permettez, ô grand roi, que de ce bras vainqueur/ Je m'immole à ma gloire, et non pas à ma soeur.

Augustus faz uma famosa jactância: "Je suis maître de moi comme de l'univers" ("Sou meu mestre e do universo"). De fato, ele é servidor do estilo heróico. *Pompeu* nos mostra como a elegância exterior e a maneira verbal grandiosa podem ocultar ou glorificar até o mais baixo e mortífero dos esquemas políticos.

A peça é construída em torno de uma série de orações e de encontros retóricos formais. Como o conjunto de árias da ópera do século XVIII, esses longos e cerimoniosos vôos de linguagem são o principal modo de ação dramática. Os eventos não são encenados; são relatados. Nesse caso, o ideal neoclássico de adequação – feitos horríveis e sangrentos não devem ser mostrados no palco – é relevante para a totalidade do drama. Não há dúvida que há situações e motivos para os quais um teatro de linguagem, no lugar do teatro de ação, é inapropriado (nas peças mais barrocas de Corneille, o recital incessante de eventos horrendos torna-se engraçado). Mas o gênero de teatro no qual a linguagem tem supremacia, é precisamente adequado à tragédia política. É preciso aprender a ouvir essas peças como música; é preciso ser antes ouvinte do que espectador.

A cena de abertura é soberba. Ptolomeu e seus conselheiros discutem como receber o vencido e fugitivo Pompeu. O acorde dominante é desferido com insistência cruel e metálica: "e o direito da espada/ Justificando César, condenou Pompeu"[3]. "O direito da espada" contra os clamores da humanidade. Photin defende a necessidade do assassínio de Pompeu. Mas acrescenta que sua opinião não é motivada pelo ódio pessoal: "J'en veux à sa disgrace, e non à sa personne" ("Peço sua desgraça, e não sua pessoa"). O mal da política encontra-se precisamente nessa separação da pessoa humana da causa abstrata ou da necessidade estratégica. Photin declara: "La justice n'est pás une vertu d'État" ("A justiça não é uma virtude de Estado"). E quase sempre, em Corneille, a palavra está em maiúscula. A "razão de Estado" mantém-se em equilíbrio espúrio contra a vida individual. O termo tem seu equivalente em alemão, *Staatsraison*, mas não há concordância exata para o termo na gramática da política inglesa, mais cética e provisória. Ptolemy cede ao conselho assassino e invoca um dos eternos clichês recorrentes utilizados pelos políticos para justificar seus crimes, "a correnteza da história": "Et cédons au torrent qui roule toutes choses" ("E cedamos à corrente que governa todas as coisas"). Quando os governantes começam a falar em "correntes" e "coisas", a humanidade desviou-se tanto de sua linguagem como de seu objetivo.

Esse tipo de cena é raro no drama inglês. Encontramo-la, penso eu, apenas nas peças romanas de Ben Jonson. A tensão dramática é extrema, mas surge inteiramente do argumento frio e intrincado. Chega-se

---

3. le droit de l'épée/ Justifiant César, a condamné Pompé.

próximo disso, na Consulta Infernal do Livro II, em *Paradise Lost* (O Paraíso Perdido). Corneille e Milton, diferentemente de Shakespeare, possuem uma apreensão direta, quase sensual, do tom da política nos locais do poder.

A peça, em sua totalidade, exibe a compreensão de Corneille do temperamento romano. Questionado por César a respeito de Cleópatra, Antônio responde: "Et si j'étais César, je la voudrais aimer" ("E se eu fosse César, desejaria amá-la"). Mas a figura mais memorável é Cornélia, a viúva vingadora de Pompeu. Há um toque da *galanterie* em sua atitude para com César, que prevalece entre adversários, durante as batalhas do *Fronde*. Cornélia é jurada para destruição de César; mas eles se encontram agora no Egito e, pelo fato de serem romanos, vivem um sentimento de solidariedade quase tão poderoso quanto seu ódio mútuo. Seu encontro final é um dos grandes esplendores do drama neoclássico. Dividido entre a inimizade e a admiração, Cornélia proclama o desafio e a despedida do vitorioso César. Sua fala final deve ser examinada como um todo. Mostra como as formas da retórica podem concentrar o maior sentimento dramático. Cornélia entra, carregando uma urna com as cinzas de Pompeu assassinado:

> Eu a levo para África, lá eu espero
> Que os filhos de Pompeu, e Catão, e meu pai,
> Aliados ao esforço de um rei mais generoso,
> Tenham a sorte e a justiça a seu lado.
> É lá que verás sobre a terra e sobre a onda,
> As legiões de Pharsale erguendo um outro mundo;
> É para lá que irei, para apressar tuas desgraças,
> Levar, de fileira em fileira, essas cinzas e minhas lágrimas.
> Que do meu ódio eles recebam as regras;
> Que elas sigam no combate das urnas, no lugar de águias,
> E que esse objeto triste lhes traga à lembrança
> O desejo de vingá-lo e de puni-lo.
> Queres oferecer a esse herói um dever supremo;
> A honra que lhe ofereces recai sobre ti:
> Queres-me por testemunha; eu obedeço ao vencedor;
> Mas não presumas tocar meu coração por isso.
> A perda que tive é irreparável demais;
> A força do meu ódio é solitária demais;
> Ao igual dos meus dias, eu a farei durar;
> Desejo viver com ela, com ela morrer.
> Eu te reconheço portanto, como verdadeiro Romano,
> Que por ti minha estima é igual ao ódio;
> Que a uma e a outro faz justiça, e demonstra o poder,
> Uma de tua virtude, outro de meu dever;
> Que uma é generosa, e o outro é interessado,
> E que ao meu espírito a uma e outro está forçado,
> Vês que tua virtude, que em vão se quer trair,
> Força-me louvar aquele a quem devo odiar:
> Julgue assim o ódio onde meu dever me prende,

A viúva de Pompeu força Cornélie.
Irei, não duvide, ao deixar essas terras,
Sublevar contra ti os homens e os deuses,
Esses deuses que te cortejaram, esses deuses que me enganaram,
Esses deuses, que em Pharsale, serviram tão mal a Pompeu
Que, com o raio à mão, puderam vê-lo decapitado;
Eles reconheceram seu erro e querem vingá-lo.
Meu zelo, por sua recusa, com ajuda de sua memória,
Saberá bem sem eles conseguir a vitória;
E quando todo meu esforço for rompido,
Cleópatra fará o que eu não consegui[4].

Nenhuma mudança na nossa maneira de sentir ou em nossa linguagem pode diminuir a magnificência dessa oração. Somente um mestre completo da declamação dramática poderia ter apresentado o desenrolar progressivo natural ainda que surpreendente do desafio à estima ou reunido todos os fios complexos da argumentação para o escárnio final. A política não produziu poeta maior.

4. Je la porte em Afrique; et c'est là que j'espère/ Que les fils de Pompée, et Caton, et mon père,/ Secondés par l'effort d'un roi plus généreux,/ Ainsi que la justice auront le sort pour eux./ C'est là que tu verras sur la terre et sur l'onde/ Les débris de Pharsale armer un autre monde;/ Et c'est là que j'irais pour, pour hâter tes malheurs,/ Porter de rang em rang ces cendres et mes pleurs./ Je veux que de ma haine ils reçoivent des règles,/ Qu'ils suivent au combat des urnes au lieu d'aigles;/ Et que ce triste objet porte em leur souvenir/ Les soins de le venger, et ceux de te punir./ Tu veux à ce héros rendre um devoir suprême;/ L'honneur que tu lui rends rejaillit sur toi-même;/ Tu m'en veux pour témoin, j'obéis au vainqueur;/ Mais ne présume pas toucher par là mon coeur./ La perte que j'ai faite est trop irréparable;/ La source de ma haine est trop inépuisable;/ A l'égal des mes jours je la ferai durer;/ Je veux vivre avec elle, avec elle expirer./ Je t'avouerai pourtant, comme vraiment Romaine,/ Que pour toi mon estime est égale à ma haine;/ Que l'une et l'autre est juste, et montre le pouvoir,/ L'une de ta vertu, l'autre de mon devoir;/ Que l'une est généreuse, l'autre intéressée,/ Et que dans mon esprit, l'une et l'autre est forcée./ Tu vois que ta vertu, qu'en vain on veut trahir,/ Me force de priser ce que je dois haïr;/ Juge ainsi de la haine où mon devoir me lie,/ Le veuve de Pompée y force Cornélie./ J'irais, n'en doute point, au sortir de ces lieux,/ Soulever contre toi les hommes et les dieux,/ Ces dieux que t'ont flatté, ces dieux que m'ont trompée,/ Ces dieux que dans Pharsale ont mal servi Pompée/ Qui, la foudre à la main, l'ont put voir égorger;/ Ils connaîtront leur faute et le voudront venger,/ Mon zèle, à leur refus, aidé de sa mémoire,/ Te saura bien sans eux arracher la victoire;/ Et quand tout mon effort se trouvera rompu,/ Cléopâtre fera ce que je n'aurai pu.
Há um certo enchimento no percurso entre os versos 20-29. Corneille toca mudanças retóricas sobre pares contrastantes, ódio e estima, dever e sentimento espontâneo. Sendo de qualquer modo uma versão mais parcial, a tradução tende a enfatizar a fragilidade momentânea do original. Eu também fracassei em verter a ferocidade muda e o sarcasmo da última copla. Diz Corneille: "E quando todos meus esforços forem rejeitados, Cleópatra terminará o que eu não pude". Ele quer dizer que César será sabotado e derrotado pelas vilanias sedutoras e traidoras de Cleópatra. Mas o sarcasmo não se fez explícito. Pope encontraria precisamente o equivalente correto. (N. do A.)

Nicomède (1650) reflete a atmosfera de *Fronde*. Essa insurreição marcou o protesto final do espírito barroco na política contra o governo centralizado, moderno. Foi um episódio de violência muito real, mas com uma estranha nota de frivolidade. A peça representa exatamente a aura de intriga e romance heróico que cercava a política de Condé e de Grande Demoisellle. Embora a ação repouse sob a sombra do assassinato recente de Hannibal, a peça não é essencialmente trágica. É tragicomédia no estilo barroco. Mas sob a espuma do argumento, contra-argumento, e final feliz, encontra-se um conflito genuinamente cornellino. Mais uma vez, a *raizon d'état* procura destruir o sentimento natural e a benevolência do coração. Estes são designados de *galanterie*, um termo complexo, ardiloso que implica em valor pessoal, comportamento gracioso, e em perseguição amorosa. Flaminius é um político romano frio, para quem as maneiras civilizadas são a máscara exterior da crueldade. Nicomède é um príncipe "bárbaro" e um precursor do mito do nobre selvagem. A disputa entre eles concentra duas áreas de percepção: a política e a amorosa. Essa conjunção ou, antes, a tentativa da política usurpar o amor, torna-se o tema principal das últimas tragédias de Corneille. Flaminius concebe a paixão sensual como um puro instrumento de manobra política e estratégica. Às vezes, ele prenuncia Laclos e Stendhal, ao usar metáforas intercambiáveis entre a vida militar e erótica. O casamento é uma forma de expansão dinástica ou de aliança política. O elemento sexual é um mero servidor da intenção considerada pela mente. Nicomède, pelo contrário, encarna a integridade do desejo. Ele não consegue dissociar a verdade do amor da verdade geral da conduta moral. Uma está enraizada na outra. Corneille parece ter vivido isso com uma intensidade particular. As condições de seu raciocínio diferem imensamente daquelas de D. H. Lawrence, mas o intento é comparável. A peça centra-se na imagem do fogo. Onde o amor se torna agente da necessidade política, suas chamas são literalmente eliminadas:

> O amor entre reis não faz o himeneu,
> E as razões de Estado mais fortes que seus nós,
> Encontram meios para extinguir os fogos[5].

Por trás do duelo entre o pré-cônsul e o jovem príncipe, como uma sombra projetada na parede, Corneille evoca o combate mais amplo entre Roma e o invencível espírito de Cartago. *Nicomède*, como afirmou um crítico francês, é "quase uma obra prima".

As três peças seguintes, *Pertarita*, *Édipo*, e *La Toison d'or* (O Tosão de Ouro), foram grandes fracassos. Duas delas lidavam com

---

5. L'amour entre les rois ne fait pas l'hyménée,/ Et les raisons d'Etat plus fortes que ses noeuds,/ Trouvent bien les moyens d'en éteindre les feux.

a mitologia grega e o fato por si só foi suficiente para contribuir para suas deficiências. Corneille, para quem a emoção é purificada e transcendida de maneira que funcione como uma espécie de energia abstrata, nunca se sentiu à vontade no terreno grego. Os mitos gregos são múltiplos demais para se prestarem a uma redução metódica. *Édipo* está distante dessa marca, não somente porque Corneille atravancou o enredo com intriga amorosa, mas também porque a disputa pelo poder material entre Édipo e Creonte é concebida como a parte mais vital da lenda. A Grécia pertenceu a Racine assim como Roma pertenceu a Corneille. Não há signo mais marcante da diferença de caráter dos dois poetas.

Em 1662, Corneille retornou ao seu torrão natal. Combinou dois elementos que o conduziram ao sucesso. *Sertorius* é uma ação romana, num cenário espanhol. É uma peça magnífica. Às vezes, a poesia deixa no espírito uma sensação de cor; *Sertorius* é de um vermelho escuro, como cobre polido. E seu estilo tem a aspereza e o ornamento do latim, tal como foi criado pelos poetas e retóricos na Espanha romana, durante o último império. Em nenhum lugar, a imaginação de Corneille dominou tanto o fato histórico. Ele admitia com orgulho oblíquo: "Não encarem esta peça como de deleites (*les agréments*) que garantem o sucesso teatral". Mais uma vez, tem-se aqui uma tragédia de confluência política e militar. Ao assisti-la, o grande estrategista Turenne indagou: "Onde foi que Corneille aprendeu tanto sobre a arte da guerra?".

Sertorius se desdobra inexoravelmente a partir da premissa inicial de que "a guerra civil é o reino do crime". E ainda mais forçosamente do que em *Nicomède*, os impulsos do amor são corrompidos pelas exaltações do poder. O casamento é definido como "um pur effet de noble politique" ("um puro efeito da política nobre"), e somos tentados a discernir na palavra *pur* a nota de esterilidade. Novamente, o fogo é uma imagem dominante (e não se deve esquecer que, no uso de *ardeur* do século XVII, ainda persiste a conotação de chama literal):

> Não são os sentidos que meu amor consulta:
> Ele odeia o tumulto impetuoso das paixões;
> E seu fogo, eu aprisiono em atenção à minha grandeza
> Desprezando toda mistura com sua chama ardente[6].

Observe como a metáfora tradicional do fogo do amor está invertida. Viriate afirma poder dominar o fogo do amor e sujeitá-lo ao único objetivo de grandeza política. Ela despreza "os ardores loucos" da paixão sensual. Não obstante eles são verdadeiros e humanos. As chamas da

---

6. Ce ne sont pas les sens que mon amour consulte:/ Il hait des passions l'impétueux tumulte;/ Et son feu que j'attache aux soins de ma grandeur/ Dédaigne tout mélange avec leur folle ardeur.

afeição política, premeditada, são frias; queimam somente na mente. Corneille é superior ao representar o falso calor, pode-se quase dizer o calor arrepiante da ambição. A astúcia e a sede de poder político têm sua própria sensualidade gélida.

Todas as energias da peça se reúnem para o encontro de Sertorius e Pompeu, no Ato III. A cena justifica, magnificamente, a prática neoclássica de articular a emoção, ainda que violenta, através de formas controladas de retórica. Assistimos ao momento em que as ações da mente podem ser oferecidas mais como forma arquitetural do que como forma dinâmica. Se esse único episódio sobrevivesse na tragédia neoclássica francesa, conseguiríamos discernir no fragmento as linhas gerais da intenção do controle. Voltaire colocou essa cena ao lado do encontro noturno entre Brutus e Cassius, em *Júlio César*. A comparação é justa, pois ambos são as somatórias de suas respectivas tradições dramáticas e a diferença entre elas é de espécie não de mérito. Coleridge afirmou que nada mais na obra de Shakespeare o impressionou tanto como a crença de que o gênio de Shakespeare foi "sobre-humano"; ainda assim a comparação não diminui Corneille. Na tenda de Brutus, as palavras mantêm, ao seu redor, a ressonância do não dito. Por meio delas, ouve-se as reverberações da fadiga e da dor dissimuladas. Em *Sertorius* tudo é dito. Esses comandantes eloqüentes são estrategistas da linguagem, à maneira de Cícero e Quintiliano. Eles dispõem as palavras como legiões, mantêm emboscadas para cada intenção do outro, e fazem da poesia um assalto à razão. Quando Pompeu mostra a Sertorius a imagem da Roma distante, sabe-se que ele está avançando sobre cada cidadela de seu oponente. Mas o velho feroz apara o golpe:

> Roma não é mais para mim um enclave de muralhas,
> Que esses banimentos lotaram de funerais;
> Desses muros, onde antes o destino era tão bom,
> Resta a prisão, mais ainda, o sepulcro:
> Mas para erguer, de algum lugar, sua força de origem,
> Dos falsos romanos, ela se separou;
> E como, ao meu redor, todos realmente me apóiam,
> Roma não está mais em Roma, ela está em mim[7].

A passagem destila a constante meditação de Corneille sobre Roma e sua majestade atemporal. Só um surdo aos prazeres do verso dramático não sentirá sua garra. Em Shakespeare, as palavras, em agrupamentos complexos, acumulam significados, extrapolando as afirmações. Em

---

7. Je n'appelle plus Rome um enclos de murailles,/ Que ses proscriptions comblent des funérailles;/ Ces murs, dont le déstin fut autrefois si beau,/ N'en sont que la prison, ou plutôt le tombeau:/ Mais, pour revivre ailleurs dans sa première force,/ Avec les faux Romains elle a fait plein divorce;/ Et, comme autour de moi j'ai tous ses vrais appuis,/ Rome n'est plus dans Rome, elle est toute où je suis.

Corneille, assim como em Dryden, elas significam exatamente o que dizem, e significam a totalidade disso. E assim, tal modo de expressão é arredondado e possui um tipo de precisão que somente uma forma literária exaustivamente empregada tem. Uma parelha de Corneille não dá espaço para dúvida ou para sentimento perdido. A principal tradição do estilo poético inglês, particularmente, a partir do romantismo, é a da inferência. Mas há também uma poesia do explícito.

Othon (1664) é uma obra fria. Relata uma intriga palaciana da Roma imperial. A peça interessa, somente porque aguçou a futura visão de Corneille sobre a corrupção do amor através da política. A palavra focal é *civilité*: "Mas a civilidade é somente amor, para Camille,/ Para Othon, o amor é apenas civilidade"[8]. "Civilidade" contém plenas implicações sociais e políticas, em sua raiz. Onde surge civil, o amor, a circunstância mais privada da vida, surge público e espúrio. Civilidade é uma virtude da mente e não do coração.

Seis anos mais tarde, Corneille dramatizou esses valores contrários, numa disputa deliberada com Racine. *Berenice*, de Racine, estreou em 21 de novembro de 1670; *Tito* e *Berenice* se seguiram em 28 de novembro. Corneille se encontrava inegavelmente determinado. Embora suavizada pela ausência de morte, *Berenice* é profundamente trágica. Os personagens sacrificam a fugacidade de suas próprias existências pelas demandas de glória exterior e de poder político. Racine sabe, e pretende que saibamos, que a renúncia de Berenice por Tito é obtida a um custo extremamente alto. Ora, Corneille não poderia honestamente aceitar tal presunção. Seu julgamento recuava a uma escala de valores implícitos. O celebrado adeus a Berenice –

> Adeus, sirvamos os três de exemplo ao universo
> Do amor mais enternecido e mais infeliz
> Para que ele possa guardar a história dolorida[9].

– deve tê-lo golpeado como se fosse uma abdicação da realeza e do bom senso. Corneille não conseguia penetrar imaginativamente naquela qualidade mental que admitia a renúncia de um império pela privacidade amorosa. Conseqüentemente, não há tensão aguda em sua peça. O dado é lançado mais adiante. *Tito e Berenice* não é uma tragédia mas uma *comédie héroique*, como Corneille a intitulou. Durante todo tempo, Berenice está mais genuinamente preocupada com sua glória do que com sua paixão. Mesmo quando sua partida de Roma é

---

8. Mais la civilité n'est qu'amour en Camille,/ Comme en Othon l'amour n'est que civilité.

9. Adieu; servons tous trois d'exemple à l'univers/ De l'amour la plus tendre et la plus malheureuse/ Dont il puisse garder l'histoire douloureuse.

iminente, ela declara: Graças ao justo céu minha glória está a salvo/ Não mais se apega a nenhuma indignidade[10]. E sua constatação final é brilhantemente reveladora (tanto de seu caráter como das limitações de Corneille): "Vosso coração é minha posse, aí eu governo, é o suficiente"[11]. No drama corneillino até mesmo o coração é um lugar para se governar. Amar é governar.

Mas a concepção de Racine a respeito da primazia do sentimento se encontrava agora, em ascensão. *Pulquério* é uma investida da retaguarda. Não se pode defendê-la como obra de arte, mas prova a constância com que o poeta idoso se apegava a sua visão específica dos assuntos humanos. De fato, a peça contém a mais extrema afirmação do motivo dominante em Corneille – pode-se até dizer de sua obsessão. Um casamento político é concluído, com a condição expressa de não ser consumado. O poder é comprado com impotência. É uma expressão cruel e memorável da compreensão corneillina no interior da tragédia da política.

Com *Suréna* (1674), Corneille abandona o teatro.

Tem sido constantemente observado que *Suréna* revela uma forte consciência do estilo de Racine. É verdade, mas isso diz pouco do mérito dessa peça. Apesar de *Suréna* ser desigual, pergunto-me se não está próxima de ser a obra-prima de Corneille. Ela toma de Racine certos tons e cadências de versificação, mas vai além, numa direção que não é absolutamente a de Racine. A chave de *Suréna* é sua linguagem. Ao mesmo tempo em que permanece na sintaxe do francês neoclássico, a lúcida sintaxe concentrada, que se estenderá pelo século XVIII, Corneille retorna ao vocabulário do barroco tardio. A peça é cravejada pela terminologia de heroísmo e de paixão ornamentada dos poetas e romancistas que precederam ao drama neoclássico (*consume, tendresse, soupir, amertume, charmes*), (destruição, ternura, suspiro, aflição, encantos). Corre o risco de uma certa enervação e preciosismo mas, no geral, a forte articulação da última gramática alimenta-a com a força necessária. A maior medida de emoção concentrada é transmitida através de verbos, cujo infinitivo termina em *ir*. A totalidade da peça torna-se a afirmação de Eurídice: "Desejo que a morte não ouse me socorrer,/ Amar para sempre, sofrer para sempre, morrer para sempre"[12]. Suréna repete as palavras, ao final do primeiro Ato: "Onde recorrer,/ Ó céus! Se for preciso para sempre amar, sofrer e morrer?"[13]. Elas definem o progresso do amor,

---

10. Grâces au juste ciel, ma gloire en sûreté/ N'a plus à redouter aucune indignité.
11. Votre coeur est à moi, j'y règne, c'est assez.
12. Je veux, sans que la mort ose me secourir,/ Toujours aimer, toujours souffrir, toujours mourir.
13. Où dois-je recourir,/ O ciel! s'il faut toujours aimer, souffrir, mourir?

através do sofrimento, para a morte. Para as convenções da *galanterie* barroca isso é progresso.

Além do mais, em *Suréna*, Corneille chegou perto de superar as amarras da parelha rimada. Os versos têm um movimento nervoso, fluído que parece transportá-los para além de seu acabamento formal. Deixam um resíduo de silêncio expressivo de um modo extremamente raro no drama neoclássico francês. Corneille nem sempre conseguiu. Algumas vezes, o movimento complexo – a tentativa de manter um impulso livre sob uma superfície rígida – produz no verso uma curiosa queda ou concavidade. Voltaire observou que há momentos da peça que caem bem abaixo da habilidade usual de Corneille. Mas o fracasso se deve diretamente a um esforço em superar as limitações inerentes do *alexandrin*. Em *Suréna*, há uma inegável soltura do estilo heróico, mas tal estilo não se mostrava mais apropriado ao propósito de Corneille. Este, eu presumo, era a criação de uma espécie de elegia dramática – um drama mais de lamento do que de conflito.

A "suavidade" do argumento acompanha a peculiaridade da linguagem. Finalmente, Corneille concede ao amor sua tão protelada supremacia. Eurídice, cujo nome é emblema do domínio sobre o poder da morte do amor, reverte a dialética tradicional corneillina. Sua paixão prova ser mais tenaz do que as demandas da política: "Mon amour est trop fort pour cette politique" ("Meu amor é forte demais para essa política"). Ela deve separar-se de *Suréna*, mas a ligação entre eles permanece intacta. Mesmo na morte os conceitos do amor são supremos. Suréna sucumbe, trespassado por três flechas em seu coração. Esse é um símbolo de ardor sensual e é possível que Corneille estivesse jogando aí, como os elisabetanos, com a insinuação dual da "morte", a literal e erótica. Eurídice segue seu amado, num movimento tão solene e controlado quanto uma dança de corte: "Não, eu não choro, senhora, mas eu morro"[14]. O choque trágico é deliberadamente emudecido pela profunda elegância do gesto.

Suréna está bem próxima da grande peça. Talvez a ação seja muito tênue para sustentar a elaboração e a complexidade dos meios poéticos mas conduz a uma espécie de encantamento musical e a uma luz outonal, que não se encontra em nenhum outro lugar da arte clássica. E, enquanto Racine não tem sucessores reais, há claros ecos de *Suréna* nos grandiosos diálogos de amor em vão, no teatro de Claudel.

De todos os poetas modernos, Racine foi quem aderiu mais naturalmente à forma fechada do drama neoclássico. Havia motivos biográficos e sociais para isso. Assim como Goethe, Racine era um

---

14. Non, je ne pleure pas, madame, mais je meurs.

poeta da corte que aceitava os valores de casta do meio aristocrático. Ele trabalhava para o palco, mas não lidava com ele. Há uma imensa diferença entre ele e Corneille e Molière. Racine é um daqueles grandes poetas dramáticos (Byron foi outro) que não tinham preferência natural para o teatro. A história das relações de Racine com o palco é de um tédio crescente. Ele se transferiu do drama público para a encenação privada e daí para o silêncio. Ao aceitar o posto de historiógrafo real, ele seguiu seu próprio temperamento e inclinação social.

Racine escolheu o estilo de drama mais puro, mais elegante, mais descompromissado, para obter a maior independência possível das contingências materiais da dramaturgia. Sua sensibilidade à crítica adversa e seus escrúpulos religiosos com relação à moralidade do teatro eram parte de seu tédio essencial. Racine tinha sempre em mente o ideal de um ritual ou de um teatro de corte, de um teatro de ocasião solene, como existira em Atenas. Sua tendência para identificar-se com os trágicos gregos não se devia a qualquer afinidade particular com uma visão de mundo, mas ao fato de que o teatro para o qual ele imaginava que Sófocles e Eurípides haviam escrito possuía uma dignidade única. Esse é o pensamento expresso no prefácio de *Ifigênia*:

> Reconheço com prazer, em virtude do efeito surtido no palco, tudo que tenho imitado, tanto de Homero como de Eurípides, que razão e bom senso são os mesmos, em todos os séculos. O gosto parisiense mostrou estar em concordância com o de Atenas.

Racine compreendeu plenamente seu ideal, em *Esther* e *Atália*, peças que não foram concebidas para a encenação, no sentido usual. Encenada pelas jovens de Saint-Cyr, em 1689, *Esther* chegou ao teatro aberto somente em 1721; apresentada nos salões de Mme. De Maintenon em Versaillles, em 1691, *Atália* foi encenada somente em 1716 pela Comédie Française. Apesar de seu caráter especial, é nessas peças que a arte de Racine está mais deliberadamente expressa. Aí, a utilização do coro é o resultado de uma teoria dramática implícita na obra completa de Racine.

A arte de *Berenice*, *Ifigênia* e *Fedra* solicita uma atenção perfeita, não uma forte desordem emocional ou uma identificação do espectador com a ação. Para nós, pobres criaturas, seria uma estupidez, e socialmente imprudente, nos identificarmos com esses personagens reais e cerimoniosos. Sua matéria-prima é mais rara do que a nossa. Desse modo podemos afirmar que Racine, assim como Brecht, procura, deliberadamente, aprofundar a distância entre o público e o palco. "Isso é uma peça", diz Brecht, quando define seu famoso conceito de estranhamento (*Verfremdung*); "não é vida real, de modo algum, nem pretende ser." "Esse é um drama trágico", diz Racine; "é mais puro e mais significativo do que a vida comum; é uma imagem do que a vida poderia ser, se vivida, em todos os tempos, num plano do alto decoro e se fosse plenamente responsiva, em todos os instantes, às obrigações da nobreza." Os dois dramaturgos demandam uma distinção austera entre realeza e realismo.

Essa é a chave para o emprego despreocupado, persuasivo, das unidades, em Racine. Unidade de tempo e lugar eram, para ele, uma condição natural para o drama, enquanto que, para Corneille, teriam sido uma rede apertada sobre a qual deveria se encenar acrobacias perigosas. A desordem da vida, a grosseria material das coisas, não pode ser excluída dos assuntos humanos numa extensão maior do que vinte e quatro horas. Mesmo uma Berenice, ou uma Fedra, tem necessidade de se render à vulgaridade do sono. Não dá para apresentar um local apropriado à solenidade e pureza da ação trágica, em mais de um espaço por vez. Tome-se uma casa inteira e, em algum lugar no seu interior, estar-se-á exposto ao riso. Fora das portas da cena racinina, a vida aguarda com todo seu alvoroço caótico. Quando os personagens atravessam essas portas, eles se liberam de sua agonia claustrofóbica. Podemos imaginá-los gritando e chorando. O final de *Berenice* deve apresentar uma encenação agilizada, como se estivesse numa corrida contra a tempestade que se aproxima. Os fios são distendidos ao ponto da ruptura, e, ao descer a cortina, eles se romperão. Não se pode conceber Berenice suportando por mais um instante a agonia represada do seu espírito. Ela tem de se apressar.

Ou para colocar figurativamente: o espaço da ação nos dramas de Racine é aquela parte de Versailles, ao alcance da visão imediata do rei. Aí o decoro, a contenção, o autocontrole, o ritual, e a total atenção são obrigatórios. Mesmo a mais completa dor ou esperança não deve destruir a cadência da fala formal e do gesto. Mas bem atrás da porta, a vida pesa novamente em sua costumeira brutalidade e espontaneidade. Racine é o historiador da câmara do rei; Saint-Simon é o historiador da antecâmara que é o mundo. Ambos são grandes dramaturgos.

Berenice encarna o projeto essencial da poética de Racine. O que acontece aí é mais do que uma renúncia amorosa. A tragédia surge de uma recusa a toda desordem; uma ação de acabamento elegante é realizada às custas da vida. Se o milagre fosse tão especial, encerrando uma visão de arte e conduta, deveria ter produzido o drama mais soberbamente excitante de toda literatura. Vastas energias são comprimidas para um clarão e então liberadas para uma finalidade explosiva, mortífera. O final de *Fedra*, ou de *Atália*, contém tanta fúria quanto a batalha em *Macbeth* ou o massacre em *Hamlet*. A diferença é simplesmente essa: o grande golpe acontece fora do palco. É-nos relatado, em um *récit* (discurso) formal do mensageiro ou confidente. Mas isso não se torna nem um pouco menos excitante. Pelo contrário; a formalidade exterior do recital contém a ferocidade do evento. Impele nossa imaginação para a cena do desastre: "Dos traços no ar já se erguia uma nuvem;/ O sangue já escorria, primícias da carnificina"[15]*.

Aos dramas shakespearianos e românticos falta-lhes esse modo particular de conduzir a magnitude da crise precisamente porque mostram o ato da violência em cena. Trata-se quase de um artifício musical; o eco sugere a imensidão do clamor distante.

A arte de Racine é de tensão calculada. Todo modo de imagens vem à mente: a tensão entre o repouso inerente do mármore e a agilidade de movimento extraída da escultura grega, os pilares flutuantes, o poder de pressão de uma mola de aço. Racine pertence a uma família de gênios que produzem mais facilmente sob condições restritivas. A sensação que se tem de drama quando se ouve às variações de Goldberg é da mesma ordem: uma força intensa, canalizada em fendas estreitas e complexas. Uma estabilidade sob controle é mantida entre a austeridade fria da técnica e o impulso passional do assunto. Racine derramava metal derretido sobre suas formas inflexíveis. A cada momento tem-se a expectativa de que a estrutura se curve, sob pressão, mas ela se mantém, e essa expectativa é, ela mesma, excitante. Algumas vezes, a preocupação com a estrutura pode conduzir ao artifício. O papel de Euriphile, em *Ifigênia*, mostrou-se necessário, pelo contraponto e equilíbrio de forças. Mas não é convincente nem teatralmente, nem psicologicamente. É raro esse tipo de falha, em Racine. Ele é quase sempre hábil em combinar o desenho da ação trágica com as exigências da forma clássica.

As quatro maiores peças de Racine são estudos femininos: *Berenice*, *Ifigênia*, *Fedra* e *Atália*. *Berenice* é um caso magnífico mas especial, porque aí a qualidade do trágico é emudecida. O terror é mantido em chave menor. Foi em seus dois dramas euripidinos e em *Atália*, que Racine se propôs à tarefa mais difícil. Em cada uma dessas três peças há uma tremenda tensão entre a forma clássica, racional da tragédia e o caráter demoníaco, irracional da fábula. Racine opôs o modo secular de arte ao universo do mito arcaico ou sagrado. Sinto aqui a importância do seu jansenismo. No coração da posição jansenista, encontra-se o esforço em reconciliar a vida racional aos mistérios da graça. Esse esforço, sustentado ao custo do temor psicológico, produziu duas imagens trágicas do homem, a de Racine e a de Pascal. Em Pascal, uma austera compulsão, violenta, em direção à razão, joga contra uma constante apreensão do mistério de Deus. Em Racine, a linguagem e os gestos de uma sociedade cartesiana são necessários para a encenação de fábulas sagradas e misteriosas. Não se poderia estar mais distante

---

15. Déjà de traits en l'air s'élevait un nuage;/ Déjà coulait le sang, premices du carnage.

* *Fedra*, trad. de Jenny Klabin Segall, São Paulo: Livraria Martins Editora, Teatro Clássico, 1970.

do mundo de Corneille. O mito essencial do drama cornellino é o da história. Racine invoca a presença de Jeová e do deus-sol minóico. Ele libera terrores arcaicos sobre um teatro de corte.

Em *Ifigênia*, existe ainda uma medida de compromisso, uma tentativa de se livrar de algumas das implicações do irracionalismo. Racine sugere que a concepção ateniense dos milagres e dos acontecimentos sobrenaturais já era convencional, que a "razão" e o "bom senso" faziam as mesmas concessões tanto em Atenas como em Paris, quando confrontadas com os antigos assuntos lendários. A predileção de Racine por Eurípides baseava-se justamente nessa assunção. Ele supunha que o *skepsis* (ceticismo) euripidino e a estilização do mito no drama euripidino podiam ser assumidos pelo fato do poeta optar por uma perspectiva racionalista do seu material. Num sentido bem realista, a distância entre a visão esquilina do mito e a de Eurípides é maior do que aquela que separa Eurípides de Racine. No entanto, Racine não consegue escapar da raiz do dilema. Ele não consegue admitir a necessária sofisticação da descrença em seu público. Sob o manejo de Racine com o mito se encontra uma complexa convenção: ritual e ação acontecem sem uma necessária implicação com a fé. *Ifigênia* depende da aceitação dessa convenção.

O material da peça é a lenda. Encontramo-nos num universo de oráculos, ventos demoníacos, e sacrifício humano. O *dénouement*, o desfecho, (como nas peças das Medéias) é de selvageria fantástica. Compositores de ópera e coreógrafos do período barroco e neoclássico podiam lidar com o maravilhoso resgate de Ifigênia do altar. Diana descendo das nuvens é uma das façanhas recorrentes da maquinaria cênica do século XVII. A lógica do *crescendo* musical ou do *finale* do balé justificavam, na verdade demandavam, esse tipo de clímax. Mas para um dramaturgo psicológico como Racine o problema é muito mais difícil. Em vez de evitá-lo, ele parte do mito de origem e de Eurípides:

> O que seria se eu tivesse maculado o palco com o assassinato horrendo de alguém como Ifigênia, que demonstrei ser tão virtuosa e amigável? E como teria parecido se eu tivesse resolvido minha tragédia, através de uma deusa e uma peça de maquinaria, e com uma transformação que teria sido crível, na época de Eurípides, mas muito absurda e inacreditável para nós?

Mais tarde, em seu prefácio, Racine acrescenta que o espectador moderno não aceitará milagres. Mas isso foge à questão. Se o público está preparado para aceitar as condições míticas da peça como um todo, porque recusar o motivo final da intervenção sobrenatural? Além do mais, na narrativa de Ulisses do resgate de Ifigênia, todos os elementos do milagre retornam pela porta dos fundos:

Os deuses fizeram ouvir o raio sobre o altar,
Os ventos agitam os ares de gozos tremulantes,
E o mar lhes responde com seus rugidos.
....
O soldado assustado afirma que em uma nuvem
Diana pousou sobre a acha ardente,
E crê que, se elevando através dos seus fogos,
Ela portava aos céus nosso incenso e nossos votos[16].

Note com que habilidade Racine manipula o jogo da razão; o milagre foi relatado por um simples soldado. Ulisses, por sua vez, reconta. Não lhe interessa o testemunho da veracidade. Parece que é uma questão de grau de plausibilidade. Racine retém a substancialidade da lenda e descarta suas improbabilidades mais espetaculares. Mas a um preço; Ifigênia é salva, pelas razões essenciais do decoro e da *galanterie*. Em seu lugar, Euriphile encontra a morte. Mas os absurdos que se desdobram da trama (a decadência de Euriphile de Helena e Teseu, sua paixão por Aquiles) são, de longe, mais perturbadores do que a afronta à razão, implícita na aparição de Diana das nuvens. Nessa direção, a solução para o problema do irracional em *Ifigênia* é uma concessão insatisfatória. Ele ainda estava tentando conciliar as exigências do bom senso e da lógica cartesiana às da mitologia. A transição de *Ifigênia* para *Fedra*, três anos depois, marca o final de tal conciliação.

Fedra é um marco no drama trágico francês. O melhor que o precede, parece uma preparação; nada do que surge depois o supera. Com *Fedra* recua-se diante do julgamento de Coleridge, de que a superioridade de Shakespeare sobre Racine era de uma obviedade chapada. O gênio da peça é específico para si mesmo (define o alcance do seu próprio objetivo magnífico), ainda assim, mantém-se representativo como o melhor de todo estilo neoclássico. A supremacia de *Fedra* se dá exatamente pela grandiosidade dos riscos assumidos. Uma lenda brutal sobre a loucura do amor é dramatizada através de formas teatrais que, rigorosamente, suprimem as possibilidades de selvageria e desordem inerentes ao tema. Em nenhum lugar da tragédia neoclássica o contraste entre fábula e tratamento é mais drástico. Em nenhum lugar a coesão de estilo e unidade é mais completa. Racine impôs as formas da razão à negrura arcaica do seu tema.

Ele se apropriou do tema de Eurípides, admitindo sua total selvageria e estranhamento. Fez apenas uma única mudança significativa.

---

16. Les dieux font sur l'autel entendre le tonnerre,/ Les vents agitent l'air d'heureux frémissements,/ Et la mer leur répond par ses mugissements.
....
Le soldat étonné dit que dans une nue/ Jusque sur le bûcher Diane ets descendue,/ Et croit que, s'élevant au travers de sés feux,/ Elle portait au ciel notre encens e nos voeux.

Na lenda, Hipólito é consagrado à castidade extrema. É um caçador frio, puro, que rejeita os poderes do amor. Afrodite procura vingar-se de seu detrator; daí a catástrofe. É assim que Eurípides e Sêneca apresentaram o mito, e, em seu *Hippolyte* (Hipólito, 1573), Garnier os acompanhou de perto. Racine, pelo contrário, faz do filho de Teseu um amante tímido mas apaixonado. Ele repele as investidas de Fedra não somente por serem incestuosas mas também porque ele ama em outro lugar. A concepção original de Hipólito combina perfeitamente com a qualidade sombria da lenda; Eurípides mostra-o como uma criatura da floresta, arrancado do covil e enredado em assuntos humanos dos quais ele não tem a menor idéia. Porque Racine deveria transformá-lo em um cortesão, em *homme galant*? Supõe-se, principalmente, porque a imagem de um príncipe real, fugindo da aproximação das mulheres, passaria ao público contemporâneo como ridícula. Mas essa é a única concessão que Racine faz às exigências do decoro. Em todo resto, ele deixa as fúrias prantearem a destruição.

Ele nos conta que Fedra está condenada ao seu decurso trágico "por seu destino e pela ira dos deuses". O mecanismo da fatalidade pode ser interpretado de várias maneiras; os deuses, nesse caso, podem ser eles mesmos ou o que as mitologias posteriores da consciência chamariam de hereditariedade. Ibsen fala em "fantasmas" quando quer dizer que nossas vidas podem ser assoladas pela ruína, por uma infecção herdada da carne. Portanto, Racine invoca os deuses para creditá-los à erupção, em Fedra, das paixões elementares mais devassas e destrutivas do que as habituais aos homens. Em *Ifigênia*, tal invocação não funcionou, havendo certa discordância entre as intenções da fábula e a tendência racional das convenções dramáticas. Em *Fedra*, Racine beneficia a imaginação com todas as ordens possíveis de "verdade", permitindo que a esfera da razão se obscureça, imperceptivelmente, em apreensões mais amplas e mais antigas de conduta. A diferença é maior do que um enriquecimento de talento. Atrás da tremenda força da peça, parece existir uma cruel conjectura jansenista. A ação de *Fedra* transcorre numa época anterior a Cristo. Aqueles que caíram em danação o fizeram então de um modo mais terrível do que qualquer um depois disso, sem que a eles fossem dada a possibilidade de redenção. Antes do surgimento de Cristo, a descida de um ser como Fedra ao inferno, sendo irredimível, adquiria um horror especial. Fedra pertence ao mundo daqueles para quem o Sábio ainda não havia consagrado Sua vida. Naquele mundo, os personagens trágicos lançam sombras mais profundas do que as nossas; sua solidão, sendo anterior à graça, é mais absoluta. Seu sangue ainda não se misturou em sacramento ao do Redentor. Nele, a pecha do pecado original arde em sua pureza e desumanidade. Essa é a nota dominante da peça.

Hipólito toca aí na primeira cena:

Tudo mudou de face
Desde que a esta borda os céus trouxeram os destinos
Daquela que a luz deve a Parsifaé e a Minos[17].

O verso é soberbo não somente por sua sonoridade exótica; ele abre os portões da razão para a noite. No cenário cortesão, tão claramente estabelecido pelas notações formais e cadências do estilo clássico, irrompe algo arcaico, incompreensível e bárbaro. Fedra é a filha do não humano. Seu ancestral direto é o sol. Em suas veias correm os fogos primais da criação. Esse fato é deliberadamente elevado pela formalidade tranqüila, pela elegância do pronunciamento de Hipólito. Ele continua, exaltando a legendária bravura de seu pai ausente, Teseu. E, novamente, a sensação de um mundo demoníaco, arcaico, manchado de sangue se libera sobre o drama:

Os monstros dominando e os malfeitores vis,
Procrusto, Cercion, e Serion e Sinis,
Esparsos pela poeira os ossos de Epidauro,
A esvair-se em sangue em Creta com o sangue do Minotauro[18].

Fumaça, fogo e sangue são as imagens dominantes no decorrer da ação.

A sujeição de Fedra ao desejo mais brutal da carne fica perfeitamente demonstrado, em sua primeira entrada. É uma cena famosa. Fatigada pelo peso de seus ornamentos e de seu penteado, Fedra senta. É um gesto momentâneo de submissão; o espírito dobra-se sob a tirania grosseira do corpo. Em nenhum outro lugar, no drama de Racine e neoclássico, os personagens trágicos sentam. As agonias que sofrem são de ordem intelectual e moral; deixam a mente injuriada ou mortalmente ferida, mas ainda sob controle. Na realidade, parecem diminuir o papel da carne, ao exaltar a resistência exterior do sofredor. Se Berenice sentar-se, sob o peso de sua dor, será somente fora do palco. Fedra é diferente. Ela carrega consigo um peso obscuro e uma fúria do sangue. Arrastando sua alma, ela senta. Essa concessão momentânea demonstra sua inclinação maior para o irracional. É precisamente a nudez do palco neoclássico, a abstração da forma técnica, que permite ao dramaturgo extrair implicações tão ricas e violentas, a partir da mera presença de uma cadeira. Quanto mais estrito o estilo, mais comunicativo é qualquer desvio de sua austeridade. Quando Fedra senta, ela deixa escapar as rédeas da razão.

---

17. Tout a changé de face/ Depuis que sur ces bords les dieux ont envoyé/ La fille de Minos et de Parsiphaé.

18. Les monstres étouffés et les brigands punis,/ Procruste, Cercyon, et Sciron, et Sinnis,/ Et les os dispersés du géant d'Épidaure,/ Et la Crète fumant du sang du Minotaure.

III

Nessas cenas de abertura, a palavra "sangue" é dita e repetida para enfatizar a natureza orgânica, involuntária, de sua condição:

OENONE: Senhora que fazeis? qual é a mortal desdita/ que contra o vosso sangue incita?
FEDRA: Já que Vênus o quer de um sangue deplorável/ Pereço a última, eu, como a mais miserável.
*****
OENONE: Ó, céus! Todo o sangue se gela em minhas veias!
*****
FEDRA: De Vênus percebi o fogo inexorável, De um sangue que persegue angústia inevitável[19].

A totalidade do motivo, sangue-fogo, compacta-se então numa única imagem: "De vítimas rodeada/ eu própria a todo instante/ Buscava em flancos meu juízo vacilante"[20]. Fedra se encontra no altar (fogo) cercada pelas vítimas sacrificiais (sangue). Ela busca razão e prevê em suas entranhas, a palavra *flanc* carrega todo peso relevante da implicação erótica e animalesca. Novamente, a ornamentação e o formato da retórica parecem instaurar e, portanto, ampliar a ferocidade brutal do mito.

A disciplina imposta ao movimento da peça, pela solenidade do discurso e pela contenção da ação exterior, permite ao poeta exibir, ao mesmo tempo, os aspectos literais e figurativos de seu assunto. Racine requer uma constante atenção para ambos aspectos. Fedra está possuída por Vênus e Teseu está vagando pelos reinos da morte; uma mulher curva-se ao amor extremo e a infidelidade persistente substitui a ausência de seu marido. A diferença é a da notação. Num primeiro momento, utiliza-se a notação da mitologia clássica; posteriormente,

---

19. OENONE: Que faites-vous, Madame? Et quel mortel ennui
Contre tout votre sang vous anime aujourd'hui?
PHÈDRE: Puisque Vénus le veut, de ce sang déplorable
Je péris la dernière et la plus misérable.
****
OENONE: Juste ciel! Tout mon sang dans mes veines se glace.
****
PHÈDRE: Je reconnus Vénus et ses feux redoutables,
D'un sang qu'elle poursuit tourments inévitables. Idem.
O duplo sentido de "sangue" nas entrelinhas: o significado psicológico imediato e o sentido de "raça", "linhagem", "família". Ambos estão implícitos ao mesmo tempo, do mesmo modo como na palavra inglesa, "consanguineous". (N. do A.)
20. De victimes moi-même à toute heure entourée,/ Je cherchais dans leurs flancs ma raison égarée.
Essa é a tradução literal. Fedra naturalmente se refere à prática greco-romana da busca de presságios e guia, nas entranhas dos animais sacrificados aos deuses. O choque da imagem depende do contraste entre "razão" e os esquartejados quadris ensangüentados dos animais. Racine podia fazer sucintamente essa afirmação porque sabia que seu público tinha familiaridade com os costumes da antiguidade clássica. (N. do A.)

a da psicologia racional (que talvez seja também um corpo de mitos). A função da retórica neoclássica é manter em perspectiva ambas as convenções, tanto as de significado quanto as da visão igualmente. "C'est ne plus une ardeur dans mes veines cachée" ("Não é mais um ardor oculto em minhas veias"), diz Fedra; "C'est Vénus toute entière à sa proie attachée" ("É Vênus inteira atada à sua proa"). *Ardeur* significa tanto intensidade de paixão quanto fogo material; Vênus é uma metáfora para obsessão, mas também a deusa literal, devorando sua vítima. A qualidade especial de *Fedra* advém do fato das conotações literais, físicas, serem sempre as mais fortes, até certo ponto. Ainda que Fedra seja compelida a sentar-se pela fadiga que domina sua carne, a linguagem da peça parece inclinar-se aos modos mais grosseiros de expressão tais como a gesto e o grito. Mas o drama neoclássico não permite tais alternativas. A violência encontra-se toda na poesia. E é por causa do seu desdobramento e dessa contenção serem tão completos em *Fedra* que a economia de Racine a alguns parece ainda mais persuasiva do que a largueza de Shakespeare.

Sem dispor da soltura da forma, nem de complementos espetaculares ou de música exterior, Racine faz de sua linguagem um acúmulo constante de energia e significado. As imagens recorrem em contraponto. Fedra se enxerga como vítima, desamparada das garras de Vênus. Ao ouvir as falsas novas da morte de Teseu, ela declara: "O avaro Aqueronte não larga mais sua presa"[21]. Como em *Tristão*, as imagens de amor e morte são intercambiáveis; ambos consomem os homens com rapacidade semelhante. Na medida que a ação progride, o *leitmotiv* do fogo e sangue aumenta mais insistentemente. São os deuses, afirma Fedra a Hipólito, que atearam "le feu fatal à tout mon sang".

Ao saber que sua paixão ilícita tem uma rival, (Hipólito ama Arícia), a última autoridade da razão de Fedra é rompida. Imagina-se o teatro de Racine como um lugar fechado, protegido da desordem pelas convenções do estilo neoclássico. No entanto, Hipólito nos adverte, no início da peça, que a atmosfera mudou, como se houvesse uma obscuridade no ar. A vinda a Atenas da filha de Minos escancarou os portões da razão para um mundo alienígena, bárbaro. Agora eles são arremessados na vastidão. Pela força do encantamento, a rainha enlouquecida introduz, no interior da casa teatral do século XVII, presenças originadas do caos e da noite antiga. Ela é uma filha do sol; a totalidade da criação é povoada por sua ancestralidade monstruosa e majestática. Seu pai sustenta as escalas da justiça do inferno. Na tremenda cena de encerramento do Ato IV, a peça muda para uma chave mais selvagem. Mais uma vez, Fedra invoca os poderes gêmeos do fogo e do sangue:

---

21. Et l'avare Achéron ne lâche point sa proie.

Minha homicida mão, num víndice covarde,
Afã por se embeber de um sangue inócuo arde.
Miserável que sou! e a luz sustento! e vivo
sob este astro sagrado, o Sol de que derivo!
Desço do pai e rei dos deuses, sumo deus!
Céus e Universo estão cheios de avoengos meus!
Aonde ir-me? Vou fugir dentro do Orco abismal;
Que digo? Lá meu pai sobraça a urna fatal;
Diz-se que em rijas mãos lhe a pos a Sorte há anos:
Minos no inferno julga os pálidos humanos[22].

Desde a enxurrada de sangue celeste, em *Fausto*, de Marlowe, a natureza não governou com tanta fúria a cena da danação humana. Se eu fosse encenar a peça, eu tornaria o fundo do palco transparente para mostrar a dança do Zodíaco e Taurus, a besta emblemática da casa real de Creta.

Esse desatamento das forças do mito nos prepara para a fatalidade desnaturada do *dénouement* (desfecho). Aí não há necessidade dos equívocos utilizados em *Ifigênia*. Cada toque soma-se à nossa atenção de que a ação está sendo invadida por presenças elementares e demoníacas. Oenone se lança aos mares em direção a Creta, de onde ela e sua senhora real vieram, o que nos faz lembrar de uma imagem esplêndida, bárbara, em *Hipólito*, de Garnier:

Antes tivesses submergido nas ondas,
Inchando o estômago de focas vagabundas,
Do que, para tua grande desgraça, um amor indiscreto
Fazer-te cruzar o mar, sem esperança de retorno[23].

À entrada de Fedra, depois da morte de Hipólito, Teseu lhe diz: "Il est mort, prenez votre victime" ("Ele está morto, tomai vossa vítima"). Aceitamos a intimação da desumanidade; um ser semidivino e semidemoníaco exige uma oferenda de sangue. Ao morrer, Fedra proclama seu parentesco com outra rainha bárbara que veio de um mundo de feitiçaria, do outro lado da paliçada helênica para vingar a Grécia.

---

22. Mes homicides mains, promptes à me venger/ Dans le sang innocent brûlent de se plonger./ Misérable! et je vis? et je soutiens la vue/ De ce sacré Soleil dont je suis descendue?/ J'ai pour aïeul le père et la maître des dieux;/ Le ciel, tout l'univers est plein de mes aïeux;/ Où me cacher? Fuyons dans la nuit infernale./ Mais que dis-je? Mon père y tient l'urne fatale;/ Le sort, dit-on, l'a mise en ses sévères mains:/ Minos juge aux enfers tous les pâles humains.

Nas urnas de Minos encontram-se as porções ou as moedas que determinam se a alma morta encontra a graça ou a danação. Fedra, contemplando o suicídio, está aterrorizada pelo pensamento de que sua sombra culpada compareça ao julgamento diante de seu próprio pai implacável. (N. do A.)

23. Qu'il t'eut bien mieux valu tomber dessous les ondes,/ Et remplir l'estomac des Phoques vagabondes,/ Lors qu'à ton grand malheur une indescrète amour/ Te fait passer la mer sans espoir de retour.

Nas veias de Fedra arde o veneno do amor; agora elas se consomem no veneno que Medéia trouxe para Atenas: "Tomei, pus a correr em minhas veias plenas/ Um fluído que Medéia outrora trouxe a Atenas"[24]. Mas agora, ao menos, o fogo apagou, e suas palavras finais falam de luz sem chama (*clarté, pureté*).

A morte de Hipólito afirma a qualidade selvagem da fábula. Teseu, que libertou a Grécia de bestas selvagens, invoca um monstro marinho pela destruição de seu filho. O sangue e fumaça ao qual Hipólito se refere quando relata as incursões de seu pai – "Et la Crète fumant du sang du Minotaure". ("E Creta fumegante do sangue do Minotauro".) – envolve sua própria morte atroz:

> Saltando em fúria e em dor, o monstro assim vencido,
> tombou gemendo nas patas dos cavalos,
> Tomba aos pés dos corcéis com terrível mugido,
> Rola, e lhes apresenta uma guela inflamada,
> Que em seu sangue os envolve em fogo e fumarada[25].

Teseu assassinou o Minotauro, meio irmão monstruoso de Fedra; agora uma besta de cornos (na versão de Garnier ele até possui a cara de um touro) assassino de seu filho. O ciclo de horrores tem um desfecho irônico.

Nessas cenas finais da tragédia, a violência literal do mito arrasta tudo à sua frente. É difícil interpretar essas ocorrências anormais como alegorias de outra mitologia de conduta mais decorosa. O monstro emerge da cegueira moral de Teseu, mas o fogo que expira é real. O fato de não se sentir discordância entre tal realidade e as convenções do teatro neoclássico é prova suprema da arte de Racine. A modulação de valores, dos figurativos aos literais, das formas da razão àquelas do terror arcaico, é cuidadosamente preparada. No desenrolar de *Fedra*, a ação bestial parece encravada nos limites frágeis da humanidade do homem. Ao final, irrompe em sua forma monstruosa, metade dragão, metade touro, surgindo do mar indomável para espalhar destruição sobre a terra ordenada, clássica (*Il suivait tout pensif le chémin de Mycènes*).

Mas a mudança de chave e a descida da peça, para uma espécie de caos primal, são efetuadas inteiramente no interior da forma fechada, neoclássica. Comentei a respeito do modo como a parede de fundo do palco parece ruir, no final do Ato IV. Na realidade isso não acontece. Não há sequer mudança de cena. As presenças infernais que assombram o ar tornam-se reais, unicamente pela força do encantamento de

---

24. J'ai pris, j'ai fait couler dans mes brûlantes veines/ Um poison que Médée apporta dans Athènes.
25. De rage et de douleur le monstre bondissant/ Vient aux pieds des chevaux tomber en mugissant,/ Se roule, et leur présente une gueule enflammée/ Qui les couvre de feu, de sang et de fumée.

Fedra. O monstro assassino de Hipólito tem uma aparência nauseante, mas, de fato, não se enxerga nenhum traço da besta. O horror é transportado pela narração de Théramène (o mensageiro da tragédia grega e senequina, numa aparição final das mais efetivas do drama moderno). Tudo que acontece, acontece no interior da linguagem. Como nada do conteúdo de *Fedra* é exterior à forma expressiva, à linguagem, as palavras se aproximam muito da condição de música, em que conteúdo e forma são idênticos.

Fedra proporciona a oportunidade de demonstrá-lo como acontece com as poucas peças que outro dramaturgo genial verteu para a sua própria língua:

> Ich Elende! und ich ertrag'es noch,
> Zu dieser heiligen Sonne aufzublicken,
> Von der ich meinen reinem Ursprung zog.
> Den Vater und den Oberherrn der Götter
> Hab ich zum Ahnherrn, der Olympus ist,
> Der ganze Weltkreis voll von meinen Ahnen.

Schiller conduz perfeitamente o significado exterior, e algo da cadência. Mas o sentido da violência, no interior da métrica clássica, desapareceu. Roube o hipnotismo de *Fedra* de sua música (da fala unicamente adequada a ela) e o resto será mera gritaria.

Depois de *Fedra*, Racine, no que concerne ao drama, permaneceu em silêncio por doze anos. O desprezo do poeta pelo status social ambíguo do teatro se aprofundou e ele tornou-se mais beato. Mas um contemporâneo relata que o verdadeiro motivo seria a recusa de Racine em se arriscar a uma nova aventura depois do sucesso que *Fedra* lhe havia assegurado. Deve ter algo aí. É difícil imaginar como ele poderia ter ultrapassado *Fedra*, mantendo as convenções do drama neoclássico, como maiores riscos poderiam ter sido igualados ou mais bem enfrentados. Quando Racine retornou ao teatro, foi de um modo especial e privado.

Em *Esther* e *Atália*, a tensão entre fábula e forma racional, que é a principal fonte de energia das peças anteriores de Racine, é resolvida. Derivando da Escritura, a veracidade da ação dramática não é mais convencional ou figurativa. É atual. As notas de Racine, na cópia de Toulouse para *Esther*, e o que possuímos de esboços preliminares para *Atália*, demonstram que o poeta considerava a história sagrada como materialmente verídica. Em ambas as peças, há elementos de milagre, mas eles não apresentam dificuldade de tratamento, sendo manifestações racionais da vontade de Deus. Por conseguinte, foram essas cantatas dramáticas, essas peças de milagre cortês que, paradoxalmente, mais encarnaram o espírito da dramaturgia do "teatro da razão". Além do mais, escritas para a encenação privada com as jovens de Saint-Cyr, *Esther* e *Atália* preenchem um ideal latente, em grande parte da arte de Racine – o de um teatro festivo, de ocasião especial, livre das contingências e das vulgaridades do drama comercial. De acordo com esse ideal, Racine emprega, pela primeira vez, um coro, embora as possibilidades desse recurso pareçam ter brilhado por longo tempo em sua imaginação.

As duas peças têm pesos dessemelhantes. *Esther* é, provavelmente, única, no sentido de um drama completamente sério, criado para ser apresentado por jovens, e totalmente adequado para essa função. (Há óperas infantis memoráveis, mas não consigo pensar numa peça infantil comparável a essa.) A suavidade de tom, a facilidade com que a crise trágica é prevenida, a punição ágil, ilustrativa de Aman, sugerem uma pantomima natalina. É difícil perceber porque Racine intitulou *Esther* de "uma tragédia".

Atália é bem diferente. É o quarto dos retratos femininos de Racine, e nem mesmo em *Fedra* há maior mestria da forma clássica. O cenário da peça funciona como uma parábola do enclausuramento. Os recintos do Templo estão cercados por um muro do outro lado do qual se encontra a cidade corrupta e desgovernada. O príncipe menino, Joas, está escondido no interior do Templo. Atália busca em vão tirá-lo de lá para o território aberto e profano. No coração do santuário, encontram-se os locais de grande santidade, aos quais somente os Levitas têm acesso. Formalmente, a peça é rodeada por um coro, distanciando-a das imitações mais realistas de ação. Clausura dentro da clausura. O conflito dramático possui a simplicidade linear de *As Suplicantes*, de Ésquilo. Atália tenta romper as sucessivas amarras para obter acesso a seu rival escondido e para dessacralizar a casa de Deus. As palavras chave do drama denotam lugares fechados (*parvis, limites, enceintes, lieu redoutable*). A rainha furiosa invade as defesas externas:

> Num dos adros, só aos homens reservado,
> Essa mulher soberba entra, o porte altanado,
> E estava já a transpor as raias interditas
> Da área sagrada aberta apenas aos levitas[26]*.

No final, ela invade o próprio santuário e descobre que caiu numa armadilha mortal. Não é possível recuar diante da presença de Deus: "Não podes escapar. Busca por toda parte/ O teu olhar em vão: Deus soube cercar-te"[27]. Trata-se de um desígnio simples, mas maravilhosa-

---

26. Dans un des parvis, aux hommes réservé/ Cette femme superbe entre le front levé,/ Et se préparait même à passer les limites/ De l'enceinte sacrée ouverte aux seuls lévites.

* *Atália*, trad. de Jenny Klabin Segal, São Paulo: Livraria Martins Editora, Teatro Clássico, 1970.

27. Tes yeux cherchent en vain, tu ne peux échapper,/ Et Dieu de toutes parts a su t'envelopper.

mente expressivo. A unidade de lugar adquire um duplo significado: é uma convenção da forma neoclássica e o motivo primário da ação. Em *Atália*, bem como em *As Suplicantes*, o lugar do santuário é preservado das incursões da violência. Uma das últimas grandes tragédias formais da literatura ocidental mirou-se claramente na primeira.

A peça é obscurecida pela solenidade e meia-luz do interior do Templo. Mas a linguagem tem um brilho raro, como do metal polido. "Na escuridão", escreve Ezra Pound "o ouro junta a luz contra ela". O drama inteiro torna-se uma dialética de luz e escuridão. No plano da aparência, há luz no mundo exterior e escuridão no interior do Templo. Na realidade, a escuridão se encontra na cidade idólatra, e o Templo está luminoso pelo esplendor de Deus. Atália está coberta pela escuridão da alma e pela vestimenta real; os levitas vestem-se com linho branco. Suas armas resplandem luz quando marcham das sombras para cercar Atália. A peça é trágica pois se sabe que a visão de Joad se realizará e Joas se transformará em um mau rei. Mas para além do destino negro de Israel encontra-se a luz da redenção maior. Em seu transe profético, o Grande Sacerdote vê uma nova Jerusalém surgindo do deserto. É uma cidade de luz, "brillante de clartés" ("luminosa de clarões").

Depois de *Atália* (1691), Racine não escreveu mais para teatro. Ele tinha somente cinqüenta e dois anos, contudo seu silêncio não tinha nada a ver com a qualidade de derrota que marcou a carreira de Corneille. Era o repouso coroado de um dramaturgo que amou o drama, mas nunca confiou no palco.

Voltemo-nos, por um momento, para nossa preocupação inicial: a "intradutibilidade" de Corneille e Racine em qualquer meio teatral ou tradição literária, fora da França. Dado o poder e a variedade de sua obra, o paroquialismo do alcance de sua obra ainda me parece um enigma. Mas penso que parte da resposta esteja nas limitações do ideal neoclássico. A totalidade de ação de uma peça neoclássica ocorre no interior da linguagem. Os elementos concernentes ao palco e à cena ficam reduzidos à necessidade mais despojada. Mas, precisamente, são os elementos sensuais do drama que se traduzem melhor; eles pertencem à linguagem universal do olho e do corpo e não a uma língua nacional particular. Onde a fala precisa conter a totalidade do efeito pretendido, os milagres de tradução, ou antes de recriação, são requeridos. No caso dos clássicos franceses, eles não aconteceram.

Mas em relação a Corneille, essa falha parece mais um caso de negligência do que de impossibilidade técnica. Temos nos mantido afastados de Corneille em parte porque a própria crítica francesa não assumiu sua importância plena. Uma época que se ergue ao chamado da retórica de Churchill, e que está ciente do câncer da violência endêmica nas questões de Estado, deveria ter um ouvido para Corneille.

O grande passo da argumentação, em suas peças, supera as convenções barrocas do enredo. Ele é um dos poucos mestres do drama político que a literatura ocidental produziu. Aquilo que ele pode nos dizer a respeito do poder e da morte do coração vale escutar além dos limites da Comédie Française. Uma tradução efetiva é, ao menos, concebível. Eu a imagino como mistura de prosa e verso. As partes da intriga e do assunto de fundo poderiam ser convertidas em uma prosa latina formal (algo à maneira de Clarendon). Os vôos de retórica, as grandes confrontações do discurso, poderiam ser convertidos em parelhas heróicas. Isso requeriria um mestre dessa forma exigente, alguém que devolvesse à parelha o ritmo e o peso, o que existe de melhor em Dryden. O Sr. Yvor Winters pode fazê-lo belamente.

Racine coloca um problema diferente, e ele bem pode ser insolúvel. Apresentando a realidade somente através da linguagem, Racine investiu suas palavras com tal responsabilidade que quaisquer outras palavras tornam-se inconcebíveis para realizar a tarefa. Mesmo a tradução mais refinada (de Schiller, por exemplo) produz dispersão e dissolução à tensão do estilo de Racine. No palco nu de *Berenice* e *Fedra*, as mudanças imediatas de tom são os deslocadores iniciais do drama. As crises que reverberam pelo ar emudecido são crises de sintaxe. É uma mudança de número gramatical que marca o momento sem volta, em *Fedra*. A rainha quase confessou seu amor por Hipólito. Ele recua, horrorizado:

Deuses! que ouço? Olvidais, quiçá, céu poderoso!
   Que Teseu é meu pai, e que ele é vosso esposo?
FEDRA: E sobre o que julgais que eu perca essa memória,
   Descuidar-me-ia assim de minha fama e glória?
HIPÓLITO: Perdoai-me por mercê: em brasa é que confesso
   Ter em falso acusado um inocente acesso.
   Meu pejo ao vosso irado olhar já não resiste,
   E me vou...
FEDRA: Ah, cruel! De certo que me ouviste!
   Tenho te dito assaz pra tirar-te do engano[28].

---

28. HIPPOLYTE: Dieux! Qu'est-ce que j'entends? Madame, oubliez-vous/ Que Thésée est mon père, et qu'il est votre époux?
PHÈDRE: Et sur quoi jugez-vous que j'en perds la mémoire,/ Prince? Aurais-je perdu tout le soin de ma gloire?
HIPPOLYTE: Madame, pardonnez. J'avoue, en rougissant,/ Que j'accusais à tort un discours innocent./ Ma honte ne peut plus soutenir votre vue,/ Et je vais...
PHÈDRE: Ah, cruel! Tu m'as trop entendue./ Je t'en ai dit assez pour te tirer d'erreur.
   Em francês, particularmente no século XVII, *entendre* significa tanto ouvir como compreender. (N. do A.)

O choque inteiro da revelação está na mudança do tratamento formal *vous*, para o íntimo *tu*. A mudança é marcada três vezes nos dois versos que contêm a confissão desesperada de Fedra. O decoro desapareceu e com ele toda possibilidade de recuo. Mas o tradutor inglês fica desamparado diante do fato, pois a troca do "you" para o "thou" não acrescenta quase nada à imensa crise. O único contraponto é a maneira na qual uma mudança de chave pode alterar a direção inteira da musicalidade da peça. Ou considere a pergunta de Berenice a Tito: "Não há nada que encante a aflição que vos devora?"[29]

A tonalidade frágil de *charmer* e *ennui*, o cantar cortês da frase, comunica as intimações da angústia. Mas como alguém traduziria as duas palavras ou verteria para qualquer outra língua a cadência nefasta das vogais finais? A arte de Racine demonstra a pretensão de Valéry, quando dizia, "de duas palavras, escolha a menor". Mas nada, numa linguagem, é menos traduzível do que seus modos de subentender.

Esse dilema de tradução existe até no francês. Racine é estudado nas escolas e encenado pela Comédie. Eu me pergunto, no entanto, se ele ainda fala a muitos dos seus conterrâneos. O papel que ele desempenha na vida francesa é mais monumental do que vital. Não se pode extrair das peças de Racine aquelas convenções da ação romântica ou da espetacularidade histórica que tanto contribuíram para a continuidade de Shakespeare. Em nenhuma arte o princípio da vida é mais completo do que o estilo. O que acontece em *Andrômaca*, *Ifigênia* e *Fedra*, é totalmente expresso no intrincamento nobre da fala do século XVII. Essa fala não se traduz bem nem em outras línguas, nem mesmo no tecido solto do francês coloquial.

Os italianos afirmam isso de Leopardi, e os russos de Púschkin. Mas tais julgamentos não implicam em diminuição. Para alguns poetas, a universalidade é questão de largura – largura da distância e da influência. Para outros, é um atributo da perfeição intrínseca. E pode bem ser que o poeta intraduzível seja aquele que mais se aproxime do gênio de sua própria língua.

---

29. Rien ne peut-il charmer l'ennui qui vous dévore?
Isso não dá conta. *Charmer* é "encantar" mas também mais: implica alívio através da elegância e da sedução graciosa. O uso de "charm", pelos elisabetanos, tem conotação de prática mágica. Berenice procura afastar a dor de Tito somente com sua entrada eletrizante. *Ennui* tampouco é adequadamente vertido para "fret". Essa palavra inglesa, em seu uso atual, parece fraca e arcaica; em Defoe, ainda possui corretamente as notas mais altas da irritação profundamente corrosiva. (N. do A.)

IV

Até agora, lidamos com a tradição. Convocado para a construção de uma tradição que escapasse das precedentes rivais – a antiga e elisabetana – Dryden não se submeteu inteiramente a nenhuma delas e foi mal sucedido. Racine, pelo contrário, recebeu da prática vigente da tragédia clássica, mais particularmente da tragédia euripidiana, elementos de tom e forma belamente apropriados a um teatro que foi ao mesmo tempo cartesiano e barroco. Há no drama neoclássico francês, aquela retradução bem sucedida de um ideal passado em uma forma presente que chamamos tradição.

Mas se considerarmos os dois mil e quinhentos anos que nos separam da tragédia grega, a história do drama trágico impressiona por conter pouca continuidade ou tradição evidente. O que impressiona é um sentido de ocasião milagrosa. Sobre vastas distâncias de tempo e lugares diversos, elementos de linguagem, circunstância material e talento individual se reúnem, de repente, para a produção de um corpo de dramaturgia séria. Para além da escuridão ambiente, há um encontro de energias para a criação de constelações de intenso esplendor e vida breve. Tais momentos de pico aconteceram na Atenas de Péricles, na Inglaterra no período entre 1580-1640, na Espanha do século XVII, na França entre 1630 e 1690. Depois disso, o encontro necessário entre momento histórico e gênio pessoal parece que aconteceu somente duas vezes: na Alemanha, no período entre 1790 e 1840 e, de modo muito mais difuso, em torno da virada do século XX, quando o melhor do drama escandinavo e russo foi escrito. Em nenhum outro lugar, nem em outros tempos. Diante de uma longa perspectiva, portanto, é a existência de um corpo vivo de drama trágico, não a sua ausência, que solicita atenção particular. O surgimento do talento necessário juntamente com a ocasião possível é raro. As condições materiais do teatro são raramente favoráveis à tragédia. Onde se percebe a fusão de elementos apropriados, encontra-se mais do que o poeta individual: a Ésquilo, segue-se Sófocles e Eurípides; a Marlowe, Shakespeare, Jonson e Webster; a Corneille, Racine. Com Goethe vem Schiller, Kleist e Büchner. Ibsen, Strindberg e Tchékhov eram vivos em 1900. Mas essas constelações são acidentes esplêndidos. São extremamente difíceis de serem computados. O que se pode esperar e encontrar são longos períodos, nos quais não há produção de tragédias, nem dramas de pretensões sérias.

Mas, embora essa seja uma visão sensata do assunto, é particularmente moderna. Reflete o problema que nos afeta: a longa perseguição do ideal trágico. Por não haver, no drama inglês, sucessores dos elisabetanos, nem no drama francês qualquer rival posterior a Corneille e Racine, pelo fato do teatro espanhol, depois de Calderón, cair no silêncio empoeirado e a morte de Büchner parecer datar tão precisamente o fecho do auge da tragédia alemã, consideramos agora a criação do grande drama como uma porção rara e quase misteriosa de boa fortuna. Provavelmente estamos certos nessa direção. Mas nosso realismo emerge do desapontamento, e não se deve incorrer no erro de acreditar que essa perspectiva tão desencantada prevaleceu anteriormente.

Não se pode entender o movimento romântico sem perceber em seu coração o impulso para o drama. A imaginação clássica procura impor à experiência atributos de ordem e concordância. A imaginação romântica injeta na experiência a qualidade central do drama e da dialética. O modo romântico não é nem ordenação nem crítica da vida; é uma dramatização. E nas origens do movimento romântico, há uma tentativa explícita de revitalizar as formas maiores da tragédia. De fato, o romantismo começou como uma crítica ao fracasso do século XVIII de conduzir as grandes tradições do teatro elisabetano e barroco. Foi em nome do drama que os românticos atacaram o neoclassicismo. Eles não somente perceberam no dramático a suprema forma literária; estavam convencidos de que a ausência do drama sério advinha de alguma falha específica de entendimento ou de alguma contingência material particular. A visão moderna – de que a privação da poesia dramática é uma situação natural, remediada por uma sorte rara e imprevisível – teria golpeado os românticos como absurda e autofrustrante.

A frustração, além do mais, era de tal ordem que nenhuma sociedade poderia suportar em segurança. Os românticos acreditavam que a vitalidade do drama era inseparável da saúde do corpo político. Esse era o nó da argumentação de Shelley em sua *Defesa da Poesia*:

IV

E é incontestável que a mais alta perfeição da sociedade humana sempre correspondeu a mais alta excelência dramática: e que a corrupção ou extinção do drama numa nação, onde certa vez floresceu, é um sinal de uma corrupção de condutas, e de uma extinção das energias que sustentam a alma da vida social.

Essa é uma idéia importante. Surge do reconhecimento de que os períodos eminentes do drama espanhol, elisabetano e francês coincidiram com períodos de particular energia nacional. É uma idéia que mobiliza as ambições de todo movimento romântico e culmina na filosofia social de Wagner e Bayreuth.

Quando Shelley defendeu sua tese, a situação do drama parecia extremamente crítica. Por toda literatura européia, o final do século XVII parecia marcar um colapso da imaginação dramática. O que surgiu, depois disso, foram exercícios frios, declamatórios dos tragediógrafos neoclassicistas, os dramas de Voltaire e *Irene* de Samuel Johnson. Os românticos voltaram-se para Calderón, Shakespeare e Corneille, sobrepondo-se a um lapso de anos que lhes pareciam inadmissivelmente longos e estéreis. "É impossível mencionar a palavra tragédia", escrevia Leigh Hunt, "sem se chocar com as barreiras excessivas para tudo que se refere ao departamento trágico, na cena dos últimos anos". Ele percebia que não havia peça inglesa que pudesse ser considerada tragédia "desde o tempo de Otway" (um período de trinta anos).

Por que deveria ser assim? Aos românticos era evidente que os motivos podiam e, necessariamente, deviam ser encontrados para o resgate da glória passada do drama trágico. O romantismo é um movimento complexo, com particularidades nacionais complexas. Desse modo, o problema do declínio do drama trágico colocava-se com certa diferença na Inglaterra, França e Alemanha.

Consideremos primeiramente a Inglaterra. Aí, o sentimento do fracasso precedente foi mais agudo, pois lá acontecera depois de Shakespeare e dos jacobinos, depois de uma ruptura muito drástica e óbvia. Quase um século e meio havia se passado. Por que o declínio da tragédia após 1640? As razões podem ter sido de ordem prática; o drama inglês pode ter sido silenciado, simplesmente, por causa do fechamento das casas de espetáculo, durante a Guerra Civil e o governo de Cromwell. Ou deviam existir razões mais profundas, de ordem filosófica. Mas há razões.

Para descobri-las, poetas e críticos do início do século XIX examinaram ansiosamente as condições correntes da cena contemporânea. A concepção romântica era hegeliana, no sentido de perceber sob a aparente vida autônoma das formas artísticas as elaborações práticas da circunstância histórica. Se a cena inglesa fracassara na produção do drama trágico, desde o século XVII, os fatos empíricos da vida teatral bem poderiam ser o motivo. A falha poderia ser encontrada no fato de que três teatros – Covent Garden, Drury Lane, e o Royal Theatre, no

Haymarket – desfrutavam de um monopólio virtual na produção do drama legitimado. Patentes e licenças, inicialmente emitidas nos anos de 1680, tornavam-se agora obstruções arcaicas. Como observava um "reformista", em 1813: "Todo sucesso de um dramaturgo depende do gosto, capricho, indolência, avareza, ou ciúmes de três indivíduos, os gerentes de três teatros londrinos". Num contraste desafiador, o espectador elisabetano poderia assistir ao drama representado em quaisquer dos cinqüenta teatros. Além disso, para justificar seu papel privilegiado, o Covent Garden e o Drury Lane tinham de ser muito grandes. Como John Philip Kemble apontava, mesmo um ator muito poderoso e sensível (como ele mesmo) tinha de tornar sua arte mais grosseira, para atingir um público que chegava aos milhares. Inevitavelmente o teatro se afastava do drama e voltava-se para o espetáculo. A produção de Kemble para *Júlio César* entusiasmava bem menos que *Timour, The Tartar* (Timour, o Tártaro), um "melodrama eqüestre" ou *The Catarate of the Ganges* (A Catarata do Ganges), uma extravagância da qual o produtor do Drury Lane esbanjou cinco mil libras.

No decorrer do século XVIII, a estatura do ator individual crescera imensamente. Isso tornou o final do século XVIII e início do XIX, a idade de ouro da atuação inglesa (Kemble, George Frederick Cooke, Edmund Kean, Macready, a incomparável Mrs. Siddons). Mas a primazia do ator parecia ter sido obtida às custas da peça. Sir Walter Scott afirmava que não era mais a poesia do argumento que atraía o público ao *Hamlet*; era o desejo de comparar algum movimento gestual ou entonação na apresentação de Kemble com a lembrança de Garrick. Além do mais, o próprio estilo dos atores românticos, sua predileção pelo momento de paixão extrema e lirismo selvagem aumentou, mais adiante, a tendência generalizada ao melodramático. E por ser o ator que atraía o público, em vez da peça, os dramaturgos tentavam escrever peças que se adequassem exatamente aos gostos ou aos recursos técnicos de um ator em particular. Produziam "monodramas" nos quais somente um papel importava, todos os papéis secundários serviam para realçar a estrela. Era isso que fazia Keats, em *Otho, The Great* (Otho, o Grande), na esperança de Kean se interessar pelo papel principal: "se ele tragar o sangue quente do personagem Ludolph – e ele é o único capaz de fazê-lo – ele aumentará sua própria fama, e acrescentará minha fortuna".

Esses problemas de controle comercial e de dramaturgia conduziram, inevitavelmente, a uma questão mais ampla. O drama é a mais social das formas literárias. Só existe plenamente devido à apresentação pública. Nisso encontra-se sua fascinação e sua servidão. Isso significa que não se pode separar a condição do drama daquela do público ou, num sentido mais amplo até estrito, daquele da comunidade social e política. Será que a literatura européia, depois do século XVII, não conseguiu produzir drama trágico porque a sociedade européia não conseguiu produzir um público para ele? Esse argumento esteve muito avançado no período romântico. Erich Heller equacionou a questão de um modo moderno:

> Em vez de todas as clivagens inevitáveis, desarmonias, animosidades e antagonismos que constituem a perene porção dos seres humanos e das sociedades humanas, há uma possibilidade – e essa possibilidade, quando concebida, se denomina cultura – de uma comunidade de homens que convivam [...] num estado de concordância tácita sobre o que é a natureza e o significado da existência humana realmente [...]. Tal deveria ter sido a sociedade para qual as apresentações das tragédias de Ésquilo e Sófocles eram celebrações nacionais; tais foram os grandes períodos que meio vagamente chamamos de Idades Médias, tais foram, a julgar por suas criações artísticas, os dias do Renascimento e de Elisabeth. No entanto, a época de Goethe não foi dessa espécie.

Acredito que aí se encontra uma grande verdade. Devo retornar freqüentemente ao conceito de que certos elementos essenciais da vida social e imaginativa que prevaleceram, de Ésquilo a Racine, retrocederam da consciência ocidental, depois do século XVII – que o século XVII é o "grande divisor" na história da tragédia.

Mas é preciso destacar que as teorias de transformação artística fundamentadas na natureza da relevância do público são imensamente difíceis de documentar. Sabemos quase nada a respeito da composição social e do temperamento do público ateniense. Será que alguém, a não ser um pequeno número daqueles que sentavam nas arquibancadas do Teatro de Dionísio, realmente se comprazia ao assistir à vigésima versão do mito de Orestes? Ou participavam do evento por ser uma tarefa ritual forçada pelos hábitos da *polis*? Tão pouco se sabe muito a respeito do público elisabetano. A evidência sugere que os dramaturgos elisabetanos foram excepcionalmente afortunados; o público para o qual eles escreviam ainda que homogêneo era representativo de enorme diversidade. Socialmente, parece ter abrangido toda a cadeia, do aristocrata ao serviçal e ter sido ricamente ilustrativa das energias diversificadas e das tradições imaginativas estrangeiras na vida elisabetana. Ao mesmo tempo, o público shakespeariano parecia constituir uma comunidade, no sentido da argumentação de Heller. Eles compartilhavam certas ordens de valores e hábitos de fé, os quais permitiam que o dramaturgo confiasse num corpo comum de resposta imaginativa. O nobre e seu lacaio teriam encontrado fontes de prazer muito diversas em *Hamlet*. Mas nenhum deles necessitava de notas de rodapé ou de um lustro especial que o preparasse para a possibilidade da ação fantasmal e para referência implícita da conduta humana, na escala de valores que ia do angelical até a descida na matéria bruta.

Ou assim se supõe, ao menos. Quando se utiliza a própria obra de arte para provar algo sobre seu público, está-se julgando após o fato. Não se sabe realmente.

Ainda há certas coisas a serem mencionadas a respeito do público do século XIX. Tendo se tornado mais democrático, ele se deteriorou no que diz respeito à instrução. O público de Racine era constituído, principalmente, de uma sociedade fechada na qual as camadas mais baixas da vida econômica e social tinham pouco acesso. No decorrer de todo século XVIII, o centro de gravidade social se deslocou para as classes médias. A Revolução Francesa, essencialmente um triunfo da *bourgeoisie* militante, acelerou o deslocamento. Em seu *Essay on the Drama* (Ensaio sobre o Drama), Sir Walter Scott demonstra como a liberalização do público levou a um rebaixamento dos padrões dramáticos. Os dirigentes teatrais e seus dramaturgos não supriam mais o gosto de uma aristocracia letrada ou uma elite vinda da magistratura e das altas finanças; eles tentavam atrair a família burguesa, carente de cultura, e seu gosto pelo *pathos* e por finais felizes.

Mais importante ainda é a aguda diminuição do papel do teatro na comunidade. Ao freqüentar o teatro, o espectador do século XIX não estava participando de um evento religioso ou cívico como o espectador ateniense; não estava atento para nenhum dos elementos do ritual festivo da Idade Média, que parece ter se mantido no teatro Elisabetano; nem mesmo estava comparecendo a uma ocasião de alta cerimônia, à maneira de Versailles. Ele simplesmente optava por um dos inúmeros passatempos cada vez mais rivalizantes. O drama tornava-se o que é hoje: mero entretenimento. E o espectador de classe média do período romântico não queria mais do que isso. Ele não estava preparado para correr o risco do terror e da revelação implícito na tragédia. Ele queria estremecer brevemente ou sonhar à vontade. Ao chegar da rua para o edifício teatral, ele não trocava o real por algo mais real (como acontece com cada pessoa que deseja se encontrar com as imagens de Ésquilo, Shakespeare, ou Racine); ele estava se transportando das solicitações ferozes da história vigente e do propósito econômico para o repouso da ilusão.

Esse é um ponto crucial. A Revolução Francesa e as guerras napoleônicas mergulharam os homens comuns na corrente da história. Submeteram-nos às pressões da experiência e do sentimento as quais, em tempos anteriores, foram prerrogativas perigosas de príncipes, homens de Estado e soldados profissionais. Uma vez que os grandes recrutamentos haviam atravessado e se espalhado por toda Europa, a antiga balança entre vida pública e privada se alterara. Uma parte crescente da vida privada tornara-se agora exposta aos clamores da história. E essa parte aumentava com a expansão dos meios de comunicação. Ignorante da catástrofe vizinha, o espectador elisabetano e neoclássico assistia ao *Hamlet* ou à *Fedra*, com uma certa paz de espírito, ou ao menos desarmado contra a poesia e o choque da peça. O novo homem "histórico", pelo contrário, chegava ao teatro com um jornal em seu bolso. Aí poderia haver fatos mais desesperadores e sentimentos mais provocativos do que aqueles que o dramaturgo teria e se preocuparia em mostrar. O público não tinha dentro de si a qualidade do silêncio, mas uma emoção em excesso e em tumulto. Goethe lamenta amargamente esse fato, no prólogo de *Fausto*:

> Pior de tudo, acho porém,
> Mais de um vir da leitura dos jornais.
> Acodem cá, tal como às mascaradas,
> curiosidade só aguça-lhes o instinto[1]*.

*Neugier***: literalmente, a fome do novo. Como poderia o dramaturgo satisfazê-la, rivalizando o drama com as últimas notícias? Somente escrevendo um melodrama que gritasse mais alto uma destruição.

Porém o desafio era maior do que o jornalismo e a aceleração temporal da vida. No passado, o drama havia ocupado aquele lugar central ao qual Hamlet se referia. Ele havia assegurado à natureza um espelho espaçoso. Os dramaturgos e atores tinham representado as sínteses e as breves crônicas do tempo. Eles haviam ensinado a história de seus conterrâneos, à maneira de Shakespeare, ou conduta à maneira de Jonson e Molière. Esse não era mais o caso. Outras formas literárias estavam atingindo um público maior do que o reunido no teatro. A história do declínio do drama sério é, em parte, a do surgimento da novela. O século XIX é a época clássica da impressão de massa de baixo custo, da serialização e das salas de leitura públicas. O novelista, o divulgador do conhecimento humano e científico, ou o historiador, tinham agora acesso bem mais imediato ao público do que o dramaturgo. Para mirar os espelhos dedicados à natureza através de mãos especializadas, o público letrado não tinha nenhuma necessidade particular do espetáculo teatral. Um homem podia sustentar seu próprio fogo com o último capítulo de uma novela, com o último número da *Edinburgh Review* ou da *Revue des deux mondes*. O espectador havia se tornado leitor. No século XVII, um Dickens e um Macauley muito provavelmente seriam dramaturgos. Agora a maior audiência encontrava-se em outro lugar.

Desse modo os dramaturgos, desde a época da administração de Goethe no teatro de Weimar até à época de Brecht e "dos pequenos teatros" contemporâneos, tentavam recriar para si o público perdido. A tentativa mais suntuosa foi a de Wagner. Ele procurou, em Bayreuth, inventar ou educar um espectador adequado a sua própria concepção do papel e da dignidade do drama. O relevante, em Bayreuth, não é tanto o novo palco ou o poço da orquestra. É o auditório destinado a um tipo de público ideal que Wagner imaginou ter sido o da antiguidade. Desde Racine, dramaturgos sérios e críticos sérios de drama têm sido homens à procura de um público.

---

1. Gar mancher kommt vom Lesen der Journale/ Man eilt zerstreut zu uns, wie zu den Maskenfesten,/ Und Neugier** nur beflügelt jeden Schritt.

* *Fausto*, trad. de Jenny Klabin Segall, Belo Horizonte: Itatiaia, 1947.

Essa busca desvia-se, necessariamente, de uma investigação das condições técnicas do drama. Envolve uma teoria da história e da mudança social. Mas tal teorização acha-se próxima do temperamento romântico. Com o fato empírico do declínio da tragédia, e a crença de que em sua raiz se encontrava uma causa verificável, os românticos embarcaram nas águas profundas da conjectura.

Numa carta a Byron (outubro de 1815), Coleridge falava dos "Anões trágicos, aos quais a exaurida Natureza parece ter se submetido à necessidade de produzir desde Shakespeare". A noção, provavelmente não teria surgido antes do século XIX. Ela expressa um esforço de historicismo melancólico que conduz diretamente dos românticos a Spengler. O sentimento de uma guinada decrescente dos assuntos humanos era agravado pelo aparente fracasso dos ideais da Revolução Francesa. Hazlitt sentia que ocorrera enorme desilusão no espírito da época; o temperamento nervoso, paradoxal dos tempos, produzia poesia lírica; mas faltava a largueza e a confiança necessárias ao drama. Meio honestamente, Peacock declarava, em *Four Ages of Poetry* (Quatro Idades da Poesia), que a própria literatura seria substituída por formas mais positivas de inteligência:

não está distante o dia em que o estado degradado de todas as espécies de poesia será tão generalizadamente reconhecido quanto tem sido, há muito tempo, o da poesia dramática: e isso não se deve à diminuição de qualquer poder intelectual ou de aquisição intelectual, mas ao fato do poder intelectual e da aquisição intelectual, eles próprios, terem se tornado outros e melhores canais.

A poesia era "o guizo intelectual" do homem, argumentava Peacock. Ele logo a abandonaria em favor das ciências naturais. A *Defesa* de Shelley visa diretamente a profecia de Peacock. Não é o gênio que tem vacilado ou se voltado para outras conquistas; é a sociedade. Não pode existir grande drama trágico sob a opressão política e a hipocrisia social da época de Castlereagh. Os poetas trágicos atenienses "coexistiram com a grandeza moral e intelectual da época". Se desejamos recriar um teatro vivo, precisamos reformar a "alma da vida social". Esta será a doutrina de Wagner e, em certa medida, de Ibsen.

Com o longo fracasso do drama poético do século XIX, essas especulações se tornaram mais sombrias e irracionais. Parecem ter culminado, quase um século depois, na meditação obscura do prefácio de Hardy para *The Dynasts* (Os Dinastas):

Se a encenação mental por si não for eventualmente o destino de todo drama diverso da vida contemporânea e frívola, é uma questão relacionada que tem seu interesse. A mente naturalmente voa na direção dos triunfos do teatro helênico e elisabetano que exibem cenas "distantes da não aparência," e se pergunta porque eles não podem ser repetidos. Mas o mundo meditativo é mais antigo, mais insidioso, mais nervoso, mais sarcástico do que outrora, e vive infelizmente perplexo por enigmas que Tebas morta nunca conheceu, talvez menos preparado e menos apto do que a Hélade e a velha Inglaterra estiveram para olhar através da insistente e, freqüentemente, grotesca substância da coisa significada.

Novamente, percebe-se, nessas meditações melancólicas, uma verdade significativa. Separados por um século, Hazlitt e Hardy divisam um nervosismo prevalente, uma decadência do imaginativo no espírito da idade moderna. Está faltando algo da soberba confiança necessária ao homem para criar um personagem cênico maior, para dotar em seu interior alguma presença do mistério carnal do gesto e da fala dramática. O que permanece obscura é a fonte do fracasso. Será que as formas de arte têm seu ciclo de vida prescrito? Talvez não exista princípio de conservação na energia poética. É evidente que o empreendimento grego e elizabetano parecem repousar sobre as costas de todo drama posterior com um peso fatigante do precedente. Ou será que o coração da crise se encontra no interior da sociedade? Será que os poetas dramáticos do século XIX fracassaram em produzir boas peças porque não tinham os teatros necessários nem o requisito do público à disposição?

Nas primeiras décadas do período romântico, tais indagações e dúvidas pairavam no ar. Mas os próprios escritores não estavam preparados para admitir o jogo. Pelo contrário, quanto mais mergulhavam nesse estado melancólico do drama contemporâneo, mais se asseguravam de que uma das tarefas e das glórias do romantismo era de restaurar as honras anteriores da tragédia. A perspectiva de tal restauração preocupava os melhores poetas e novelistas do século. Para muitos se tornou obsessão. Considere mesmo uma lista parcial de peças trágicas escritas ou planejadas pelos românticos ingleses.

William Blake escreveu uma parte de *Eduardo III*; Wordsworth escreveu *The Borderers* (Os Fronteiriços); Sir Walter Scott compôs quatro dramas; Coleridge colaborou com Southey em *The Fall of Robespierre* (A Queda de Robespierre), depois prosseguiu sozinho e escreveu *Remorse* (Remorso) e *Zapolya*; o próprio Southey armou *Wat Tyler*. Além de seus esquetes dramáticos, Walter Svage Landor escreveu quatro tragédias. Leigh Hunt publicou *Scenes from an Unfinished Drama* (Cenas de um Drama Inacabado), em 1820, e sua *Legend of Florence* (Lenda de Florença), foi encenada no Covent Garden, em 1840. Byron é o autor de oito dramas. Shelley escreveu *The Cenci* (Os Cenci), *Prometeu*, e *Hellas* (Lamento), e traduziu cenas de Goethe e Calderón. Keats depositou grandes esperanças em *Otho, o Grande* e iniciou *King Stephen* (Rei Estevão). Tomas Lovell Beddoes escreveu um número de estranhas tragédias góticas, em que pelo menos uma é conduzida com mestria por sua incansável impetuosidade e tensão.

Não descrevo essa lista por pedantismo antiquado (embora tais registros tenham uma certa fascinação empoeirada). Essa enumeração é somente para sugerir a magnitude de aspiração e esforço empregado. Aí encontramos alguns dos mestres da linguagem produzindo tragédias que são, com poucas exceções assinaladas, sinistramente ruins. Em cada um dos autores mencionados viveu, por algum momento, o ideal, do drama trágico, a noção de que a literatura moderna precisa realizar no modo dramático, uma obra à altura de Sófocles e Shakespeare. Há, ao mesmo tempo, algo de comovente e deprimente no contraste resplandecente entre a qualidade do talento e a da obra. No meio do seu ano milagroso de invenção lírica, Keats voltou-se para *Otho, o Grande*:

> Onde deveria ser bem sucedido [...] alçar-me-ia para fora da mira. Quero dizer a mira de uma má reputação que está se erguendo continuamente contra mim. Meu nome ao lado da moda literária é vulgar – não passo de um garoto tecelão para eles – uma Tragédia me livraria dessa dificuldade.

Isso, do autor de *Eve of St. Agnes* (A Véspera de Sta. Agnes) e de *Odes*.

Porém, enquanto o acúmulo de fracasso aumentava, também aumentava a ambição. Raramente se pode fazer referência a um poeta ou novelista do século XIX sem encontrar em algum lugar de seu texto ou de sua intenção vigentes a miragem do drama. Browning, Dickens, Tennyson, Swinburne, George Meredith; Stendhal, Balzac, Flaubert, Zola; Dostoiévski; Henry James. Em cada um deles ardeu ocasionalmente a decisão de dominar a cena, a determinação de acrescentar algo à forma literária que retivesse no ordenamento da antiguidade, do renascimento e do barroco, o melhor do gênio poético. Mas considere as peças que esses autores produziram; a incongruência é desconcertante. Parece não haver relação entre a estatura do artista e o convencionalismo gélido ou o completo fracasso mecânico da obra.

Aqui se faz necessária uma explicação. E o problema não é somente de história teatral. Pois somente nos aproximando das causas da ruína do drama romântico, podemos focalizar a questão do que foi que retrocedera na sensibilidade ocidental depois de Racine. E foi o fracasso dos românticos em resgatar para a vida o ideal da alta tragédia que preparou o solo dos dois maiores acontecimentos da história do teatro moderno: a separação entre literatura e teatro e a transformação radical da noção de trágico e cômico, introduzida por Ibsen, Strindberg, Tchékhov e Pirandello. Não há como julgar a extensão de sua vitória sem o conhecimento dessa *débâcle* (ruptura).

Romantismo e revolução estão essencialmente relacionados. No romantismo há uma liberação de pensamento da sobriedade dedutiva do racionalismo cartesiano e newtoniano. Ocorre uma liberação da imaginação do ferrolho da lógica. Ocorre, tanto intuitivamente quanto praticamente, uma liberação do individual das hierarquias predeterminadas da instância social e da casta. O romantismo desencadeia a movimentação dos átomos espirituais e sociais, provocados pela decadência do *ancien régime* e pelo declínio da vitalidade imaginativa do racionalismo clássico. Permite-se que o cabelo caia livremente onde certa vez imperou a majestade confinante da peruca empoeirada. Transferido para a política, o romantismo se tornou na Revolução Francesa, na reação em cadeia das guerras napoleônicas e nos tremores que abalaram a estrutura da Europa em 1830 e 1848. As primeiras décadas românticas foram "uma alvorada", afirmava Wordsworth, na qual era uma benção estar vivo. Pois no coração de sua energia libertadora se encontrava uma convicção herdada de Rousseau. A miséria e a injustiça do destino humano não tinham origem na queda primal da graça; não eram conseqüências de certo fluxo trágico, imutável da natureza humana. Elas surgiam dos absurdos e das desigualdades arcaicas constituídas no tecido social através de gerações de tiranos e exploradores. As cadeias do homem, afirmava Rousseau, foram forjadas pelo homem. Podiam ser rompidas por martelos humanos. Era uma doutrina com implicações imensas, significando que a forma do futuro do homem estava em seu próprio moldar. Se Rousseau estava certo (e grande parte dos sistemas políticos é, até hoje, herdeira dessa afirmação), a qualidade do ser era passível de ser radicalmente alterada e desenvolvida, por meio de mudanças na educação e nas circunstâncias sociais e materiais da existência. O homem não mais permanecia sob a sombra do pecado original; não carregava dentro de si nenhum germe de fracasso preconcebido. Pelo contrário, ele poderia ser conduzido ao progresso tremendo. Ele era, na linguagem do romantismo, perfectível. Daí o ardor do otimismo na arte romântica inicial, o sentimento de antigos portais rompidos que se abrem e se arremessam amplamente a um futuro luminoso. No coro final de *Lamento*, Shelley celebrava o nascer do novo sol:

> A grandiosa idade do mundo recomeça,
> Os anos de ouro retornam,
> A terra como uma serpente se renova
> De seu mato invernal exaurido;
> O céu sorri, e brilham crenças e impérios,
> Como naufrágios de um sonho disperso.
> Uma Hélade mais luminosa ergue seus montes
> De ondas serenas distantes;
> Um Peneus renovado derrama suas fontes
> Contra a estrela da manhã.
> Onde os mais belos Templos desabrocham, ali se encontram adormecidos
> Jovens Cyclades sobre uma profundidade mais ensolarada.

Depois de 1820, o brilho desvaneceu no ar. Forças reacionárias reimpuseram seu governo por toda Europa, e a classe média, que tinha sido a fonte dessa energia radical, tornara-se próspera e conservadora. E os românticos tiveram a experiência do abatimento profundo (a palavra é decisiva em Coleridge). Eles sofreram um sentimento de traição, Musset forneceu um relato clássico de sua desilusão em *Confession d'un enfant du siécle* (Confissão de uma Criança do Século). O romantismo desenvolveu qualidades do outono e da tarde: o estoicismo do Wordsworth tardio, a tristeza selvagem de Byron, a *tristesse* outonal, apocalíptica do último Victor Hugo. O temperamento romântico maturou os elementos de melancolia e frustração nervosa que caracterizam a arte pós-romântica. O simbolismo e os movimentos decadentistas posteriores ao século XIX são um anoitecer do longo declínio do dia.

Mas esses obscurecimentos foram quase imperceptíveis no período em que os românticos tentavam criar uma nova tradição dramática. E mesmo quando a luz se tornou lúgubre e incerta, a premissa do romantismo manteve muito de sua força. A crença rousseauista na perfectibilidade do homem sobreviveu às derrotas parciais do liberalismo, em 1830 e 1848. A autocracia e a ganância burguesa combatiam com ações momentaneamente vitoriosas da retaguarda. Mas na perspectiva mais longa, a condição humana estava destinada ao progresso. A cidade da justiça encontrava-se em visibilidade distante. Chame-a de democracia como fizeram os revolucionários românticos do ocidente, ou de sociedade sem classes, como fez Marx. Em qualquer caso, era o sonho do progresso primeiramente sonhado por Rousseau.

A visão rousseauista e romântica tinha correlativos psicológicos específicos. Isso implicava em uma crítica radical à noção da culpa. Na mitologia de conduta rousseauista, um homem poderia cometer um crime porque sua educação não lhe ensinara como distinguir o bem do mal ou porque ele havia sido corrompido pela sociedade. A responsabilidade repousava em sua educação ou no meio ambiente, porque o mal não pode ser nativo junto à alma. E pelo fato do indivíduo não ser totalmente responsável, ele não pode ser totalmente amaldiçoado. O rousseauismo fecha as portas do inferno. Na hora da verdade, o criminoso será possuído pelo remorso. O crime será desfeito ou o erro convertido em bem. O crime não conduz ao castigo mas à redenção. Esse era o *leitmotiv* do tratamento romântico do mal, desde *The Ancient Mariner* (A Balada do Velho Marinheiro) ao *Fausto*, de Goethe, desde *Os Miseráveis* até a apoteose da redenção em *Götterdämmerung* (Crepúsculo dos Deuses).

Essa mitologia redentora pode ser psicológica e socialmente meritória, libertando o espírito dos pressentimentos negros do Calvinismo. Mas uma coisa é clara: tal perspectiva da condição humana é radicalmente otimista. Não consegue engendrar nenhuma forma natural de drama trágico. A visão romântica da vida é não-trágica. Na tragédia autêntica, os portões do inferno permanecem abertos e a danação é real. O personagem trágico não pode se evadir de responsabilidade. A argumentação de que Édipo deveria ter sido perdoado, baseado na ignorância, ou de que Fedra foi meramente vítima do caos hereditário do sangue, significa diminuir absurdamente o peso e o significado da ação trágica. A percepção redentora chega demasiado tarde para concertar as ruínas ou é adquirida ao preço de um sofrimento irremediável. Sansão caminha cego para sua morte, e Fausto é arrastado para a perdição gritando. Além disso, onde vigora uma concepção trágica da vida, não é possível recorrer aos remédios seculares ou materiais. O destino de Lear não pode ser resolvido pela instituição de lares adequados aos idosos. O dilema que condena Antígona é mais profundo do que qualquer reforma concebível das convenções que regem o enterro. Na tragédia, o enlace da rede que traga o herói pode ser um acidente ou acaso da circunstância, mas a malha está trançada no coração da vida. A tragédia nos informa que no fato mesmo da existência humana existe uma provocação ou paradoxo; ela nos conta que os objetivos dos homens, às vezes, correm contra a corrente de forças inexplicáveis e destrutivas que são "externas" embora muito próximas. Questionar os deuses porque Édipo teria sido escolhido para sua agonia ou porque Macbeth deveria ter encontrado as feiticeiras, em seu caminho, é questionar a razão e a justificação da noite sem voz. Não há resposta. Porque deveria haver? Se houvesse, estaríamos lidando com sofrimento justo e injusto, como ocorrem nas parábolas ou nos contos de advertência, não com tragédia. E para além do trágico não repousa o "final feliz" em outra dimensão de lugar ou tempo. As feridas não são curadas e o espírito alquebrado não tem conserto. Pela norma da tragédia não pode haver compensação. A mente, diz I. A. Richards,

não recua diante de nada, não se protege com nenhuma ilusão, permanece sem conforto, solitária e autoconfiante [...] O toque mínimo de qualquer teologia que tenha um Céu compensador a oferecer ao herói trágico é fatal.

Mas é precisamente um "Céu compensador" que o romantismo promete à culpa e aos sofrimentos do homem. Pode ser um Céu literal, como em *Fausto*. Mais freqüentemente é um estado de êxtase e redenção na terra. Devido ao remorso, o sofredor trágico é resgatado a uma condição de graça, ou a ignorância e a injustiça social, que concorrem para a tragédia são removidas pela reforma e pelo despertar da consciência. Na poética do romantismo, *Os Miseráveis* tornam-se auríferos.

O tema do remorso ressoa através da tradição inteira do drama romântico, de Coleridge a Wagner. A fábula varia, mas os clichês são constantes. O herói trágico ou o herói-vilão cometeu um crime terrível, talvez inominável. Ele é atormentado por sua consciência e vaga pela vida, ocultando uma chama interior que se revela por meio do seu aspecto fervoroso e do seu olhar brilhante. Ele é conhecido como o Velho Marinheiro, Caim, o Holandês Voador, Manfredo ou o Judeu Errante. Às vezes ele é assombrado por um duplo perseguidor, uma imagem vingativa de si mesmo ou de sua vítima inocente. Na hora da crise mortal ou da morte próxima, a alma do herói romântico é "arrancada da agonia maldita". De repente, há um florescimento do remorso – que chega ao arrependido Tannhäuser, do bastão papal brotam folhas. A salvação baixa sobre o espírito ferido, e o herói ingressa em estado de graça, livre da sombra da danação:

> No exato momento mesmo eu pude rezar;
> E do meu regaço liberto
> O Albatroz desabou, e afundou
> Como chumbo no mar.

O vilão assassino, responsável pelos crimes cometidos na tragédia de Wordsworth, *Os Fronteiriços*, é advertido ao final da peça:

> Que tua tarefa, tua ambição, seja doravante
> Alimentar o remorso, saudar cada espinho
> De angústia da penitência, sim, com lágrimas.

John Woodvil, o herói de uma peça infeliz, mas inteiramente característica de Charles Lamb, relata seu momento de iluminação. Aí a crença rousseauista nos poderes da redenção do sentimento se torna puro clichê:

> Passei pelo assento da família,
> E, cobrindo meus olhos, de vergonha
> Com profundo sentimento de desmerecimento
> Sobre a almofada ajoelhei,
> Onde costumava ajoelhar freqüentemente,
> Um infante dócil ao lado de Sir Walter;
> E, assim pensando, chorei pela segunda vez
> Derramando mais veneno do que a primeira vez;
> Mas depois foi muito reconfortante.
> Parecia que a culpa do sangue estava saindo de mim
> Mesmo no ato da agonia das lágrimas,
> E todo meu pecado era perdoado.

Em *Remorso*, de Coleridge, o problema da qualidade do arrependimento torna-se o centro do drama:

> O remorso está no coração, de onde ele germina:
> Se for gentil, gotejará lágrimas balsâmicas
> Ou arrependimento verdadeiro; mas arrogante e escuro
> É uma árvore venenosa, que fincada no íntimo
> Lamenta somente lágrimas venenosas!

Coleridge era bem mais perspicaz para não se dar conta que existe algo de fraudulento na concepção inteira de remorso redentor. O vilão da peça, Ordonio, chega ao coração da questão:

ALVAR: Ainda que sejais salvo –
ORDONIO: Salvo? Salvo?

ALVAR: Uma pontada!
　　Se eu pudesse invocar uma pontada de remorso verdadeiro!
ORDONIO: ....remorso! remorso!
　　De onde obtivestes essa palavra de bufão? Amaldiçoai o remorso!
　　Será que ele consegue desistir dos mortos, ou refazer
　　Um corpo lacerado? lacerado – decomposto em átomos!
　　Nem todas as bênçãos de uma hoste de anjos
　　Podem varrer uma imprecação da viúva desolada!

　E embora transbordais o sangue de vosso coração pela reparação
　　Ele não pesará contra a lágrima de um órfão!

Uma resposta soberba, e que atinge o coração do discernimento entre romantismo e um sentido trágico da vida. Mas a mitologia prevalente provou ser forte demais, e o drama termina com uma nota de redenção. Ordonio perece gritando: "Redenção!"

O tema da "árvore venenosa", o remorso se transformando em veneno pelo fato da mente não aceitar a possibilidade de redenção, obcecou Byron. Manfredo é arruinado pelas, "Torturas inatas daquele desespero profundo,/ Que é o remorso sem o temor do inferno". Ele sabe que nenhuma dor futura, "pode negociar aquela justiça com o autocondenado/ Ele negocia com sua própria alma". E por ele estar determinado, em seu orgulho enlouquecido, em medir sua punição na proporção de seu misterioso crime, Manfredo não concederá a si a absolvição. Ele afirma ao Espírito vingador:

　　Não tenho sido teu ingênuo, nem sou tua vítima –
　　Mas fui meu próprio destruidor, e serei
　　Eu mesmo minha própria vítima, daí em diante.

Há nessa arrogância final uma justiça inflexível, e isso confere ao final de *Manfred* um elemento de tragédia real.

Porém o que se encontra na maior parte dos dramas românticos e na ópera wagneriana não é tragédia. Dramas de remorso não conseguem ser definitivamente trágicos. A fórmula fica "próxima da tragédia". Aos quatro atos de violência trágica e de culpa segue-se o quinto ato da redenção e da inocência retomada. "Quase-tragédia" é precisamente o compromisso de uma época que não acredita na finalidade do mal. Representa o desejo dos românticos de desfrutar dos privilégios do grandioso e do sentimento intenso associados ao drama trágico, sem pagar inteiramente o preço. Esse preço é o reconhecimento do fato de que há no mundo mistérios da injustiça, desastres por excessos de culpa, e realidades que violentam constantemente nossas expectativas morais. O mecanismo do remorso atemporal ou da redenção através do amor – o arquitema wagneriano – permite ao herói romântico partilhar da excitação do mal sem arcar com seu custo real. Isso leva o público à beira do terror somente para poupá-lo no último instante, sob a luz do perdão. "Quase-tragédia" é, de fato, outra palavra para melodrama.

Tenho insistido nesse tema do remorso porque ele exibe claramente aquela evasão do trágico, central ao temperamento romântico. Além do mais, é relevante, para as peças mais do que ruins de poetas que podem, por inúmeros motivos, ter sido maus dramaturgos. A evasão da tragédia é decisiva em *Fausto* de Goethe. O *Fausto* de Marlowe desce ao fogo do inferno com uma terrível consciência gráfica de sua condição. Ele pede: "Meu Deus, meu Deus, não me observe com tanta fúria". Mas é muito tarde. Em sua mente lúcida, está ciente da possibilidade de arrependimento, mas ele também sabe que os hábitos do mal cresceram inerentes ao seu coração: "Meu coração está endurecido, não consigo me arrepender". Precisamente por não conseguir mais atravessar a linha sombria entre a reflexão do remorso e o ato da redenção, é que Fausto se encontra amaldiçoado. Mas sua consciência da verdade, sua assunção da responsabilidade total, transforma-o num personagem trágico e heróico. Seu último contato com o mundo secular é para ordenar a seus discípulos que se afastem dele, "a não ser que pereçam comigo".

O Fausto, de Goethe, pelo contrário, é salvo. Ele é transportado em meio à chuva de pétalas de rosa e música de coros angelicais. O diabo é roubado de sua recompensa justa por uma mudança psicológica astuta. O intelecto de Fausto está corrompido por seu comércio com o inferno, mas sua vontade se mantém santificada (sendo essa a exata reversão do Dr. Fausto que deseja o mal, mesmo quando mantém a consciência do bem). A felicidade suprema pela qual Fausto barganhava com os poderes infernais resulta num ato de benevolência rousseauista – a drenagem dos pântanos para a construção de uma nova sociedade. É Mefistófeles quem perde a aposta. Os céus não transbordam de sangue, como em Marlowe, mas de hosanas redentoras. Isso não é tão pouco uma concessão do poeta idoso para com sua crença na qualidade de vida e do mundo, longamente amadurecida, progressiva, santificada. A idéia do "final feliz" se encontra explícita nos primeiros esquetes de uma peça de Fausto encenada pelo jovem Goethe, nos anos de 1770. O *Fausto* de Marlowe é uma tragédia; O *Fausto* de Goethe é melodrama sublime.

Essa tendência ao "próximo do trágico" controla o teatro romântico mesmo quando o conteúdo parece menos suscetível a uma resolução feliz. Em *Die Jungfrau von Orleans* (A Donzela de Orleans), de Schiller, a moça não será queimada. Joana morre perto do campo de batalha numa apoteose de vitória e perdão. A cortina se fecha com sua jubilação: "Para o alto – para o alto – A terra recua diante de mim –/ A dor tem vida curta, e o júbilo é eterno!"[2]. É uma asserção gloriosa. Ou-

---

2. Hinauf – hinauf – Die Erde flieht zurück –/ Kurtz ist der Shmerz, und ewig ist die Freude!

vimo-la celebrada na ambientação de Beethoven para a *Ode ao Júbilo*, de Schiller. Ela contém a música da revolução e a aurora de um novo século. Mas é uma negação do significado do drama trágico. Schiller, que discriminava cuidadosamente os gêneros literários, estava atento à contradição. Ele intitulou a peça de *Eine romantische Tragödie* (Uma Tragédia Romântica), e acredito que essa seja a primeira vez em que os termos antitéticos "romantismo" e "tragédia" se juntaram. Eles não podem honestamente caminhar juntos. O romantismo substituiu a realidade do inferno que confronta Fausto, Macbeth ou Fedra, pela clausula salvadora da redenção oportuna e do "Céu compensador" de Rousseau.

Somos ainda românticos, em grande parte. A evasão da tragédia é uma prática constante em nosso teatro e cinema contemporâneos. Desafiando o fato e a lógica, os finais devem ser felizes. Os vilões se reformam e o crime não compensa. Aquela imensa alvorada na qual os amantes e heróis de Hollywood caminham de mãos dadas, ao final da história, surgiu primeiramente no horizonte do romantismo.

Se o movimento romântico herdou de Rousseau sua presunção do bem natural e sua crença nas origens sociais do mal ao invés das origens metafísicas do mal, também herdou sua obsessão com o si (*self*). As famosas constatações de Rousseau, no início de *Confissões*, tocam no principal acorde da literatura romântica:

> Quero mostrar a meus semelhantes um homem em toda verdade da natureza; e esse homem serei eu. Somente eu. Sinto meu coração, e conheço os homens. Não sou feito como qualquer desses que tenho visto; ouso crer que sou distinto de qualquer outro ser existente[3].

Rousseau estava certo ao declarar que seu empreendimento não tinha precedente. Em Montaigne, a meditação de si visa o conhecimento da generalidade da condição humana. Para um temperamento clássico como o de Pascal, o si é "odioso", interpondo alegações fortuitas e fragilidades entre o espírito e sua comunhão com Deus. Rousseau e os românticos colocam o ego no centro do mundo inteligível. Byron observa ironicamente em *Don Juan*:

> Que sublime descoberta seria tornar o
> Universo em egotismo universal,
> Esse é todo ideal – tudo em nós mesmos.

Enquanto Boileau censurava uma obra de arte na qual o autor revelasse sua própria pessoa ou sensibilidade particular, os românticos buscavam

---

3. Je veux montrer à mes semblables un homme dans toute la vérité de la nature; et cet homme, ce sera moi. Moi Seul. Je sens mon coeur, et je connais les hommes. Je ne suis fait comme aucun de ceux que j'ai vus; j'ose croire n'être fait comme aucun de ceux qui existent.

capturar a autoconsciência na arte. No julgamento de Coleridge sobre Milton, encontra-se uma verdadeira revolução de valores:

seu Satã, seu Adão, seu Rafael, quase sua Eva – são todos John Milton; e é uma sensação desse egotismo que me proporciona o maior prazer em ler as obras de Milton. O egotismo de tal homem é uma revelação do espírito.

A imagem clássica do homem é aquela que o situa no interior de uma arquitetura estável de comportamento, tradição religiosa e política, e casta social. Ele harmoniza sua pessoa individual ao estilo de sua situação temporal. O homem romântico é Narciso em perseguição e afirmação exaltada de sua única identidade. O mundo ao redor espelha ou ecoa sua presença. Ele sofre e glorifica sua solidão:

E eu, Narciso amado, sou curioso unicamente
pela minha essência;
Todo outro para mim tem somente um coração misterioso,
Todo outro é somente ausência[4].

Por ser a voz natural da autoconsciência, a lírica é o modo dominante da literatura romântica. Foi no verso lírico e na prosa do devaneio ou da narrativa na primeira pessoa que o romantismo conquistou suas glórias eminentes. A vida e a candura do espírito privado na arte de Wordsworth, Keats, Shelley, Lamartine, Vigny, Heine, Leopardi, ou Púschkin conferiram a sua poesia uma espécie de incandescência. Queima ao toque. Nossa consciência da extensão da prosa seria mais limitada se não conhecêssemos *Werther*, *The Confessions of an English Opium Eater* (Confissões de um Comedor de Ópio), ou *Memórias do Subsolo*, de Dostoiévski. O romantismo ensinou à prosa a arte da intimidade.

Mas o modo lírico é profundamente alheio ao dramático. O drama é a prática suprema do altruísmo. Por um milagre de autodestruição controlada, do qual só podemos compreender vagamente, o dramaturgo cria personagens vivos cujo esplendor de vida é precisamente mensurado por sua "alteridade" – pelo fato de não serem imagens, sombras, ou ressonâncias do próprio dramaturgo. Falstaff vive porque ele não é Shakespeare; Nora, porque ela não é Ibsen. Na verdade, sua capacidade de viver é enormemente superior àquela dos seus geradores. Mesmo que Sófocles fosse apenas um nome que designasse um desconhecido, como o de Homero, Édipo e Antígona seriam indestrutivelmente vitais. Quem, a não ser o acadêmico, presta atenção na identidade do poeta que encenou Don Juan no palco pela primeira vez? Que conhecimento é preciso se ter de Racine para experimentar a extrema vida de Ifigênia ou Fedra? Sem dúvida, a criação de um personagem dramático está

---

4. Mais moi, Narcisse aimé, je ne suis curieux/ Que de ma seule essence;/ Tout autre n'a pour moi qu'un coeur mistérieux,/ Tout autre n'est qu'absence.

relacionada ao gênio particular do dramaturgo. Mas não se sabe realmente como. Os personagens são, talvez, aquelas regiões de sombra ou de vitalidade independente no interior da psique que o poeta não consegue integrar a sua própria pessoa. São cânceres da imaginação que insistem em seu direito de viver fora do organismo no qual foram engendrados (por quanto tempo um homem conseguiria agüentar um Édipo ou um Lear trancados dentro dele?). Mas qualquer que seja sua relação com a fonte da invenção, os personagens dramáticos assumem sua própria existência integral. Eles conduzem sua própria vida muito além da mortalidade do poeta. Não temos nem precisamos ter biografias adequadas de Ésquilo ou Shakespeare.

Toda arte clássica empenha-se no ideal da impessoalidade, para separar a obra da contingência do artista. O romantismo almeja o contrário. Procura traduzir o poema como inseparável da voz do poeta. Na imaginação romântica, a expressão invariavelmente tende para o auto-retrato. Tal concepção é radicalmente inapropriada ao drama. Ainda assim os românticos procuraram trazer a forma dramática para dentro do espaço do egotismo. Heine se ufana ao afirmar que suas tragédias são revelações íntimas do seu próprio coração:

> Minha angústia e meu ultraje
> Tenho despejado nesse livro,
> Enquanto viras a página,
> lês o meu coração[5].

Na realidade, nem *Almansor* nem *Ratcliff* possuem qualquer centelha de vida independente. Eles existem unicamente graças ao nosso interesse pelo próprio Heine. Em *Les Contemplations* (As Contemplações), Victor Hugo compara o dramaturgo a uma criatura – meio pelicano, supõe-se, e meio fênix – que derrama seu sangue para criar personagens, todos eles reflexos de sua própria identidade. A passagem inteira é um credo romântico:

> Em sua criação, o poeta treme;
> Ele é ela, ela é ele; quando na sombra trabalha,
> ele chora, e arrancando as entranhas, coloca-as
> No seu drama, e, escultor, solitário sobre seu cume negro
> Mistura sua própria carne à argila sagrada;
> Daí ele renasce sem cessar, e esse sonhador que cria
> Otelo de uma lágrima, Alceste de um soluço,
> Com eles se mistura em suas obras despontando.
> Em sua gênese imensa e verdadeira, uma e diversa,

---

5. Meine Qual und meine Klagen/ Hab ich in dies Buch gegossen,/ Und wenn du es aufgeschlagen,/ Hat sich dir mein Hertz erschlossen. Heinrich Heine.

Ele, sofrendo do mal eterno, se versa,
Sem esgotar seu flanco de onde sai uma claridade[6].

Nem todos os poetas do período romântico foram cegos à contradição entre uma teoria egotística da arte e natureza do drama. Byronismo significa uma expressão de autoconsciência selvagem, lírica. Ainda assim, no que se refere ao drama, o próprio Byron tinha convicções clássicas. Ele tentou escrever um número de tragédias nas quais a voz do poeta se calaria por trás dos personagens. Keats foi mais além. Ele desenvolveu um ideal de drama explicitamente anti-romântico fundamentado em uma rejeição que ele chamava de "o egotístico sublime". Inspirado na concepção de Hazlitt sobre Shakespeare, Keats afirmava que "os Homens de Gênio são grandiosos como certas Químicas etéreas que operam na Massa do intelecto neutro – mas eles não possuem nenhuma individualidade, nenhum Caráter determinado". Em outubro de 1818, ele chegou a sua concepção a respeito do verdadeiro poeta. A passagem é famosa, mas tão carregada de significado que não é possível citá-la muito freqüentemente:

> Quanto ao próprio Caráter poético (quero dizer aquela espécie da qual, se sou algo, sou um Membro; aquela espécie distinta do wordsworthianismo ou do egotístico sublime; que é algo per se e que resiste solitário) não é o si mesmo – não possui o si (self) – é qualquer coisa e nada – Não possui caráter – desfruta da luz e sombra; vive no prazer, seja odioso ou íntegro, alto ou baixo, rico ou pobre, mesquinho ou elevado – Tem o mesmo prazer em conceber um Iago como uma Imogen... Um poeta é a coisa mais poética da existência; porque não possui identidade.
>
> Quando estou em um quarto na companhia das Pessoas, estou sempre livre para especular a respeito das criações do meu próprio cérebro, então não sou eu que volto para mim mesmo: mas a identidade de cada um no quarto começa a me pressionar de tal modo que em pouco tempo fico aniquilado.

No mesmo mês, Keats escrevia a seu irmão:

> Não vivo somente nesse mundo, mas em mil mundos [...]. Dependendo do meu estado de espírito, estou com Aquiles, gritando nas trincheiras, ou com Teócrito, no vale da Sicília. Ou invisto todo meu ser em Troilus [...]. Eu derreto no ar.

---

6. Dans sa création, le poète tressaille;/ Il est elle, elle est lui; quand dans l'ombre il travaille,/ Il pleure, et s'arrachant les entrailles, les met/ Dans son drâme, et, sculpteur, seul sur son noir sommet/ Pétrit sa propre chair dans l'argile sacrée;/ Il y renaît sans cesse, et ce songeur qui crée/ Othello d'une larme, Alceste d'un sanglot,/ Avec eux pêle-mêle en ses oeuvres éclot./ Dans sa genèse immense et vraie, une et diverse,/ Lui, le souffrant du mal éternel, il se verse,/ Sans épuiser son flanc d'où sort une clarté.

Esse é o pior de Victor Hugo; é bombástico e túrgido. Freqüentemente o velho trombeteiro escrevia seu verso mais pobre quando tinha urgência e estava sendo sincero. Porque, inquestionavelmente, essa passagem encarna sua visão mais íntima da arte e do artista. (N. do A.)

O reconhecimento de Keats pelo modo em que o poeta dramático é "aniquilado" no interior de sua obra é soberbamente clássico. É uma refutação da inteira concepção rousseauista e romântica da primazia do ser. Essas cartas de 1818 constituem um programa belamente articulado para o renascimento da tragédia inglesa. Ao invés disso, Keats produziu um melodrama desprezível, *Otho, o Grande*. E, dessa vez, o motivo não está na falha em compreender a função do poeta dramático. O motivo está na forma técnica. Embora Keats penetrasse mais profundamente do que os outros românticos na natureza do drama, ele compartilhava da crença prevalente de que o futuro da tragédia era inseparável do ideal shakespeariano.

A admiração por Shakespeare surge antes do período romântico. Dryden expressara repetidamente um sentimento da eminência exclusiva do poeta: "Mas a Mágica de Shakespeare não pode ser copiada; dentro desse Círculo ninguém ousa caminhar, só ele". Mesmo quando colocava reservas formais, Samuel Johnson considerava Shakespeare um titã superior a qualquer dramaturgo neoclássico e, por vezes, aos trágicos gregos. Umas trinta e cinco edições das peças de Shakespeare surgiram entre 1766 e 1799, e a sabedoria editorial de Johnson, Steevens e Malone estenderam as bases para a maior parte de nosso texto moderno. Já em 1786, um ensaísta conseguia escrever a respeito de Shakespeare em um tom comparável aos vôos de exaltação romântica: "Mas, afirmas, jamais assistimos a tal coisa. Tens razão; a Natureza criou, e quebrou o molde".

Mas a relação romântica com Shakespeare se dá mais profundamente. Em nenhum lugar da crítica do século XVIII, encontraremos comparações entre Shakespeare e a Escritura apontada por Coleridge, ou a concepção de Shakespeare como o primeiro mestre do espírito humano, defendida nas cartas de Keats. Foi em torno do drama shakespeariano que a sensibilidade romântica reuniu suas principais forças. Os poetas românticos procuraram projetar sua própria pessoa nos moldes de Romeu, Lear ou Macbeth. Hamlet se tornou seu emblema e presença guardiã. Nas vidas de Charles Lamb, Hazlitt, Coleridge, Keats, Victor Hugo, Musset, Stendhal, Schiller, Púschkin – a lista poderia se estender interminavelmente – a descoberta de Shakespeare foi o grande despertar de consciência. Em suas *Mémories* (Memórias), Berlioz relata o choque do reconhecimento shakespeariano:

Shakespeare desmoronou sobre mim por acaso, atingiu-me. Sua claridade, ao abrir o céu da arte com um trovão sublime, iluminou para mim as profundidades mais remotas. Reconheço a verdadeira grandeza, a verdadeira beleza, a verdadeira expressão dramática [...]. Eu vi... entendi... senti que estava vivo e que era preciso me erguer e seguir adiante[7].

7. Shakeaspere, en tombant sur moi à l'improviste, me foudroya. Son éclair, em m'ouvrant le ciel de l'art avec un fracas sublime, m'em illumina les plus lointaines

Logo depois, ele ingressou num malfadado casamento com uma atriz shakespeariana para conviver mais próximo do brilho de Julieta e Ofélia. Na história do artista romântico, seja ele um poeta, compositor, ou um pintor como Delacroix, é o volume de Shakeaspere encontrado na biblioteca, numa noite de inverno ou na gôndola de livros, que desperta na alma a intimação do gênio.

Desse modo, Shakespeare tornou-se para os poetas românticos mais do que um objeto de reverência crítica. Suas obras foram consideradas um modelo para todo drama posterior. Combine tudo, escrevia Coleridge,

engenho, sutileza, e fantasia, com profundidade, imaginação, e suscetibilidade moral e física para o prazeroso – e deixe que o objeto da ação seja o homem universal; e teremos – Ó, apressada profecia! dizei, antes, temos – um Shakespeare!

Para a tragédia inglesa despertar dos cochilos neoclássicos, teria de ser somente aos chamados retumbantes de Shakespeare. Aí devia ser encontrado o domínio sobre todas as artes, paixões e estilos poéticos. Mencionando a ordenação apropriada de uma peça trágica a um amigo, Lamb aconselhava:

Aconselho uma situação como a de Otelo, no que se refere à intervenção de Desdêmona por Cássio. As entre-cenas podem conter alusões do mesmo modo. O filho deve enxergar sua mãe numa máscara festiva, como Romeu, Julieta... Dawley deve ser informado do pecado passado de sua mulher com uma máscara de algum personagem enfeitiçado – como se fosse Macbeth sobre o prado, envolto em sentenças sombrias.

Em seu prefácio para *Os Fronteiriços*, Wordsworth destaca que a figura do Iago e o seu enredamento em torno do Mouro são cruciais em sua própria peça. Coleridge referia-se a *Zapolya* como "uma humilde imitação do *Conto de Inverno*". Na realidade, de Coleridge a Tennyson, quase todos os dramas poéticos ingleses são fracas variações sobre os temas shakespearianos.

Porém não exclusivamente. Os contemporâneos de Shakespeare também foram arrastados para o círculo da imitação ardente. O romantismo inglês redescobriu Marlowe, Chapman, Marston, Tourneur, Middleton, Webster e Ford. Com a publicação de *Specimens of English Dramatic Poets* (Espécies de Poetas Dramáticos Ingleses), de Lamb, em 1808, uma casa da moeda de retórica e de sentimento trágico estava aberta à perseguição romântica do drama. "Quando um gigante se revela a nós", perguntava Lamb, "será que ele refreia a curiosidade em

profondeurs. Je reconnus la vraie grandeur, la vraie beauté, la vraie vérité dramatique [...] Je vis... je compris... je sentis que j'étais vivant et qu'il fallait me lever et marcher.

saber que tem em casa uma descendência gigantesca de irmãos, que significam menos do que só ele mesmo?" Daí encontrarmos em *John Woodvil*, de Lamb, não apenas uma imitação servil de *Como Gostais*, mas passagens modeladas em Ford e em *Dr. Fausto*. Em *Os Cenci*, há dúzias de ecos de *Romeu e Julieta* e *Medida por Medida*, mas Shelley também esboçou esse tom e argumento em *O Diabo Branco* e *The Duchess of Malfi* (A Duquesa de Malfi). O erudito Coleridge incluiu, em *Remorso*, sugestões contidas em *The Spanish Tragedy* (A Tragédia Hispânica), pré-shakespeariana, e em *The Two Noble Kinsmen* (Os Dois Nobres Aparentados), uma peça tradicionalmente atribuída em parte ao mestre e em parte a Fletcher. Em suma, o drama inglês é uma antologia velada de dramaturgos elisabetanos e jacobinos.

O ponto decisivo é o seguinte: a imitação romântica de Shakespeare e de seus contemporâneos incluía não só tópicos do argumento e da técnica dramática – era imitação colada, deliberada de linguagem. O século XVIII havia admirado Shakespeare, apesar de sua linguagem arcaica. Um crítico como Johnson sustentava que o inglês ganhara em claridade e sobriedade, desde os elisabetanos e jacobinos. Ele possuía muito bom senso para supor que a língua de um período literário passado podia ser revivida, sendo a língua o espelho vivo da mudança histórica. Os românticos, pelo contrário, mergulharam na fala de Shakespeare, na esperança de poder restaurar a glória passada da cena inglesa. Eles penduraram em seus argumentos melodramáticos e seus devaneios egotísticos imensos fluxos de palavras que tomavam emprestado de Marlowe, Shakespeare, Webster, ou Ford. O resultado é um triste pastiche. Citar mais de um ou dois exemplos representativos seria um exercício de escárnio.

Talvez por conhecer os antigos dramaturgos ainda mais intimamente do que seus contemporâneos, Lamb ficou mais desamparado ao se defrontar com suas próprias peças. Tome a cena de abertura de *John Woodvil*:

PETER: Uma música delicada. Onde aprendeste, Companheiro?
DANIEL: Ali mesmo, onde vós aprendestes vossos juramentos e vossa política – à mesa
  do vosso amo. Onde mais poderia um servo colher suas pobres realizações?
MARTIN: Bem dito, Daniel! Ó bom Daniel – seus juramentos e sua política! Excelente!

O episódio tem origem em *Otelo*, e a resposta totalmente inapropriada é tirada de *O Mercador de Veneza*. A linguagem como tal é uma mixórdia arcaica jamais pronunciada por qualquer homem ou besta viva.

No outro extremo da imitação encontra-se *Os Cenci*. Aí, o pastiche é conduzido ao nível de arte. A peça dá a impressão de ter sido concebida por um poeta de óbvio talento como um exercício do estilo elisabetano. Às vezes, os sentimentos invocados são tão intensos a ponto de dominar a linguagem emprestada e torná-la natural:

> Tão jovem para percorrer
> O solo escuro, frio, fétido, verminoso!
> Para estar confinado a um lugar estreito;
> Não enxergar mais o doce raiar do sol; não mais ouvir
> A voz jovial da criatura viva; não se deter novamente
> Em pensamentos familiares, tristes, ainda assim perdidos!
> Como é apavorante! ser nada! Ou ser –
> O que? Oh, onde estou? Não permita que eu enlouqueça!
> Doce Céu, perdoe os pensamentos fracos! Se não existisse
> Deus, nem Céu, nem terra no mundo vazio;
> No imenso, cinzento, sem luz, profundo, despovoado mundo!

O lamento de Beatrice Cenci é tão belamente expresso que se pode, momentaneamente, ignorar quão intimamente ele está modelado no rompante de Cláudio, no terceiro ato de *Medida por Medida*. Ainda que para melhor, o fato de ser imitação interfere. Quando Beatrice se confronta com seus atormentadores –

> Não me enredem com perguntas. Quem se apresenta aqui
> Como meu acusador? Ah! será ti aquele,
> Será meu juiz? Acusador, testemunha, juiz,
> O que, todos em um?

Não se pode deixar de recordar as palavras de Vittoria Corombona em *O Diabo Branco*:

> Quem tal afirma, a não ser vós? Como meu acusador,
> Não sejais mais meu juiz: vinde do banco,
> Dai vossa evidência contra mim, e deixai que estes
> Sejam moderadores.

Shelley escreveu, observa Edmund Blunden, "com as *Espécies de Poetas Dramáticos Ingleses*, de Lamb, em seu calcanhar".

Ao considerar Shakespeare como seu "santo patrono" e como a derradeira encarnação do gênio dramático, Keats seguiu inevitavelmente as pegadas de Shakespeare quando escreveu *Otho, o Grande*. A peça é melodrama gótico; muito do argumento selvagem tem origem em *Cymbeline* e *Muito Barulho por Nada*, e um acadêmico contou os empréstimos de linguagem de dezessete peças shakespearianas. Keats se mirou também em Middleton, de quem ele leu *Duke of Milan* (O Duque de Milão), pouco antes de começar a escrever *Otho*, e em Marlowe. Ao tentar ser um dramaturgo, o poeta de *Odes* e *Lamia*, foi tão indefensável quanto um colegial diante do ímpeto e do estilo bombástico marlowiano:

> No lugar de um bezerro fatídico
> Dez hecatombes irão gritar até sua última,
> Abatida volta os chifres para a clava mortal atordoante
> De Marte, e toda soldadesca festejará

IV

> Nobremente, como os maçons de Nimrod, quando as torres
> Novas da nova Nineveh beijaram as nuvens longínquas.

É como se Keats começasse a escrever uma paródia de *Tamburlaine*. O que é embaraçoso a respeito da abdicação da voz própria e da fala viva desses poetas é o fato deles saberem o quanto estavam errados. Em seu prefácio para *Os Cenci*, Shelley declarava "que, para comover os homens com verdadeira simpatia, precisamos utilizar a linguagem dos homens". Os românticos deviam estudar os elisabetanos somente para fazer "por nossa própria época o que aqueles fizeram por sua própria". Ninguém mais do que Thomas Lowell Beddoes, no século XIX, escreveu peças tão completamente imerso nos jacobinos. Essa inflamada figura menor não era um revisor do passado mas, como destacou Lytton Strachey, "uma reencarnação". No entanto, foi Beddoes quem expressou mais eloqüentemente a necessidade de independência:

> Digam o que quiserem – Estou convencido que o homem que despertar o drama tem de ser um camarada ousado que passa por cima de tudo – não um rastejador pelos buracos de carunchos – nem mesmo revisor – mesmo sendo bom. Essas reanimações são calafrios vampirescos. Tais fantasmas como Marlowe, Webster e cia. são melhores dramaturgos, melhores poetas, ouso dizer, do que qualquer contemporâneo nosso – mas são fantasmas – o caruncho está em suas páginas – e desejamos perceber algo que nossos mestres ancestrais não tinham conhecimento. Com o maior respeito por todas antiguidades do drama, ainda considero ser melhor criar do que reviver – tentar dotar a literatura desta época de uma idiossincrasia e espírito próprios, e somente erigir um fantasma para observá-lo, não para conviver com ele – até agora o drama é uma ruína assombrada.

Ainda assim, entre esse conhecimento esclarecido e o ato de escrever pairava a sombra shakespeariana. E ainda paira sobre o drama inglês. O problema do verso dramático permanece amplamente sem solução. A linguagem do drama poético inglês ainda procura se livrar do precedente shakespeariano. O verso branco inglês parece carregar a marca de Shakespeare, em sua medula. Hoje em dia também, muito do drama sério é uma "ruína assombrada", e me pergunto se caminhamos muito, desde 1902, quando Edmond Gosse falou sobre a tradição elisabetana: "Nos assombra, nos oprime, nos destrói".

V

Shakespeare havia lançado seu encanto para além da Inglaterra. Seu nome e sua obra representavam um grito de batalha aos românticos franceses. Não foi Hernani quem primeiramente introduziu a voz romântica no teatro francês, e sim a tradução de Vigny para *Otelo*, encenado em outubro de 1829. Victor Hugo considerava Shakespeare como seu espírito patrono, e estava decidido a quebrar o molde neoclássico com um martelo shakespeariano. No prefácio de *Cromwell*, ele declarava que era o gênio essencial do romantismo que associava o "grotesco" com o "sublime", que combinava, no âmbito da arte, entretenimento e aspectos sombrios, rudes da vida com ideais da beleza expres-siva. Essa concordância de energias rivalizantes havia sido realizada primeiramente por Shakespeare, "o poeta soberano": "Shakespeare é o drama, e o drama que funde num mesmo sopro o grotesco e o sublime, o terrível e o bufão, a tragédia e a comédia"[1]. Do seu exílio na ilha de Jersey, Victor Hugo prestou uma homenagem selvagem e apaixonada ao poeta elisabetano. *William Shakespeare* não é realmente um ensaio de crítica literária: é um grito extático da imaginação romântica. O livro é pleno da grandiloqüência marítima que cercava o escritor na época. A escala de julgamento é mais do que humana. Shakespeare é um promontório impelido pelas águas da eternidade; em sua vasta alma, tempestades de fúria definitiva

---

1. Shakespeare, c'est le drame; et le drame qui fond sous un même souffle le grotesque et le sublime, le terrible et le bouffon, la tragédie et la comédie.

alternam-se com plácida calma; em suas obras, está refletido o mistério da criação elemental. Juntamente com Homero, Ésquilo, Jó, Isaías, e Dante, Shakespeare é um dos ápices solitários do espírito humano. Aqueles que o precedem no tempo parecem conduzir sua magnificência coroada. É através da imagem de Shakespeare que o artista moderno, como Beethoven ou o próprio Victor Hugo, deve criar seu próprio ideal.

Os contemporâneos românticos de Victor Hugo eram possuídos de uma admiração selvagem comparável. Freqüentemente, tinham pouco conhecimento da obra de Shakespeare. O nome do mestre elisabetano bastava para catalisar o seu próprio sentido de heróico, de passionalidade e do sublime. O que estava realmente em questão era o fato do neoclassicismo na França ter ignorado ou ultrajado o criador de Hamlet e Romeu. Voltaire, a *bête noire* dos românticos, considerava Shakespeare um desconhecido bárbaro redimido por clarões ocasionais de energia primitiva. Mesmo Diderot, que o reconhecia como um "colosso" achava sua obra "pesada" e "sem forma". Tais erros de julgamento eram o trigo do moinho romântico. Do ensaio de Victor Hugo sopra um furacão de injúria contra os críticos e poetastros do século XVIII que procuraram mensurar a liberdade demoníaca da arte de Shakespeare por suas próprias regras mesquinhas. Aqueles que são contra Shakespeare, diz Victor Hugo, são contra nós. Eles são os reacionários, os acadêmicos, os filisteus, que os jovens românticos combateram no poço do teatro, durante a *première* de *Hernani*. Mesmo Stendhal que conhecia Shakespeare em primeira mão, considerava Hamlet, Lear e Macbeth como alavancas capazes de remover Racine do posto de comando da sensibilidade francesa. O Shakespeare de Stendhal é ótimo, em grande parte, porque afirma valores contrários aos de Racine.

Desse modo, a influência de Shakespeare no drama romântico francês foi principalmente estratégica. Os românticos apelavam para o precedente shakespeariano quando cometiam ousadias que já estavam implícitas em seus próprios cânones. Eles misturaram o cômico e o trágico, repudiando a doutrina neoclássica da unidade. Introduziram personagens grotescos e de baixa estirpe na esfera do alto drama para subverter o princípio neoclássico do decoro. Levaram ao teatro os temas da loucura, da violência física, da fantasmagoria liberada e da fantasia onírica. Suas heroínas eram as Ofélias ou Desdêmonas, exalando sua angústia aos salgueiros. Seus heróis eram príncipes fora da Dinamarca; seus vilões, Iagos contorcidos. Mas a substância era o romantismo mesmo. Ele se desenvolvera a partir do imenso movimento em direção ao *pathos* que estava acontecendo no final do século XVIII, dos ideais igualitários da Revolução Francesa, e do universo noturno do gótico. Se o herói romântico é Hamlet, ele também é Werther e o "amante-demoníaco" das baladas germânicas.

Há, de fato, muito equívoco na interpretação de Shakespeare pelos românticos franceses. Eles perceberam em Shakespeare a completa licença formal, sem consideração pelos elementos do ritual e da convenção que atuam no drama elisabetano. Sua noção do realismo shakespeariano era ingênua. O historicismo de Victor Hugo, Dumas, ou Vigny, seu interesse apaixonado pela cor local e autenticidade da apresentação, é inteiramente alheio a Shakespeare. Nada poderia estar mais distante do espírito do drama elisabetano do que a afirmação de Victor Hugo de que "não há, em *Ruy Blas*, nenhum detalhe de vida privada ou pública, de ambientação, de descendência, de etiqueta, de biografia [...] que não seja escrupulosamente exato". O mundo de *Júlio César*, *Antônio e Cleópatra*, e das peças de crônica, é aquele em que a imaginação é liberada das obrigações da fidelidade histórica. Quando Victor Hugo inicia *Cromwell* com a anotação – "Amanhã, vinte e cinco de junho de mil seiscentos e cinqüenta e sete"[2] – ele demonstra pertencer ao século de Hegel. Tanto em Shakespeare como em Racine há uma atemporalidade; e onde existe tempo, esse não é cronológico.

Se a visão romântica francesa de Shakespeare possui mais fogo do que conhecimento, a razão é óbvia. A maioria dos contemporâneos de Victor Hugo não conhecia o seu autor no original. Eles haviam lido as peças na tradução medíocre de Pierre Le Tourneur, publicada entre 1776 e 1782. Quando a primeira companhia de atores ingleses foi a Paris, em 1827, para encenar *Romeu e Julieta*, *Hamlet* e *Otelo* em sua língua nativa, o público estava cheio de entusiastas que não entendiam uma palavra do que estava sendo dito. Em meio ao público encontrava-se Berlioz, cuja idolatria por Shakespeare e cujas ambientações musicais dos temas shakespearianos baseavam-se em traduções infelizes. Foi somente no final do século XIX, e com a obra crítica de Taine, que o autêntico Shakespeare torna-se acessível ao leitor francês.

Portanto, o Shakespeare dos românticos não foi antes um poeta elisabetano de tradições medievais em sua arte e visão de mundo. Ele foi um mestre do sublime poético e da paixão vulcânica, um proclamador do amor romântico e melancólico, um radical que escreveu melodramas. A diferença entre o quadro falsificado e o verdadeiro pode ser claramente demonstrada nas óperas de Verdi. *Macbeth* dramatiza uma leitura romântica de Shakespeare. *Otelo* e *Falstaff*, pelo contrário, exibe uma apreensão transfigurada de significado atualizado das duas peças de Shakespeare.

Há uma notável exceção desses fatos. *Lorenzaccio*, de Musset, é modelado por uma observação direta da qualidade de Shakespeare. Mostra como um poeta é excepcionalmente afortunado quando consegue entrar no espírito de Shakespeare sem ser capaz de se ater completa-

---

2. Demain, vingt-cinc juin mil six cent cinquante-sept.

mente à letra. Se Musset estivesse mais embebido do texto vigente de Shakespeare, *Lorenzaccio* poderia ter sido mais um de uma sucessão de dramas românticos pseudo-shakespearianos. Em vez disso, ele tomou emprestado de Shakespeare somente aquilo que conseguiu reescrever em seu próprio idioma. Mas devo retornar a *Lorenzaccio* mais adiante.

Na Alemanha e na literatura alemã, a influência de Shakespeare foi bem mais decisiva do que na França. A razão é que, num sentido paradoxal, a influência shakespeariana se exerceu por dentro. A tradução de Wieland, em 1760, e a famosa versão de Schlegel e Tieck (1796-1833) do Shakespeare completo fez mais do que transportar para a consciência alemã o gênio de um poeta estrangeiro. Essas formidáveis recriações do texto inglês coincidiram precisamente com a época em que a língua alemã atingia a idade literária. Entraram diretamente no cadinho. O modo shakespeariano penetrou na cadência e na tonalidade do alemão clássico. A sensibilidade alemã se apropriou dos hábitos de retórica e da dialética inerentes à tragédia shakespeariana. Foi um verdadeiro enxerto do ramo estrangeiro no tronco nativo. Durante o século XIX, a Alemanha tornou-se uma fonte de grande parte do melhor estudo e crítica shakespeariana. Em nenhum outro lugar, as peças foram encenadas com tanta freqüência e tamanha fidelidade ao texto. O público alemão assistia a autênticas versões de *Hamlet* e *Lear*, enquanto a maioria dos palcos ingleses ainda utilizava textos suavizados ou truncados, adaptados ao gosto neoclássico. Apropriadamente, o caso de amor entre a Alemanha e Shakespeare culminou com a tentativa de certos estudiosos prussianos de demonstrar que Shakespeare, na realidade, havia sido alemão.

Mas pela presença de Shakespeare ser tão intrínseca à língua e ao desenvolvimento do drama alemão, fica difícil apontar as derivações precisas. Na correspondência Goethe-Schiller – esse comentário vívido a respeito da precariedade e das possibilidades de uma cultura nacional – a existência do drama shakespeariano é uma assunção primeira. É a forquilha tonal, através da qual o teatro nativo precisa tentar sua nota. Os dois mestres adaptaram Shakespeare para a cena de Weimar, e o exemplo shakespeariano é vital em suas próprias obras. *Götz von Berlichingen*, de Goethe e seu *Egmont* são fortemente tingidos pelo toque shakespeariano. Em ambos, encontra-se uma tensão característica das peças shakespearianas de crônica, a vida trágica do herói sendo colocado contra a enorme tela da multidão e do momento histórico. Encorajado por Goethe, Schiller abrigou a idéia de escrever uma série de dramas baseados na história alemã. Esses deveriam despertar a consciência nacional germânica, fornecendo-lhe uma visão de passado comparável com aquela que os ingleses encontraram em Shakespeare. Em novembro de 1797, ele escrevia a Goethe:

Nos últimos dias tenho lido as peças de Shakespeare que lidam com a Guerra das Rosas e, agora que terminei *Ricardo III*, estou realmente maravilhado. Essa última é uma das mais nobres tragédias que conheço [...] Nenhuma peça shakespeariana tem me lembrado tanto da tragédia grega.

A carta conclui com a observação sobre o progresso satisfatório de *Wallenstein*. Essa sucessão de pensamento não é acidental, pois de toda a dramaturgia alemã *Walleinstein* é a mais shakespeariana. O amplo desígnio que se estende sobre um prelúdio dramático e duas peças maciças, as linhas de ação que se enredam e se cruzam, em padrões elaborados, o herói para quem a resolução se alterna com a fadiga e introspecção – tudo reflete o estudo de Schiller a respeito de *Henrique IV*, *Ricardo II*, e *Ricardo III*. A dívida mais significativa repousa no trato com a multidão. As convicções de Schiller enquanto revolucionário e historiador fizeram-no atribuir à multidão um papel modelador nos eventos políticos. Mas a apresentação de uma massa de soldados ou de cidadãos estava inteiramente fora do alcance do teatro antigo e neoclássico. Goethe sugeriu a Schiller que a solução se encontrava em *Júlio César* e *Coriolano*, nos quais o conflito entre o individual e a multidão estava plenamente dramatizado. Na medida em que transfere a vida da multidão para um prólogo especial, *Wallenstein* frustra a intenção de Schiller. Ele estava se aproximando do ideal de interação em *Demetrius*, um grande esboço de drama que Schilller não viveu para concluir. Aí, como em Shakespeare, a multidão funcionaria como ator, coro e força elementar.

O tema de *Demetrius*, o falso czar, remete-nos ao melhor de todos os dramas produzidos pelo estudo romântico de Shakespeare e a uma das poucas tragédias genuínas escritas no século XIX. Confinado à propriedade de sua família, nos anos de 1824-1825, Púschkin trocou Byron por Shakespeare. Ele percebeu agudamente que a literatura russa não havia produzido nenhum drama, até então. Shakespeare lhe revelou a poética trágica do fato histórico. *Boris Godunov* é uma obra-prima. O ritmo entrecortado, nervoso, das sucessivas cenas pode ser remotamente debitado de *Götz von Berlichingen*, mas Mussórgski observou aí uma qualidade que era peculiarmente russa. A melancolia densa da atmosfera, a histeria que resplende em torno dos espíritos extremados dos personagens, prenuncia o clima de Dostoiévski. A agonia da morte de Boris com o ajuntamento dos boiardos, como morcegos encapuzados ao seu redor, sugere o que o teatro de Bizâncio poderia ter produzido se houvesse trágicos bizantinos. Possui o peso e o resplendor de um mosaico nefasto.

Ainda assim nada que se assemelhasse à forma presente de *Boris Godunov* existiria sem *Macbeth*, *Henrique IV*, e *Ricardo III*. Boris é um tirano shakespeariano cujo mal é mitigado, como em *Macbeth*, por uma vitalidade absoluta da imaginação e da consciência moral. Ele é assombrado por visões shakespearianas de desforra. Os nobres que o cercam são aquelas bestas de rapina ferozes, conspiradoras que brigam por York ou Lancaster nas histórias de Shakespeare. As cenas de batalha são conduzidas ao estilo elisabetano, e as agitações da multidão fervem ao redor dos personagens elevados como no caldeirão de *Ricardo III*.

Mas o talento de Púschkin era tal, e tão grandes as distâncias de linguagem e atmosfera que dividem a peça russa de suas fontes shakespearianas, que não se tem nenhuma sensação de mera imitação. Aquilo que Púschkin tomou ele apropriou inteiramente para si. A presença de Shakespeare sobre *Boris Godunov*, como em nenhum outro lugar do drama romântico, lança mais luz do que sombra.

Resta pouco no drama romântico europeu que rivaliza com a coerência trágica de *Boris Godunov*. A causa, no entanto, não se encontra primariamente na influência aprisionante de Shakespeare. Na Inglaterra essa influência foi suficientemente opressiva para esmagar a vida do drama poético. Em outro lugar, pode agir somente como um estimulante ou uma sedução parcial. O fracasso da tragédia romântica na Europa, ou a evasão deliberada do trágico, não podem ser considerados por uma única circunstância universal. Além do mais, o caso difere na França e na Alemanha.

No que se refere ao drama romântico francês, a sensação do fracasso artístico é drástica. As peças de Victor Hugo, Vigny, e dos românticos menores não são somente irreversivelmente datadas; elas possuem um insidioso sabor de decadência. Ainda assim, porque *Hernani* e *Ruy Blas* são tão intoleráveis se considerados seriamente? Victor Hugo foi imensamente possuído por um instinto do teatral. Ele era um versificador brilhante, atilado. Tinha a seu comando o que parece ter sido o melhor da atuação na história do teatro moderno. O que torna suas peças trivialidades tão veementes? Certamente, o motivo é que nelas o teatro triunfa mais inexoravelmente sobre o drama. Tudo é efeito exterior e o efeito está, invariavelmente, no excesso pesado da causa. Uma peça como *Ruy Blas* erige um edifício de incidente, paixão, retórica, grande gesto sobre a mais precária das fundações. Não há núcleo de motivo inteligível; as questões envolvidas são, se for possível desemaranhá-las, de menor interesse. Aquilo que é tremendamente apresentado são as aparências exteriores do drama. Pois Victor Hugo é um mestre da exibição. Os personagens se revelam por trás de disfarces volumosos; eles surgem de chaminés; sacam floretes assassinos à menor provocação; rugem como leões, e morrem em longos floreios. A mecânica da excitação é soberbamente planejada. A cortina cai como uma trovoada nos sucessivos atos, deixando-nos com a respiração suspensa na expectativa. Freqüentemente, as próprias situações são inesquecivelmente vívidas. Mesmo que alguém tenha assistido ao *Hernani* quando criança (e mais tarde fica difícil de manter a distância), recorda o grande rufar de palavras com as quais o herói revela sua identidade na cripta de Aix-la-Chapelle:

Já que é preciso ser grande para morrer, eu me ergo.
Deus que dá o cetro e que deu a ti
Tornou-me duque de Segorbe e duque de Cardona,
Marquês de Monroy, conde Albatera, visconde
De Gor, senhor de lugares dos quais perdi a conta.
Sou Jean de Aragão, grão senhor de Avis, nascido
No exílio, filho proscrito de um pai assassinado
Por tua sentença, ó rei Carlos de Castela![3]

Quem poderia esquecer a entrada da figura mascarada, no último ato de *Ruy Blas*?

Ruy Blas: Esse homem, quem é ele? Diga, eu aguardo!
Homem Mascarado: Sou eu!
Ruy Blas: Grande Deus! – Fugi, Madame!
Don Salluste: Não há mais tempo. É muito tarde para isso, Madame de Neubourg não é mais rainha da Espanha[4].

Esplêndido, à sua própria maneira especial, mas completamente vazio de qualquer toque de inteligência. As formas do drama são invocadas sem nenhuma substância. As forças que colocam a ação em movimento são as do acaso selvagem e da intriga tênue. Os conflitos abstratos de honra ou de privilégio dinástico (a nota recorrente de Castela) estão presentes, mas os conflitos de personagem ou crença não se articulam. A maneira de dispor, não o significado da intriga, é que mobiliza nosso interesse. Será que a trombeta fatal soprará antes que Hernani possa encontrar felicidade com Doña Sol? Conseguirá Ruy Blas matar seu amo satânico a tempo de salvar a rainha comprometida? As condições limitantes não são aquelas da consciência moral ou da

---

3. Puisqu'il faut être grand pour mourir, je me lève./ Dieu qui donne le sceptre et qui te le donna/ M'a fait duc de Segorbe et duc de Cardona,/ Marquis de Monroy, comte Albatera, vicomte/ De Gor, seigneur de lieux dont j'ignore le compte./ Je suis Jean d'Aragon, grand maitre d'Avis, né/ Dans l'exil, fils proscrit d'un père assassiné/ Par sentence du tien, roi Carlos de Castille!

Os lugares nomeados são aldeias e vilas em Valença e províncias, ao redor; a Ordem de Avis era uma Ordem de cavalaria portuguesa; ao se dirigir a Carlos de Castela, Hernani procura enfatizar o caráter parcial, local, da soberania real espanhola. Ele, João de Aragão, coloca-se em igualdade com o rei de Castela. É inútil tentar verter os alexandrinos de Victor Hugo para as parelhas inglesas. Em inglês, assim como no neoclassicismo francês, a parelha rimada contém justamente aquelas qualidades de ordem e economia que Victor Hugo repudiava. A contrapartida mais próxima do estilo de Hugo seria o de um Marlowe modernizado. O que importa nessa passagem de Hernani é o grande ribombar de vogais e o floreio retórico. (N. do A.)

4. Ruy Blas: Cet homme, quel est-il? Mais parle donc! J'attends!
L'homme Masqué: C'est moi!
Ruy Blas: Grand Dieu! – Fuyez, madame!
Don Salluste: Il n'est plus temps. Madame de Neubourg n'est plus reine d'Espagne.

inteligência, mas relógios aproximando-se da meia noite, portas trancadas, mensageiros correndo em direção aos cadafalsos. Até a forma verbal é mais teatral do que dramática. Os românticos mantiveram os versos alexandrinos dos seus predecessores e rivais neoclássicos. Mas o que havia sido forma dramática em Racine, é agora formalidade retórica. Como em Corneille e Racine a argumentação é conclusiva e ágil, a parelha forma uma unidade natural. A rima acentua a finalidade do pensamento, e poucos versos são quebrados. Nos dramas de Victor Hugo, o único verso é continuamente interrompido e disperso através de vários locutores. Isso torna a forma declamatória e artificial. A rima é conseguida por meio de um salto acrobático sobre a ausência de lógica. Não serve a nenhum objetivo real. Assim como a ação, a linguagem é cheia de grandes gestos vazios.

Onde se permite que a completa teatralidade governe sobre o dramático, obtém-se melodrama. E isso é o que são as tragédias românticas francesas: melodramas em grande escala. Ao terem repudiado as noções clássicas do mal no homem, Victor Hugo e seus contemporâneos substituíram o trágico pelo contingente. Os fatos do argumento são motivados pelas fatalidades do encontro casual ou pela afronta. Eles não articulam nenhum conflito natural às preocupações humanas. Portanto eles nos provocam o choque momentâneo, o calafrio na espinha – aquilo que os românticos chamavam de *frisson* – não o terror permanente da tragédia. E essa distinção entre horror e terror trágico é fundamental em qualquer teoria do drama. "Terror", como nos lembra Joyce, "é o sentimento que aprisiona a mente na presença de tudo quanto é grave e constante no sofrimento humano". Não existe gravidade nem constância no sofrimento retratado na cena romântica, somente um frenesi de capa e espada. É essa a diferença entre melodrama e tragédia.

O teatro de Victor Hugo culmina no absurdo permissivo de Rostand. Cyrano é o legítimo herdeiro de todas essas figuras mascaradas e emplumadas, que arrastam o passado das janelas enluaradas para a colisão e para o tinir da rima. Mas em sua técnica, um drama como *Ruy Blas* claramente obscurece "as peças bem feitas" do final do século XIX. *Antony* (1831), de Dumas, faz a ponte entre o puro romantismo e o melodrama. Nele, o culto romântico da paixão torna-se prosaico e provido de um ambiente *burgeois*. Transpostos para a esfera da intriga doméstica e psicológica, os imbróglios psicológicos de *Hernani* ou *Ruy Blas* tornam-se precisões mundanas de Sardou e Dumas Filho. Isso é paradoxal, na medida que esses últimos dramaturgos se proclamavam anti-românticos e se orgulhavam de seu frio realismo. Mas, com sua técnica de suspense e revelação, provinham diretamente da dramaturgia romântica.

A tragédia francesa romântica também levou a uma outra direção: à grande ópera, ao estilo pré-wagneriano. Muitos desses dramas sobreviveram não por mérito próprio, mas como libretos. Na tradução de

Verdi, *Hernani* possui uma certa amplitude nobre. *Le Roi s'amuse* (O Rei se Diverte), de Victor Hugo, é uma peça insuportável de *guignol* (marionete); enquanto que *Rigolleto* é escravizante. Eugène Scribe, um mestre da técnica do romantismo tardio, tornou-se um proeminente operador de textos de ópera. O relacionamento é natural. No teatro romântico francês, o âmago do drama encontra-se soterrado sob a mecânica da apresentação passional. A qualidade básica da obra não é violentada pela adição da música. Pelo contrário, a música racionaliza e completa os elementos de pura gestualidade e fantasia inerentes ao material. Linhas melódicas seguramente conseguem carregar uma enorme carga de absurdo. Desse modo, nas óperas de Donizetti, Meyerbeer e Verdi, a concepção de Victor Hugo da forma dramática foi mais plenamente concretizada.

O caso do drama alemão, no século XIX, é mais variado e complexo. A literatura procedente de Goethe e Schiller até Kleist, Büchner, Grillparzer e Hebbel, e que amadureceu no seu interior os elementos que desembocaram em Wedekind e Brecht, chega a ocupar auspiciosamente muito da consciência do drama moderno. No momento, no entanto, quero considerar somente um aspecto: o lugar de Goethe e Schiller em nosso tema particular do trágico.

As esquivadas de Goethe nesse domínio são notórias. *Fausto* é somente um exemplo coroando um distanciamento da tragédia, que está explícito em suas múltiplas criações. As próprias declarações de Goethe são inequívocas: o modo trágico repelia certas disposições que regiam seu gênio. Em suas freqüentes reflexões a respeito de Goethe, Thomas Mann destacava a idéia da existência de uma decisiva *Bürgerlichkeit* no olímpico. A palavra é quase impossível de ser traduzida. Ela questiona noções de solidez da classe média, de decoro iluminado, de confiança no caminho do mundo. Ela aponta para aquilo que tornou Goethe um dotado servidor civil, um cortesão satisfeito, e um patrício que, apesar de tudo, atribuía muito de sua boa fortuna às virtudes sólidas de sua vida na classe média. Na tragédia, há uma selvageria e uma recusa que vai contra a sensibilidade de classe média. A tragédia brota do ultraje; protesta contra as condições de vida. Carrega dentro de si as possibilidades da desordem, pois todos os poetas trágicos possuem algo da rebeldia de Antígona. Goethe, pelo contrário, odiava a desordem. Certa vez ele afirmou que preferia a injustiça, significando com essa declaração cruel não o seu apoio a ideais reacionários, mas sua convicção de que a injustiça é temporária e reparável, enquanto a desordem destrói as próprias possibilidades do progresso humano. Novamente, essa é uma visão antitrágica; na tragédia é a instância individual da injustiça que desestabiliza a pretensão generalizada de ordem. Um Hamlet é suficiente para condenar um Estado de podridão.

Além disso, há em Goethe uma redondeza especial. As energias, intenções e atos daquela vida imensa parecem constituir uma esfera em torno de um centro radiante. Nenhuma força é dispersa, nenhum final resta solto. O fim jubiloso de *Fausto* encerra a criação inteira do poeta. Mas não é um arredondamento conquistado pela assunção dogmática ou por uma desatenção superficial da crise moral e intelectual. No caso de Goethe, tem-se toda evidência da superação estrênua da dúvida e da desolação. Sabe-se o quanto há, em suas obras iniciais, de aventura pessoal mal digerida, e de remorso objetivado na forma poética. Há zonas sombrias na vida pessoal de Goethe, e períodos em que aquela mente, incrivelmente produtiva, se prostra baldia, em depressão. E pelo fato da serenidade criativa desfrutada pelo Goethe maduro ter sido obtida a um alto custo, encontramos o poeta prudente em relação ao abismo. A tragédia é um avanço deliberado ao extremo da vida, em que a mente precisa encarar o negror, ao risco de vertigem. Goethe estava determinado a proceder para o alto, e desse modo manteve seus olhos em direção à luz.

São fraquezas, se quisermos, embora de uma ordem preferivelmente exaltada. Elas investem a pessoa de Goethe de uma certa frieza cautelosa. Mas a rejeição de Goethe pela tragédia também teve seus aspectos positivos. Suas realizações em cartas, ciência, dramaturgia proclamam dois valores principais: crescimento e educação. Eles estão, certamente, relacionados. O tom de Goethe arde com uma excitação particular toda vez que ele toca no tema do crescimento orgânico, do desdobramento em direção a autocompletude da substância, planta, poema ou processo histórico. Ele sentia as energias do crescimento com uma espécie de retidão sensual. A própria vida era, para ele, a soma do crescimento, a capacidade do organismo se aperfeiçoar através do acréscimo e da mudança. A visão de Goethe foi darwinista antes do fato. Um sentido de evolucionismo inspirava sua botânica, sua mineralogia, suas teorias da forma literária, e seu conservadorismo político. Ele era conservador precisamente porque acreditava que as revoluções feitas por interesses partidários meramente distorcem ou impedem as grandes harmonias do progresso as quais conferem à história sua forma verdadeira e gradual.

Daí o interesse de Goethe pela educação, durante toda sua vida. A educação é a ordenação do crescimento natural. Para Goethe, a centelha divina do homem é o fato dele poder ser ensinado. Onde dura essa centelha, como no idoso Fausto, não há espaço para desespero ou danação. A literatura deve educar, se não pelo preceito explícito, ao menos pela demonstração da qualidade da auto-realização através de ações e personagens. Esse é o *leit-motiv* de *Wilhelm Meister*, de *Ifigênia*, de *Fausto*. É a esperança que se mantém no final de *Torquato Tasso*.

Agora, há claramente nesse ideal de crescimento e educação uma recusa implícita da tragédia. Tragédias como *Édipo* e *Lear* revelam uma espécie de progresso para o auto-conhecimento. Mas este é conquistado ao preço da ruína. Os personagens trágicos são educados pela calamidade e atingem seu desempenho na morte. Somente a *Oréstia* (que Goethe preferia em meio aos dramas trágicos gregos) finaliza com uma afirmação de progresso inequívoco, e a *Oréstia* é um caso muito especial.

O fato extraordinário, no entanto, não é que Goethe tivesse fracassado em escrever peças que nos impressionassem como específica e completamente trágicas, mas que ele tivesse escrito em tal quantidade a ponto de esboçar proximidade com modo trágico. A primeira parte de *Fausto* é, afinal de contas, um trabalho austero. Os contemporâneos de Goethe consideravam a história de Fausto-Margarete a própria encarnação da tragédia romântica. Berlioz deixou Fausto percorrer a danação e desse modo derivou do drama de Goethe uma forma trágica genuína. Ninguém que assistiu à encenação de *Ifigênia* esquecerá o tanto de angústia reunida antes do perdão final. A própria Ifigênia invoca os deuses em termos não distantes daqueles de *Lear*:

> Deixe a humanidade
> Temer os deuses!
> Eles detêm o poder soberano
> em eterna posse
> E podem usá-lo ao seu prazer.
>
> Aqueles a quem exaltam
> Deve temê-los duplamente![5]

O final de *Torquato Tasso* é de repouso, mas se trata de um repouso precário acompanhado de ameaças do futuro desastre. Se existe, na peça, uma certa retração da urgência, é porque aí, talvez mais do que em qualquer outro lugar da literatura, o drama se moveu na direção da interiorização. As únicas ações são as de atmosfera e sensação. *Tasso* é uma peça comovente, mas nela Goethe submete a falácia romântica do egotismo ao seu próprio estilo imponente. A obra adquire significado devido ao auto-retrato. Ela apresenta Goethe animando uma visão de sua própria natureza dual. É uma meditação lírica concedida à forma teatral. E não se experimenta o choque trágico definido porque se sabe que Goethe, como Tasso, não atingirá a ruína, mas seguirá adiante vitorioso, sendo ao mesmo tempo Tasso e Antônio. Se fosse menos ligada à identidade de seu autor, a peça revelaria um significado mais grave.

Outro drama do período de Weimar parece se encaminhar para as direções trágicas, mas está entre as obras mais confusas de Goethe. O efeito obscuro, quase artificial de *Die Natürlische Tochter* (A Filha Natural) é inteiramente desproporcional à habilidade e às energias

---

5. Es füchte die Götter/ Das Menschengeschlecht!/ Sie halten die Herrschaft/ In ewigen Händen/ Und können sie brauchen/ Wie's ihnen gefält.
Der fürchte sie doppelt/ Den je sie erheben!

consumidas. Encontramo-nos no início dos principais conflitos; um entrelaçamento de vidas privadas é projetado em alto relevo contra um fundo de tumulto político. Goethe parece estar avançando para uma constatação dramática central no que diz respeito à Revolução Francesa. Mas o drama dá uma guinada em um volteio da intriga e termina numa nota de mistério. Em parte, isso acontece, em *Die Natürliche Tochter*, por ser a primeira peça de uma pretensa trilogia da qual Goethe nunca escreveu o resto. Mas as pistas que existem levam a supor que a solução final teria sido a do progresso e da reconciliação. Como em qualquer outro lugar, em Goethe, o trágico teria existido preliminarmente à afirmação.

Até mesmo como um fragmento, *Die Natürliche Tochter* é fascinante porque nos remete a um traço característico das obras de Goethe. Todos seus escritos, até o mais esplêndido, deixam uma impressão de inacabados, como se fossem realizações parciais de um desígnio interior ainda mais completo e conclusivo. Na observância da estátua terminada, surge nitidamente uma sensação do mármore lapidado, mas não inteiramente usado. Entre as obras de Goethe há complexas ressonâncias, como se cada uma encontrasse sua completude ecoada na somatória delas. E em última análise, essa somatória foi a vida do homem. A utilização de Goethe de suas múltiplas energias, tornando significativas todas as expressões fragmentárias da forma criativa, foi sua maior obra-de-arte. E, manifestamente, o trágico foi um dos modos de compreensão que aquela vida imaginara, porém subordinado a valores mais afirmativos e mais entusiasmados. Mesmo a encarnação goethiana do mal, Mefistófeles, possui uma espécie de gaiatice sinistra. As chamas do inferno não o queimam; ele aquece suas mãos nelas.

Se os ideais díspares do romantismo e da tragédia estão unidos em algum lugar, isso ocorre nos dramas de Schiller. Ele é o dramaturgo mais rico que a literatura ocidental produziu entre Racine e Ibsen, e é impossível abranger seu empreendimento massivo num breve compasso. Portanto, novamente, restringir-me-ei a um aspecto particular: Schiller e o conceito de tragédia. Mas, no caso de Schiller tal concepção teórica se justifica, pois nele floresceu aquela consciência dual que primeiramente observamos em Dryden. Ele foi poeta e crítico. Refletiu profunda e agudamente a respeito dos problemas da forma poética e deixou um corpo de crítica filosófica de primeira linha. O dramaturgo, em Schilller, respondia especificamente aos desafios propostos pelo crítico.

Schiller esteve persistentemente atento ao fato de que o espírito moderno diferia agudamente daquele que engendrara o drama clássico e shakespeariano. Ele experimentou com todo seu fôlego – na realidade em parte ele provocou a crise do sentimento do final do século XVIII – a virada para a vida do sentimento e do *pathos*. Seu primeiro drama, *Die Raüber* (Os Bandoleiros), surgiu oito anos depois de *Werther* (1774 e 1781), e em conjunto com a novela de Goethe tornou-se o passaporte para o romantismo. Proclamava, com pontuações de frenesi lírico, os direitos da paixão contra os da moralidade convencional e de casta. E enquanto o romantismo foi para Goethe um espírito passageiro ou ocasional, uma condição do sentimento através do qual ele expressava seu gênio prometeico, para Schiller foi seu ambiente natural. Ele foi um romântico em virtude do seu liberalismo militante, do seu amor pelo selvagem e pitoresco na natureza, de sua sensibilidade aguda pela cor local e da ênfase na história. Em seus dramas e baladas heróicas, a geração romântica encontrou seu repertório de emoção. Perto do final de sua vida, com a doença pairando sobre ele, Schilller manteve seu otimismo rousseauista. Ele concebeu o homem como naturalmente virtuoso e acreditou na possibilidade de justiça social. E, como um autêntico romântico, ele se projetou em tudo que modelou. Mesmo as obras históricas, as crônicas da Guerra dos Trinta Anos e da rebelião da Holanda, possuem a marca da natureza ardente de Schiller. Elas são a sua imaginação em prosa. Além disso, como tem sido observado, ele possuía a característica paixão romântica por Shakespeare.

Em sua primeira peça ressoam os tons de Iago, Edmond e Ricardo III; os problemas teatrais surgidos em *Coriolano* e *Júlio César* estão implícitos nos fragmentos do inacabado *Demetrius*.

No entanto, e particularmente em suas trocas com Goethe, Schiller percebeu a contrariedade entre os ideais românticos e a tragédia. Ele sabia que não havia afinidade natural entre liberalismo e trágico. Foi apaixonadamente versado no drama grego, e os tratamentos que ele deu à mitologia grega encontram-se nas fontes daquele helenismo especial que lançou seu encanto sobre a mentalidade alemã, de Winckelman a Nietzsche. Schiller traduziu Racine e teve uma compreensão muito melhor do drama neoclássico francês do que a maior parte de seus contemporâneos românticos. Em um certo sentido, ele levou ao extremo a noção da restauração para a cena moderna das formas exatas da tragédia antiga.

Desse modo, há nas peças de Schiller um movimento turbulento, uma vazante e um fluxo dos valores românticos. Em *Die Raüber*, o romantismo se apresenta como enchente; Em *Die Braut von Messina* (A Noiva de Messina), ele recuou completamente e nos encontramos em meio a uma fria e luminosa paisagem ática. O melhor de Schiller está numa tensão característica da pressão do sentimento romântico, contra o ideal da objetividade dramática e uma visão trágica do mundo. O próprio Schiller percebeu isso tão claramente que tentou desenvolver um modo especial do trágico. Ele denominou várias de suas peças de "tragédias de reconciliação", buscando encontrar uma contrapartida moderna àquela progressão da ruína ao perdão que acontece no final da *Oréstia* e de *Édipo em Colona*. Em suma, com Schiller teve início a busca explícita por formas trágicas apropriadas ao temperamento racional, otimista, e sentimental do homem pós pascalino.

Don Carlos, o primeiro dos dramas maiores, é um tesouro impossível de dirigir. O texto integral é muito longo para uma encenação tolerável, no entanto quase o tempo todo é carregado de força dramática. Encontra-se entre as glórias menores do romantismo, a palha com que Victor Hugo produziu seus tijolos brilhantes: o sangue e veludo da ambientação espanhola, a pompa de capa e espada, as cenas de revelação e amor desesperado. Mas há bem mais do que isso. Com o sombrio personagem de Filipe II (o negror do seu garbo contaminando todo universo gélido, suntuoso), Schiller tocou em uma nota moderna particular: o homem do mal, mas para quem o mal é digno de compaixão porque se trata de uma enfermidade, uma morte do âmago. Atrás dele, nas sombras do Escorial, parece que aguardam John Gabriel Borkman e todos os outros personagens do drama moderno atingidos pela morte do coração. Um dos grandes momentos da peça acontece quando o conde de Lerma escapa da presença real com a notícia de que o rei está chorando. Os cortesãos ficam horrorizados. Porque há algo de horrível e de obsceno em tais lágrimas, como se o fantasma do sentimento enterrado se erguesse momentaneamente para assombrar uma mente implacável.

Don Carlos está cheio de tais golpes. Eles traduzem as crises exteriores do melodrama romântico em autênticos conflitos de caráter e de ideais. As questões são reais e os mecanismos de excitação teatral lá estão somente para dar-lhes formas expressivas. O defeito de *Don Carlos* não é o excesso de melodrama, mas o sacrifício da forma poética aos clamores da ideologia. Ao desafiar o fato histórico, Schiller tornou Don Carlos em uma vítima da luta política entre absolutismo e liberdade. E por meio do marquês von Posa (o verdadeiro herói da peça), ele dramatizou sua visão do homem ideal: nobre, liberal, imensamente vivaz, ainda assim pronto para sacrificar sua vida aos ideais românticos da liberdade e da amizade masculina. O marquês cria um desequilíbrio persistente. O argumento fica amarrado aos interlúdios massivos de retórica e ao debate filosófico. Nenhuma ação subseqüente pode rivalizar a emoção despendida no grande encontro entre Filipe e Posa. Colocando a voz da autocracia e do pessimismo contra aquela da liberação rousseauista, Schilller escreveu algumas das falas mais famosas da literatura alemã:

O Marquês: Observe ao teu redor
    A tua Natureza resplendente! Ela funda-se
    Na Liberdade – e quanta riqueza vem da Liberdade
    Crescido! O grande Criador oferece ao verme
    uma casa de orvalho; mesmo em lugares mortos
    Pela decadência, Ele permite que a força da Natureza
    Trabalhe livremente. Como estreita e mesquinha
    É a tua criação! O sussurro de uma folha
    Perturba o senhor da Cristandade. Tremes
    Diante de cada virtude. Mas ele – deixa sombrio

O desígnio da Liberdade e do radioso – permite
Que os terríveis hóspedes do inferno associem-se
Selvagens em Seu domínio. Ele, o artista
Da criação, não obstrui. Modestamente,
Busca o segredo em leis eternas.
O cético enxerga a lei mas não o doador.
"Aonde um Deus?" ele questiona, "O mundo é suficiente
Em si mesmo". Nenhuma oração de um lábio cristão
Honrar-lhe-á mais do que essa blasfêmia.

FILIPE: E ousareis, senhor, imitar
O elevado desígnio em meio à mortalidade
E em meus domínios?

O MARQUÊS: Vós podeis, senhor
Vós. Quem mais? Assim sendo, devotai vosso poder –
Que, desafortunadamente, por tanto tempo tem sido usurpador
Num único benefício ao trono – devotai
À felicidade dos homens! Restaurai
ao homem sua nobreza perdida! Que a questão
Seja, como antigamente, a dedicação
E intenção da coroa! Não deixeis
Que nada o prenda
Salvai o respeito dele pelos direitos igualitários!
E quando o gênero humano, para si mesmo retornado,
Elevar-se para conhecer sua dignidade inata,
Quando a liberdade tiver orgulho, exaltadas virtudes florescerão,
Então, senhor – tendo feito do seu próprio domínio
O lugar mais feliz da terra – então o seu dever será de submeter o mundo[6].

---

6. MARQUIS: Sehen Sie sich um/ In seiner herrlichen Natur! Auf Freiheit/ Ist sie gegründet – und wie reich ist sie/ Durch Freiheit! Er, der grosse Schöpfer, wirft/ In einen Tropfen Tau den Wurm und lässt/ Noch in den toten Räumen der Ver wesung/ Die Willkür sich ergetzen – Ihre Schöpfung./ Wie eng und arm! Das Rauschen eines Blattes/ Erschreckt den Herrn der Christenheit – Sie müssen/ Vor jeder Tugend zittern. Er – der Freiheit/ Entzückende Erscheinung nicht zu stören –/ Er lässt des Übels grauenvolles Heer/ In seinem Weltall lieber toben – ihn,/ Den Künstler, wird man nicht gewahr, bescheiden/ Verhüllt er sich in ewige Gesetze;/ Die sieht der Freigeist, doch nicht ihn./ "Wozu Ein Gott?" sagt er, "die Welt ist sich genug."/ Und keines Christen Andacht hat ihn mehr/ Als dieses Freigeists Lästerung gepriesen.

KÖNIG: Und wollet Ihr es unternehmen, dies/ Erhabne Muster in der Sterblichkeit,/ In meinen Staaten nachzubilden?

MARQUIS: Sie können es. Wer anders? Weihen Sie/ Dem Glück der Völker die Regentenkraft,/ Die – ach so lang – des Thrones Grösse nur/ Gewuchert hatte – Stellen Sie der Menschheit/ Verlornen Adel wieder her! Der Bürger/ Sei wiederum, was er zuvor gewesen,/ Der Krone Zweck! – Ihn binde keine Pflicht/ Als seiner Brüder gleich ehrwürdge Rechte!/ Wenn nun der Mensch, sich selbst zurückgegeben,/ Zu seines Werts Gefühl erwacht – der Freiheit/ Erhabne, stolze Tugenden gedeihen –/ Dann, Sire, wenn Sie zum glücklichsten der Welt/ Ihr eignes Königreich gemacht – dann ist/ Es Ihre Pflicht, die Welt zu unterwerfen.

Coloquei em maiúsculas, Natureza, Liberdade e Mal, para sublinhar o elemento de personificação. Na retórica de Schiller essas abstrações agem como uma função gráfica. O nível de alegoria está sempre próximo da ação realista. (N. do A.)

Citei em certa extensão para exemplificar o que Thomas Mann queria dizer ao afirmar que nem mesmo Shakespeare foi um mestre maior da retórica dramática. Mas a retórica em *Don Carlos* obscurece o drama. À luz de tais conflitos filosóficos definitivos, os personagens tendem à abstração. Sobre suas vidas pende uma cadeia muito vívida de pensamento. Schiller estaria entre os primeiros aos quais Eric Bentley referiu como "o dramaturgo como pensador".

Decorreram dez anos entre *Don Carlos* e a trilogia de *Wallenstein* (1787-1796). Durante esse tempo, Schiller escreveu muitos de seus ensaios históricos e filosóficos. Voltou-se para a *Poética*, de Aristóteles, para a tragédia grega e para as peças históricas de Shakespeare. Em 1794 iniciou sua crescente intimidade com Goethe e com os ideais goetheanos da forma clássica. Chegou a considerar *Don Carlos* insatisfatório, reconhecendo aí o excesso de ideologia e de sentimento pessoal. *Wallenstein* era para ser "drama objetivo", à maneira de Sófocles e de Shakespeare, apresentando o personagem unicamente através da ação dramática. Acima de tudo, o poeta devia negar-se aos prazeres do egotismo romântico; devia permanecer distante de sua invenção. Em novembro de 1796, Schiller escrevia com orgulho a respeito de *Wallenstein*: "Eu quase diria que o assunto não me interessa".

Mas, novamente, o total virtuosismo do conhecimento histórico de Schiller e amplidão de seus poderes imaginativos excedia os limites da forma dramática. Nas duas partes de *Henrique IV*, o duplo argumento é disposto de modo a unificar a estrutura episódica. Na tríade de *Wallenstein*, os versos de ação são tão complexos e emaranhados que dispersam nosso interesse. Em um momento a atenção está pivotada ao herói, em outro ao Piccolomini mais velho ou ao mais jovem; questões de Estado se alternam sem rumo ao lado das questões de sentimento privado. Somente ao final, nos dois últimos atos de *Wallensteins Tod* (A Morte de Wallenstein), estão todos os grandes elementos reunidos para a fatalidade. O drama termina num açodamento obrigatório da ação shakespeariana. Mas como um todo, *Wallenstein*, assim como *Don Carlos*, é uma peça cuja maior parte torna-se vividamente presente, quando lida.

Como se para demonstrar que conseguia submeter seus profusos poderes às limitações necessárias da cena, Schiller procedeu, imediatamente depois de *Wallenstein*, ao seu drama mais rigidamente composto. *Maria Stuart* é uma obra incomparável. Trata-se, ao lado de *Boris Godunov*, do único exemplo em que o romantismo atingiu plenamente a condição de tragédia. A nobre dama assombrava a imaginação romântica; nela estavam unidas as virtudes apropriadas da culpa misteriosa, de uma causa perdida, e de um coração apaixonado. O vermelho do seu cadafalso e o negro de sua veste estavam embrazonados sobre a ficção romântica, de Sir Walter Scott a Dumas. Swinburne escreveu uma *Maria Stuart*; Alfieri uma *Maria Stuarda*.

A música de sua dor ressoa em óperas românticas esquecidas, incluindo uma de Donizetti.

Porém nenhum outro tratamento de sua história chamejante, trágica se compara ao de Schiller. Pois ele percebeu em sua morte uma dupla tragédia. A rainha Elizabeth livrara-se finalmente de sua rival, mas na disputa ela despende muito da sua humanidade. Como um dos homens de Estado de Corneille, ela libera sua consciência para manter a necessidade política. Ao final da peça ela permanece em pé, como um grande edifício que passou por um incêndio: carbonizada e fria. A tragédia de Elisabeth combina com a da sua vítima, e a ação dramatiza, a todo o momento, a balança exata da ruína. É como uma parábola que, segundo Nietzsche, se alguém olhar para dentro do abismo, o abismo retornará o olhar ao seu próprio espírito.

A peça inteira, na realidade tudo que havia sido previamente conquistado no drama romântico, parece ascender em direção do encontro das duas mulheres no jardim de Fotheringhay. Segundo o fato histórico, tal confrontação não aconteceu, e Goethe se perguntou como Schiller lidaria com isso. Ele lidou soberbamente. É uma cena em que acontece a expressão plena da consciência da natureza dialética da realidade, dos conflitos entre o si e o "outro", entre mente e coração, entre o forçado e o espontâneo. Naquele jardim somos tomados por um sentimento de algo irreconciliável na questão das nossas vidas.

Em *Don Carlos*, o debate entre o Rei e o marquês envolvia ideologias rivais, a doutrina era mais vital do que a voz que falava por ela. O encontro das duas rainhas possui uma humanidade flagrante; o sangue delas está em suas palavras. É puro e magnífico teatro. Maria Stuart aproxima-se de sua inimiga em submissão forçada. Elisabeth confronta-a com a acusação de conspiração e de intriga perturbadora. A dama cativa renuncia a suas reivindicações dinásticas. Ela pede somente a libertação e a oportunidade de dar um final pacífico a sua crônica feroz. A cena parece estar se encaminhando para uma resolução da grande discórdia. Mas a mulher se sobrepõe à Rainha triunfante. Uma ironia de rigidez erótica a possui. Tendo quebrado o encanto da coroa em Maria Stuart, ela busca quebrar nela a qualidade de paixão pela qual tantos homens foram atraídos. Ela mesma, inviolável, apagaria a mágica sensual de sua rival caída. Mas a espoliação de Elisabeth é muita pesada e Maria reage. Ela arremessa à Rainha a carga notória de bastardia e, por esse insulto irreparável, destrói suas próprias chances de sobrevivência. A presença dos nobres observadores levanta um ódio sexual nessas duas mulheres que nenhuma política ou perdão pode apagar.

Somente citando a cena inteira seria possível demonstrar sua maestria. No encontro de Brutus e Cássio (um dos poucos momentos no drama comparável pela totalidade da revelação), o movimento transcorre da alta tensão ao repouso. Aqui, ele ondeia em ascensão constante. Maria inicia de joelhos; termina, imensa, de pé. É Elisabeth que sai apressadamente. E como em todo encontro de massas iguais, ambas sofrem ferimentos. Em ambas as rainhas a vivacidade da vida foi ultrajada. Maria Stuart lamenta a respeito de sua inimiga: "Ela carrega a morte em seu coração". É verdade, mas é também a morte de Maria.

A partir desse auge, o restante do drama leva inexoravelmente à queda. A tragédia se sustenta crescentemente em Elisabeth. Mesmo ao assinar a autorização da pena de morte, ela sabe que a mulher dentro dela nunca poderá ser inteiramente vingada ou justificada:

> Essa mulher é em minha vida a Fúria.
> Eis o nome de todas as desditas: Maria Stuart,
> Que me acabrunham! Desaparecida
> Ela, respirarei desafogada,
> – Livre como o ar que sopra nas montanhas!
> Com que desdém me olhou de cima, como
> Se com o olhar quisesse me fulminar.
> Mas nada podes! Tenho em mãos melhores
> Armas. Com pouco o fio de um machado
> Porá um termo aos teus sonhos – e à tua vida![7]*

O equilíbrio entre os dois centros do peso trágico é sustentado até o fim. Assiste-se a Maria Stuart se encaminhando para o cadafalso e a Elisabeth ingressando em uma solidão estéril.

Perto de encerrar, o estudo literal, não há muito que se possa comentar de útil sobre uma obra tão obviamente perfeita. A economia da estrutura dramática – note-se o compasso dos dois últimos atos – torna expressivo o caráter inexorável de verdadeira tragédia. Ao cair a cortina, resta, como em *Antígona*, uma sensação de destruição cruel ainda assim natural. O resultado de *Maria Stuart* é daquelas raras visões que Melville denominou "o legado final". Percebe-se no homem, no que ele tem de melhor, a proximidade da destruição.

Nem *A Donzela de Orleans* nem *Wilhelm Tell* (Guilherme Tell) têm esse alcance. Schiller permanece um virtuoso da linguagem e da estrutura dramática, mas o panfletário e o sentimentalista das peças iniciais se reafirma por si só. As duas obras são contos de fada resplandecentes. Elas apontam para uma moral da consciência nacional e da liberdade política. O final de *Die Jungfrau* é uma espécie de espetáculo natalino, no qual as indicações de cena pedem uma iluminação rósea no céu. Ela atravessa a linha tênue, inerente ao romantismo, entre sen-

---

7. Maria Stuart/ Heisst jedes Unglück das mich niederschlägt!/ Ist sie aus den Lebendigen vertilgt,/ Frei bin ich, wie die Luft auf den Gebirgen./ Mit welchen Hohn sie auf mich niedersah,/ Als sollte mich der Blick zu Boden blitzen!/ Ohnmächtige! Ich führe bessre Waffen,/ Sie treffen tödlich, und du bist nicht mehr!

* *Maria Stuart*, trad. de Manuel Bandeira, Rio de Janeiro: Civilização Brasileira, 1955.

timento e sentimentalismo. No último ato de *Guilherme Tell* a lógica e o tempo da ação são deliberadamente conjugados para que o poeta possa destacar uma distinção moral entre dois tipos de crime político, aqueles cometidos pelo ódio privado e os justamente empreendidos no combate à tirania.

Essas dispersões da força trágica são, no entanto, intencionais. Depois de *Maria Stuart*, Schiller tornou-se cada vez mais preocupado com a idéia de tragédia parcial ou suspensa, à maneira da *Ifigênia*, de Goethe. Ele enfatizava os valores morais e estéticos da reconciliação e acreditava que, ao atingir a forma ideal, uma obra-de-arte estaria expressando um prazer transfigurador. À medida que a sua vida material adoecia, a diversão do seu espírito se elevava. Ele concebia o dramaturgo como um criador da épica nacional e alguém capaz de apresentar os clamores do ideal pela virtude do mito. Encontraremos novamente essas idéias em Bayreuth e no teatro de Brecht.

Mas *Don Carlos*, *A Morte de Wallenstein*, e, acima de tudo, *Maria Stuart* pertencem ao mundo da tragédia. É verdade, o romantismo foi antitrágico; mas a época romântica é também aquela de Beethoven.

VI

Em todo movimento literário há um aspecto de revolta e tradição. O romantismo surgiu da rebelião contra os ideais da razão e da forma racional que governaram o gosto no século XVII tardio e no século XVIII. Na mitologia de Blake, as asas da imaginação eram liberadas da rigidez fria da razão imposta por Newton e Voltaire. As poéticas do romantismo foram necessariamente polêmicas, por terem sido elaboradas no transcorrer de um ataque aos princípios neoclássicos. O prefácio de Wordsworth para as *Lyrical Ballads* (Baladas Líricas) e os manifestos críticos de Victor Hugo eram ao mesmo tempo proclamações de intenções futuras e condenações explícitas do passado literário imediato. Se Pope e Voltaire não existissem, os românticos teriam de inventá-los para que pudessem articular seus próprios valores contrários.

Mas, ao mesmo tempo, o movimento romântico empenhava-se em estabelecer para si uma linhagem majestosa. Aspirava não somente a herança de Shakespeare e do Renascimento. Reivindicava sua ancestralidade em Homero, nos trágicos gregos, nos profetas hebreus, em Dante, em Michelangelo, em Rembrandt – em suma, em toda arte que destacasse a grandiosidade de proporção e o tom lírico elevado. O panteão romântico é como uma galeria do sublime. Freqüentemente Victor Hugo transpunha-o, clamando pelo papel dos Titãs como em uma invocação do seu próprio lugar futuro:

>   Homero, Jó, Isaías, Ezequiel,
>   Lucrécio, Juvenal, São João, São Paulo, Dante,

Rabelais, Cervantes, Shakespeare. Esse é o conjunto dos gigantes inabaláveis do espírito humano. A genialidade é uma dinastia. Não há nenhuma outra. Todos que a ela pertencem usam uma coroa, inclusive uma de espinhos.

O terreno estéril do século XVIII havia rompido a corrente da criação sublime. Os românticos viam-se erguendo a tocha do lugar onde ela caíra, sucedendo a Shakespeare e Michelangelo. Era assim que Delacroix concebia o papel do pintor, e Berlioz o do músico. O romantismo significava a tradição do gênio.

Mas tal concepção implicava num paradoxo surpreendente. Como os românticos podiam, ao mesmo tempo, reivindicar a descendência dos poetas gregos e repudiar o neoclassicismo? Ao invocar para sua inspiração a presença de Ésquilo ou Sófocles, como o poeta romântico se distinguiria de Racine, e mesmo de Voltaire? Como poderia conciliar o ideal shakespeariano à antiguidade? Lessing foi o primeiro a colocar o problema. Ele propôs uma solução que influenciou imensamente todas as teorias subseqüentes do drama e que se encontra implícita em nossa própria imagem moderna da forma do passado.

A preocupação imediata de Lessing foi a da criação de um teatro nacional alemão. Ele encontrou a cena alemã, dos anos de 1760, sob completo domínio do drama neoclássico francês e mais particularmente das tragédias francesas escritas após Racine. Pois se Racine não havia cruzado as fronteiras, sendo muito compacto e autônomo em sua supremacia, seus pálidos sucessores o haviam feito. Os teatros da corte e das cidades da Alemanha, eram governados por obras de La Harpe e Voltaire, frias peças declamatórias nas quais as formas e regras do neoclassicismo eram observadas com pedantismo servil. Examinando essas peças, Lessing teve sua intuição revolucionária.

Ele descobriu que o neoclassicismo não era *novo* classicismo mas *falso* classicismo. Castelvetro, Boileau, e Rymer não eram os verdadeiros intérpretes do ideal clássico. Eles tinham se apegado à letra morta do drama grego mas não conseguiram apreender seu autêntico espírito. Lessing rejeitou a crença de que a qualidade de Ésquilo e Sófocles poderia ser recapturada por aderência aos preceitos formais de Aristóteles e Horácio. O gênio da tragédia grega encontrava-se em outro lugar que era o da convenção das três unidades, da utilização dos argumentos mitológicos, ou da presença do coro. Num só golpe Lessing desafiou concepções que dominaram duzentos anos de teoria poética. O neoclassicismo não era uma continuação da tradição Ática, mas um travestimento dela.

Na visão de Lessing, o conflito todo entre o clássico e o shakespeariano era espúrio. Havia surgido de um imenso erro de perspectiva. Milton errara ao repudiar Shakespeare em nome de Ésquilo. Dryden fôra iludido por uma falsa imagem quando tentou optar entre o ideal elisabetano e o antigo. A distinção que havia controlado amplamente a teoria da arte e do drama – Sófocles ou Shakespeare – era equivocada. Já em 1759, Lessing deduzia uma momentânea afinidade: ele afirmava, Sófocles e Shakespeare.

Esse é o âmago de sua reavaliação. Significava que a enorme divisão na história do drama ocidental ocorrera não entre o antigo e o elisabetano, mas entre Shakespeare e os neoclássicos. Oréstia e Hamlet se pertenciam, na mesma esfera da tragédia.

Lessing aplicou seu conceito revolucionário à crítica prática em *Hamburguische Dramaturgie* (Dramaturgia Hamburguesa, 1767-1768). Ele revisou as peças de Voltaire e Thomas Corneille (o ilustre irmão mais novo de Corneille) e argumentou que elas violavam a verdadeira intenção da *Poética*. Não era nessas obras neoclássicas que se percebia o ideal aristotélico de tragédia, mas nos dramas de Shakespeare. Lessing dá um exemplo persuasivo de sua abordagem inovadora ao averiguar o uso das aparições espectrais na cena moderna. O fantasma de Dario, em *Os Persas*, é convincente por conter atrás de si a força da genuína crença religiosa. Experimenta-se uma realidade comparável em Hamlet, na medida em que a bússola da imaginação elisabetana permite a presença da sombra encarnada no mundo. O fantasma, em *Semiramis* de Voltaire, é um absurdo rococó introduzido por um poeta incrédulo em um argumento inacreditável. Trata-se de um artifício puramente literário, que não contém atrás de si nenhuma observância ritual nem convicção imaginativa.

Similarmente, não é no teatro neoclássico que se encontrará uma verdadeira tradução do conceito aristotélico de piedade e temor. Os heróis imponentes de Corneille e Voltaire solicitam de nós uma fria admiração. Esses personagens freariam nossa piedade. Para a experiência da compaixão trágica deve-se observar Desdêmona. Para sentir a espécie de terror elementar provocado por *Sete contra Tebas*, ou por *Medéia* de Eurípides, é preciso apenas voltar-se para *Rei Lear* e *Ricardo III*. E se quisermos insistir na unidade de ação, argumenta Lessing, não a encontraremos no drama neoclássico. Aí existe uma unidade aparente, obtida ao preço de coincidências e condensações dramáticas incríveis (as acrobacias às quais Corneille achava-se compelido). Aquilo que Aristóteles entendia como unidade era coerência interna e lógica poética, tal como exibido em *Otelo* ou em *Macbeth*. A ênfase da *Poética* em unidades menores de tempo e espaço surgiu a partir das formas técnicas do teatro ateniense. Essas formas não possuíam autoridade eterna ou exclusiva.

A concepção de Lessing tornou-se em um dos clamores de agregação do romantismo francês e alemão. A tentativa de aplicar a *Poética* de Aristóteles a Shakespeare foi logo descartada. O que importava era o parentesco do gênio e do espírito trágico entre o drama grego e o elisabetano. Foi em nome de Ésquilo e Shakespeare que os românticos asseguraram sua concepção do sublime. Eles viram no neoclassicismo um ponto de partida comum a ambos. Victor Hugo traçou um paralelo exaltado entre os dois mestres da tragédia:

> Suprima o Oriente do drama e substitua-o pelo Norte, suprima a Grécia e insira a Inglaterra, suprima a Índia e insira a Germânia (aquela outra imensa mãe Alemannia, All-men), suprima Péricles e insira Elisabeth, suprima o Parthenon e insira a Torre de Londres, suprima os plebeus e insira o populacho, suprima a fatalidade e insira a melancolia; suprima a Górgona e insira a bruxa, suprima a águia e insira a nuvem, suprima o sol e insira a colina varrida pelo vento sob a lua pálida – e terás Shakespeare.
>
> Dada a dinastia do gênio – a originalidade de cada um sendo integralmente preservada – o poeta de têmpera germânica deve seguir o poeta de Zeus, a neblina gótica do mistério antigo – e Shakespeare será o segundo Ésquilo.

Outros poetas expressaram a mesma crença num estilo mais tranquilo. Schiller concebeu o poeta trágico moderno como o sucessor natural das realizações sofoclianas e shakespearianas. A teoria do drama de Wagner e a concepção de Bayreuth estão enraizadas na noção de uma continuidade do espírito trágico que uniria o mundo de Édipo ao de Lear, excluindo ao mesmo tempo a formalidade e o racionalismo dos neoclássicos. Na imaginação do século XIX os trágicos gregos e Shakespeare encontravam-se lado a lado, numa afinidade que transcendia todas as imensas contrariedades da circunstância histórica, crença religiosa e forma poética.

Não utilizamos mais os termos particulares de Lessing e Victor Hugo. Mas continuamos com sua percepção. A palavra "tragédia" engloba para nós, num único período, o exemplo grego e o elisabetano. O sentido de relação sobrepõe-se à verdade histórica de que Shakespeare não conhecia quase nada das obras de Ésquilo, Sófocles e Eurípides. Isso transcende o fato evidente de que os elisabetanos misturavam tragédia e comédia, enquanto que os gregos mantinham os dois modos rigorosamente distintos. Isso ultrapassa nossa consciência enfática da vasta diferença de forma e de textura das duas linguagens e estilos de apresentação dramática. As declarações de um espírito afim e a ordenação de valores humanos são mais fortes do que qualquer sentido de disparidade. Comparáveis visões da vida estão em funcionamento em *Antígona* e em *Romeu e Julieta*. Percebemos imediatamente o que Victor Hugo quer dizer quando chama Macbeth de um enxerto do norte da casa dos Atreus. Elsinore parece estar situado ao alcance de Micenas, e o destino de Orestes ressoa no de Hamlet. Os mastins do inferno buscam sua presa no santuário de Apolo do mesmo modo que o fazem na tenda de Ricardo III. Édipo e Lear têm apreensões similares devido à suas cegueiras similares. Não é no período entre Eurípides e Shakespeare que a mente ocidental se afasta do antigo sentido trágico da vida. É depois do final do século XVII. Digo depois do final do século XVII porque Racine (a quem Lessing não conhecia realmente) encontra-se no lado extremo da divisão. A imagem de homem que se impõe com Ésquilo é ainda vital em *Fedra* e *Atália*.

O triunfo do racionalismo e da metafísica secular marca o ponto do não retorno. Shakespeare encontra-se mais próximo de Sófocles do que de Pope e Voltaire. Essa afirmação implica em colocar de lado a realidade do tempo. Todavia isso é verdade. Os modos da imaginação, implícitos na tragédia ateniense, continuaram a modelar a vida da mente até a época de Descartes e Newton. Foi somente então que os antigos hábitos de sentir e as ordenações clássicas da experiência material e psicológica foram abandonados. Com o *Discurso do Método* e os *Principia* as coisas não sonhadas na filosofia de Horácio parecem abandonar o mundo.

Na tragédia grega como em Shakespeare, as ações mortais estão cercadas por forças que transcendem o homem. A realidade de Orestes encontra-se vinculada às Fúrias; as Irmãs Sobrenaturais esperam pela alma de Macbeth. Não se pode conceber Édipo sem uma esfinge, nem Hamlet sem um fantasma. As sombras reunidas pelos personagens do drama grego e shakespeariano prolongam-se em uma escuridão maior. E a totalidade do mundo natural é uma festa para a ação. Os trovões sobre os bosques sagrados, em Colona, e as tempestades em *O Rei Lear* são causados por algo maior do que o tempo. Na tragédia, o relâmpago é um mensageiro. Mas não pode mais ser assim uma vez que Benjamim Franklin (a encarnação do novo homem racional) faz seu escoamento com uma pipa. O palco trágico é uma plataforma que se estende precariamente entre o céu e o inferno. Aqueles que caminham sobre ela podem encontrar, a qualquer virada, ministros da graça ou da danação. *Édipo* e *Lear* instruem-nos sobre quão pouco do mundo pertence ao homem. A mortalidade é o compasso de uma espiada breve e perigosa e, para todas as sentinelas, seja em Elsinore ou nas ameias, em Micenas, o surgimento da alvorada tem seu alento de milagre. Afugenta os viajantes da noite para a fuga ou para o repouso. Mas ao toque de Hume ou de Voltaire, as visitações nobres ou odiosas que haviam assombrado a mente, desde que o sangue de Agamêmnon clamou por vingança, desapareceram de uma vez, ou procuraram refúgio espalhafatoso em meio às luzes a gás do melodrama. Os galos modernos perderam a arte de cacarejar para que os espíritos inquietos retornem ao purgatório.

Em Atenas, na Inglaterra de Shakespeare, e em Versaillles, as hierarquias do poder mundial eram estáveis e manifestas. A roda da vida social girava em torno do centro real ou aristocrático. Dela, os raios de ordem e grau davam para o aro exterior do homem comum. A tragédia presume tal configuração. Sua esfera é a das cortes reais, disputas dinásticas, e ambições encobertas. As mesmas metáforas de ascensão veloz e declínio calamitoso se aplicam a Édipo e Macbeth porque também se aplicam a Alcebíades e Essex. E o destino de tais homens tem relevância porque ele é público. Agamêmnon, Creonte e Medéia encenam suas ações trágicas diante dos olhos da *polis*. Similarmente, os sofrimentos de Hamlet, Otelo ou Fedra envolvem os destinos do Estado. Eles são decretados no coração do corpo político. Daí a locação natural da tragédia ser o portão do palácio, a praça pública ou a câmara da corte. A vida grega e elisabetana e, numa certa medida, a vida em Versailles compartilhavam desse caráter de intensa "publicidade". Príncipes e facções chocavam-se nas ruas abertas e morriam no patíbulo público.

Com a ascensão da classe média ao poder, o centro de gravidade das questões humanas deslocou-se da instância pública à privada. A arte de Defoe e Richardson funda-se na consciência dessa imensa mudança. Antes, uma ação teria a largura da tragédia somente se envolvesse personagens de estatura elevada e se ocorresse sob o olhar público. Atrás do herói trágico encontra-se o coro, a multidão, o cortesão observador. No século XVIII emerge, pela primeira vez, a noção de tragédia privada (ou quase pela primeira vez, tendo havido anteriormente um pequeno número de tragédias elisabetanas domésticas, tais como a famosa *Arden of Feversham*). Em *La Nouvelle Héloïse* (A Nova Heloísa) e *Werther*, a tragédia torna-se íntima. A tragédia privada tornou-se o campo escolhido, não do drama, mas da nova arte desdobrada na novela.

A novela não apresentou somente o novo mundo privado da classe média, secular, racionalista. Serviu também como uma forma literária exatamente apropriada à audiência fragmentada da moderna cultura urbana. Eu disse antes como é difícil fazer afirmações precisas sobre o caráter do público grego e elisabetano. Mas um fato maior parece inegável. Até o advento do empirismo racional, os hábitos de controle da mente ocidental eram simbólicos e alegóricos. A evidência disponível a respeito do mundo natural, o transcorrer da história, e as variedades da ação humana eram traduzidas em projetos imaginativos ou mitologias. A mitologia clássica e a Cristandade são tais arquiteturas da imaginação. Elas ordenam os múltiplos níveis de realidade e de valor moral no decorrer de um eixo de existência, que se estende da matéria bruta às estrelas imaculadas. Não havia ainda ocorrido a ruptura entre compreensão e expressão das novas linguagens matemáticas e das fórmulas científicas. O poeta era por definição um realista, cujas imagens e parábolas eram organizações naturais da realidade. E no interior dessas organizações, certas noções primais tinham um papel radiante, radiante no sentido de gerar luz e de ser um pólo através do qual convergem todas as perspectivas. Considero esses conceitos como a presença do sobrenatural nas questões humanas, os sacramentos da graça e a retribuição divina, a concepção de pré-ordenamento (o oráculo a respeito de Édipo, a profecia das bruxas para Macbeth, ou o pacto de Deus com seu povo, em *Atália*). Refiro-me à concepção de que a estrutura social é um microcosmo do projeto cósmico e que a história se conforma aos padrões de justiça e punição como se fosse uma peça de moralidade colocada em movimento pelos deuses para nossa instrução.

Essas concepções e a maneira com que foram transpostas na poesia ou engendradas pela forma poética são intrínsecas à vida ocidental desde Ésquilo até Shakespeare. E embora elas estivessem, como mencionei, sob pressão crescente na época de Racine, ainda permanecem vivas em seu teatro. Elas são a força essencial por trás das convenções da tragédia. Encontram-se tão decisivamente presentes na *Oréstia* e em *Édipo* como em *Macbeth*, *Rei Lear* e *Fedra*.

Depois do século XVII, o público deixou de ser uma comunidade orgânica, na qual essas idéias e seus hábitos comunicativos da linguagem figurativa seriam naturais ou imediatamente familiares. Conceitos como graça, danação, purgação, blasfêmia ou o encadeamento do ser, implícitos em toda parte da tragédia clássica e shakespeariana, perderam sua vitalidade. Tornaram-se abstrações filosóficas de uma relevância privada e problemática, ou meros *slogans* de costumes religiosos que contêm uma parte diminuída da crença ativa. Depois de Shakespeare, os espíritos mestres da consciência ocidental não são mais profetas cegos, poetas ou Orfeu executando sua arte diante do inferno. Eles são Descartes, Newton e Voltaire. E seus cronistas não são os poetas dramáticos mas os novelistas da prosa.

Os românticos foram os herdeiros imediatos dessa tremenda mudança. Não estavam ainda preparados para aceitar esse fato como irremediável. O primitivismo de Rousseau, a mitologia antinewtoniana de Blake, a metafísica orgânica de Coleridge, a imagem do poeta como Mago, de Victor Hugo, e os "legisladores desconhecidos", de Shelley, são elementos relacionados na ação de retaguarda combatida pelos românticos contra o novo racionalismo científico. Dessa ação surgiu a idéia de unir, de algum modo, o drama grego e shakespeariano em uma forma totalmente nova, capaz de restaurar a antiga moral e as respostas poéticas. O sonho de realizar uma síntese entre o gênio sofocliano e shakespeariano inspirou as ambições dos poetas e compositores da época de Shelley e Victor Hugo à de Bayreuth. Não podia ser realmente preenchido. As convenções nas quais os românticos tentavam o alento de vida não correspondiam mais às realidades de pensamento e sentimento. Mas a própria tentativa produziu um número de obras brilhantes, e estas formam uma transição do período romântico inicial à nova era de Ibsen e Tchékhov.

O casamento do helenismo com o gênio do norte foi um dos motivos dominantes no pensamento de Goethe. Sua jornada italiana foi uma versão do poeta sobre aqueles ímpetos permanentes através dos Alpes dos imperadores germânicos das Idades Médias. O sonho de uma descida aos jardins do sul sempre compeliu as ambições germânicas em direção a Roma e à Sicília. Goethe pergunta em *Wilhem Meister* se conhecemos a terra onde florescem os limoeiros, e a luz do Mediterrâneo brilha através de *Torquato Tasso* e das *Elegias Romanas*. Goethe acreditava que o espírito germânico, com sua força grave mas com flagrantes traços de brutalidade e intolerância, deveria ser temperado pela antiga sabedoria sensual e pelo humanismo dos helênicos. No solo mais estrito da forma poética, ele sentia que no drama do futuro a concepção grega do destino trágico deveria juntar-se à visão shakespeariana da vontade trágica. A aposta entre Deus e Satã conduz o destino de Fausto, mas Fausto assume seu papel voluntariamente.

O terceiro Ato do *Fausto II* é uma celebração formal da união entre o germânico e o clássico, entre o espírito de Eurípides e o do drama romântico. O motivo do amor de Fausto por Helena de Tróia retorna às fontes da lenda fáustica. Conta-nos do antigo desejo humano de ver a maior sabedoria junto à maior beleza sensual. Não pode haver maior magia do que resgatar da morte aquela cuja carne foi tudo, para quem a beleza foi inteiramente pura porque foi inteiramente corruptível. É desse modo que o esplendor de Helena passa pelo *Fausto* de Marlowe. Goethe utilizou a fábula com finalidades mais elaboradas. Fausto, ao resgatar Helena da vingança de Menelau, é o gênio da Europa renascentista que ressuscita a tradição clássica. A transformação necromântica do palácio de Esparta para o castelo gótico de Fausto dirige-nos para o significado direto do mito – a tradução do drama antigo no disfarce shakespeariano e romântico.

Essa tradução, ou antes a fusão de dois ideais, cria uma *Gesamtkunstwerk*, a "forma de arte total". Toda essa seção de *Fausto II* representa uma busca por uma síntese de todos os modos teatrais anteriores. É uma estranha mistura de estilos poéticos, música, e balé. Goethe sugeriu a Eckermann que a segunda metade do Ato de Helena fosse executada por cantores. Não estamos distante das aspirações "totalitárias" de Wagner.

Helena e Fausto geram um filho, Euphorion. Ele é emblemático da beleza suprema e da força lírica que surgirá dessa união do clássico e moderno:

HELENA: Para o júbilo dos homens.
 O amor nos junta em dois;
 Mas para o gozo dos deuses
 Soma-se mais um terceiro.

FAUSTO: Tudo se encontra para completar
 Eu sou teu e tu és minha,
 Assim permanecemos ligados;
 Não poderia ser de outro modo[1].

---

1. HELENA: Liebe, menschlich zu beglücken,/ Nähert sie ein edles Zwei;/ *Doch zu göttlichem Entzücken/* Bildet sie ein köstlich Drei.

Mas como um novo Ícaro, a criança divina mergulha rapidamente em sua ruína. Pois Euphorion não é somente um símbolo do casamento do grego com o germânico. É a saudação de Goethe a Byron e à morte do poeta trágico em solo helênico.

Goethe considerava Byron o máximo talento da época. Ele dizia a Eckermann que o poeta inglês não tinha sido clássico nem romântico, mas a encarnação da nova harmonia entre o espírito antigo e o moderno. A defesa de Byron da liberdade grega e o sacrifício de sua vida ardente por essa causa eram exemplares do modo pela qual a força da Europa do norte deveria trazer liberdade e renascimento ao sul clássico. Goethe considerou os dramas de Byron uma tentativa de unir o objetivo ritual da tragédia grega ao lirismo e caracterização de Shakespeare. Ele discernia em Byron o esforço gótico de *Manfred* e a sensualidade luminosa das ilhas da Grécia. Byron retribuía a admiração de Goethe, vendo nele e em Napoleão seus únicos pares verdadeiros. Foi ao "ilustre Goethe [...] seu nobre senhor, o primeiro dos escritores existentes", que ele dedicou *Sardanapalus*.

Hoje em dia, os dramas de Byron são raramente encenados, e são rejeitados pela maioria dos críticos como fracassos ambiciosos. No entanto são de primeiro interesse a qualquer pessoa preocupada com a idéia de tragédia na literatura moderna. E retornando a eles, percebe-se o que Goethe queria dizer. A amplidão da audácia técnica é extrema. Varia do estrito neoclassicismo de *Marino Faliero* a um quase surrealismo das últimas peças de mistério. Freqüentemente Byron procurou ultrapassar deliberadamente as limitações da cena tradicional com intuito de obter formas de ação simbólicas mais livres, amplas. Como Ésquilo e Goethe, Byron estava preparado para assumir riscos graves, introduzindo temas religiosos e filosóficos no teatro. Ele foi o primeiro poeta inglês maior, desde Milton, que concebeu o drama bíblico. E se as peças de Byron são fracassos, elas no entanto contêm em si as preliminares de alguns aspectos mais radicais do drama moderno. Em comparação, a concepção de teatro de Victor Hugo, e até mesmo a de Schiller, é chocante por ser antiquada.

Byron iniciou com a convicção de que a tragédia inglesa recobraria vida somente se rompesse com o seu precedente shakespeariano. Referindo-se a *Sardanapalus* e a *The Two Foscari* (Os Dois Foscari) ele declarou: "Acharás tudo isso muito diferente de Shakespeare; e muito melhor, num sentido, pois procuro nele ser o pior dos modelos, embora seja o mais extraordinário dos escritores". A imitação romântica dos elisabetanos

---

FAUST: Alles ist sodann gefunden:/ Ich bin dein, und du bist mein,/ Und so stehen wir verbunden;/ Dürft es doch nicht anders sein!

É de enlouquecer, todas as tentativas de traduzir para o inglês o lirismo gnômico de Goethe fazem com que o original soe levemente tolo. Compare a tentativa do Sr. MacNeice. Também em alemão, é leve a pressão da lógica, mas o significado é conduzido pela música do verso. (N. do A.)

e jacobinos lhe parecia absurda. Ele pedia para que *Marino Faliero* não fosse julgado "por seus enlouquecidos dramaturgos velhos [...] esses túrbidos escribas – sempre com a exceção de B. Jonson, que foi um escolástico e um clássico". Não devemos, evidentemente, interpretar Byron muito literalmente. Sabendo que seus contemporâneos o consideravam como a encarnação do romântico, ele sentia prazer ao afirmar-se como clássico e Augustino, um artesão na tradição de Horácio e Pope. Ele acrescentou um pós-escrito dedicado a *Marino Faliero* no qual ele sugeria que todo conflito entre as idéias clássicas e românticas era meramente invenção de poucos "escribas" que violentavam Pope e Swift porque eles mesmos "não sabiam escrever nem prosa nem verso". Mas mesmo considerando seu prazer em detratar a opinião pública, fica claro que Byron estava tentando desviar o drama inglês de Shakespeare em direção ao classicismo de Jonson e Otway. Ele não viu outro modo de erguê-lo da tumba. Ao escrever para Murray, em janeiro de 1821, Byron expressava a esperança de que a tragédia inglesa pudesse ser ressuscitada:

> Eu, no entanto, estou convencido que isso não será realizado por meio da observância de velhos dramaturgos que estão cheios de falhas grosseiras, perdoados somente pela beleza de sua linguagem; mas escrevendo natural e regularmente, e produzindo tragédias normais, como os gregos; porém não pela imitação – meramente o contorno de sua conduta, adaptada aos nossos próprios tempos e circunstâncias e, evidentemente, sem o coro.

É a adaptação da forma clássica ao gosto moderno que Byron procurou mostrar em suas duas tragédias venezianas e em *Sardanapalus*. O verdadeiro conteúdo de *Marino Faliero* e *Os Dois Foscari* é a própria Veneza. Do mesmo modo que Roma estava para Corneille, Veneza estava para Byron – o lugar onde o tempo e novamente o imenso golpe alado de sua imaginação vinham descansar. Veneza forneceu a Byron um sentido de história e uma fundação da conduta humana. Como se fosse por causa da forte luz marinha, as paixões dos homens emergiam daí em suas arestas mais afiadas:

> Eu a Amei desde menino; ela era para mim
> Uma formosa cidade do coração,
> Erguendo-se do mar em colunas d'água,
> Do gozo de permanência fugaz, e da riqueza do mercado;
> E a arte de Otway, Radcliffe, Schiller, Shakespeare
> Estampou em mim sua imagem, e ainda assim,
> Que a encontrasse desse modo, não nos separamos;
> Por acaso ainda mais querida em seus dias de miséria
> Do que no tempo da ostentação,
> um prodígio, um espetáculo[2].

2. I loved her from my boyhood; she to me/ Was a fair city from the heart,/ Rising like water-columns from the sea,/ Of joy the sejourn, and of wealth the mart;/ And

O argumento de *Marino Faliero* aciona a afronta privada e a conspiração pública. Não é convincente. É difícil aceitar a idéia de um doge desejando destruir sua classe e colocando em perigo o estado para vingar uma porção trivial de torpeza. Mas examinado como um estudo daquilo que Henry James chamou de "o sentido de lugar" a maneira na qual Veneza fornece um tom trágico especial às vidas dos homens, *Marino Faliero* é uma obra comovente. A tensão da peça está no contraste entre a sua ambientação suntuosa, romântica e a escassez de pensamento da linguagem. Doge Faliero encontra-se com Bertuccio, o chefe dos conspiradores, na pequena praça de San Giovanne e San Paolo. Acima deles, eleva-se o monumento a Colleoni:

DOGE: Somos observados, e temos sido.
BERTUCCIO: Nós observados! Deixe-me descobrir – e esse aço!
DOGE: Abaixa a arma; Aqui não há humana testemunha! Olhe lá – O que vês?
BERTUCCIO: Só uma estátua do alto guerreiro. Cavalgando um corcel altivo, na luz fraca da lua estúpida.
DOGE: Aquele guerreiro foi o senhor do senhor de meus pais. E aquela estátua lhe foi destinada pela cidade duas vezes resgatada. Pensas ou não que ela nos observa lá de cima?
BERTUCCIO: Senhor, essas são meras fantasias; o mármore não tem olhos.
DOGE: Mas a Morte os tem[3].

Ninguém que escrevesse drama em inglês, no início do século XIX, poderia se igualar a esse diálogo ou encontrar o epíteto romano "duas vezes resgatada". A cadência é de Milton, no entanto é quebrada e acelerada por uma característica do nervosismo de Byron. E ao redor da áspera ação clássica atua o luar romântico. *Os Dois Foscari* leva o motivo da cidade a extremos. Jacobo Foscari preferia perecer em um calabouço veneziano a viver livre em outro lugar: "Não peço mais do que um túmulo veneziano,/ Um calabouço, é o que eles querem, que seja aqui"[4]. Em alguns momentos, a pura força da poesia torna crível até mesmo isso:

Otway, Radcliffe, Schiller, Shakespeare's art/ Had stamp'd her image in me, and even so,/ Although I found her thus, we did not part;/ Perchance even dearer in her days of woe,/ Than when she was a boast, a marvel, and a show.
3. DOGE: We are observed, and have been.
BERTUCCIO: We observed!/ Let me discover – and this steel –
DOGE: Put up; Here are no human witnesses: look there –/ What see you?
BERTUCCIO: Only a tall warrior's statue bestriding a proud steed, in the dim light/ Of the dull moon
DOGE: That Warrior was the sire/ Of my sire's fathers, and that statue was/ Decreed to him by the twice rescued city: –/ Think you that he looks down on us or no?
BERTUCCIO: My lord, these are mere fantasies;/ there are/ No eyes in marble.
DOGE: But there are in Death.
4. I ask no more than a Venetian grave, /A dungeon, what they will, so it be here.

Ah! Nunca ainda
Te distanciaste de Veneza, nunca viste
Suas belas torres na distância do recuo,
Enquanto todo sulco do caminho do veleiro
Parecia um mergulho fundo no teu coração, nunca
Viste o dia desaparecer sobre seus píncaros nativos
Tão calmo com sua glória de ouro e de carmim,
E depois de sonhar uma visão perturbadora
Deles e a seu respeito, acordastes e não os encontraste[5].

Mas na totalidade, *Os Dois Foscari* é um exemplo convincente do conselho de Aristóteles aos dramaturgos que evitem aquelas ocorrências na história mais implausíveis do que a ficção. A verdade pode ser absurda.

Ao perceber que seu estilo dramático não obteria sucesso na cena contemporânea – *Marino Faliero* fracassara completamente ao ser encenado sem o consentimento do autor – Byron desviou-se para o que chamou de "teatro mental". Desse modo, *Sardanapalus* tornou-se um exercício virtuosístico na observância das rígidas unidades neoclássicas. Batalhas ocorriam pelos salões do palácio, e os motins dinásticos transpiravam em questão de horas. Ainda assim a peça reúne uma luz festiva. Em nenhum outro lugar, Byron domina mais completamente os seus meios. Ele quase chega a escrever o único verso dramático branco da língua inglesa do qual a presença de Shakespeare foi inteiramente exorcizada. Trata-se de um avanço em relação ao melhor de Ben Jonson:

Porque amo esse homem? As filhas da minha pátria
Não amam ninguém a não ser heróis. Mas eu não tenho pátria!
O escravo perdeu tudo, a não ser seus laços. Eu o amo;
E esse é o elo mais pesado da longa cadeia –
Amar a quem não estimamos. Que seja:
Chegará a hora em que ele precisará de todo amor,
E não encontrará nenhum[6].

Os monossílabos evidentes, ágeis, expõem a força da ação dramática. Muito da melhor poesia de Byron se aproxima do terreno médio entre

---

5. Ah! you never yet/ Were far away from Venice, never saw/ Her beautiful towers in the receding distance,/ While every furrow of the vessel's track/ Seemed ploughing deep into your heart; you never/ Saw day go down upon your native spires/ So calmly with its gold and crimson glory,/ And after dreaming a disturbed vision/ Of them and theirs, awoke and found them not.
6. Why do I love this man? My country's daughters/ Love none but heroes. But I have no country!/ The slave hath lost all save her bonds. I love him;/ And that's the heaviest link of the long chain –/ To love whom we esteem not. Be it so:/ The hour is coming when he'll need all love,/ And find none.

o verso e uma prosa intensamente carregada. Pode-se reconhecer o admirador de Horácio.

E o elemento horaciano é forte mesmo quando a peça cintila aos brilhantes toques românticos. Sardanapalus insiste para que os raios dos olhos de Miyrrha sejam redobrados em:

> A trêmula onda de prata do Eufrates
> Como a brisa leve da noite alta encrespa a imensa
> E rolante água[7].

Todo e feito apóia-se na agudeza fria da palavra "crisps"*. Encontramo-la em Ben Jonson, num conceito mais latino, onde o vento encrespa as "cabeças" dos rios. Ou tome-se a resposta altiva de Sardanapalus àqueles que liam nas estrelas os presságios de sua queda: "Embora eles viessem/ E me apontassem o caminho em todo seu esplendor,/ Eu não seguiria"[8]. É a sonoridade de "marshall'd"** que confere à ostentação romântica sua persuasão. Poderia outro poeta inglês, desde Milton, ter escrito esse verso? No decorrer de toda a peça, a extravagância do tema oriental e a qualidade exótica, sensual são controladas pelo tom clássico. Sardanapalus se assemelha a Delacroix – vibrante na coloratura, mas firme no desenho.

As duas tragédias venezianas e *Sardanapalus* são o que os alemães chamam de *Lesendramen*, "dramas para serem lidos", ou no máximo para serem recitados formalmente, num estilo alheio à tradição do teatro inglês. São exemplos tardios e suntuosos daquele ideal da forma antiga que teve início nas tragédias sequinas dos classicistas elisabetanos. Encontra-se neles uma conjunção do artesanato clássico com o temperamento romântico. Encontrar-se-á novamente essa característica em Alfieri e Kleist. Mas no transcorrer do teatro da época, essas obras brilhantes chegam a um beco sem saída. Elas olham resolutamente para o passado.

As "peças de mistério" de Byron, pelo contrário, contêm premonições distintas do futuro. Não há nada mais que se lhes assemelhe na literatura inglesa. *Manfred* é a menos original, sendo uma variação aproximada do tema de Fausto e do remorso romântico (embora Byron rejeite a solução fácil, redentora). *Cain, Heaven and Earth* (Céu e Terra) e *Deformed Transformed* (O Deformado Transformado) são uma constelação à parte. Escritas sob um impulso comum em 1821-1822, esses "dramas sagrados" deram as costas para o realismo. São apresentações vastas, épicas do mistério do mal. Atrás de si encontra-se *Fausto*, e

---

7. The tremulous silver of Euphrates' wave,/ As the light breeze of midnight crisps* the broad/ And rolling water.

8. Though they came down/ And marshall'd** me the way in all their brightness,/ I would not follow.

Prometeu, e os Livros IX-XII do *Paraíso Perdido*. São espetáculos da imaginação religiosa. E aí Byron é mais profundamente não shakespeariano. Pois um dos princípios fundamentais da arte de Shakespeare é que o elemento religioso esteja mais difuso, provisional, e interno à poesia do que manifesto no argumento ou na moral. *Lear* é tragédia religiosa, mas todas as privações do rito e da doutrina explícita estão cruelmente ausentes nele. Byron, pelo contrário, reúne a tradição do ciclo do mistério medieval.

Como projetos, *Cain* e *Céu e Terra* são futuristas. Requisitam o tipo de palco panorâmico que Norman Bel-Geddes concebeu para uma dramatização do *Inferno* de Dante. Concentrado somente num teatro da mente, Byron imaginou efeitos fantásticos. O encontro entre Lúcifer e Caim, que é o centro da peça, situa-se no Hades e "No Abismo do Espaço". Nenhuma maquinaria cênica comum poderia criar a ilusão necessária de vastidão oceânica e estelar:

CAIM: É como um mundo líquido no lugar do sol; –
    E essas criaturas desordenadas se divertindo sobre
    Sua superfície reluzente?
LÚCIFER: São seus habitantes,
    Os leviatãs do passado[9].

Céu e Terra está ainda mais distante das convenções práticas do teatro. Tomando como fonte a *Gênesis* e o *Livro de Enoque*, é uma espécie de cantata dramática, quase à maneira de Berlioz. Enquanto o Dilúvio alcança os píncaros do Cáucaso, Jafé e o Coro dos Mortais entoam um *Dies Irae*:

Algumas nuvens movem-se como abutres à procura de sua vítima,
Enquanto outras, fixas como rochas, aguardam a palavra
A ser derramada em seus irados frascos.
Nenhum azul a mais roubará o firmamento,
Nem estrelas reluzentes serão gloriosas: A Morte ergueu-se
No lugar do sol um clarão pálido e fantasmal
Serpenteou em volta do ar agonizante[10].

Inevitavelmente, ouve-se por trás das palavras o repicar de órgão e o sopro das trombetas. Em conversa com Thomas Medwin, Byron indicou o final de *Céu e Terra* (possuímos somente a primeira parte):

---

9. CAIN: 'Tis like another world; a liquid sun-/ And those inordinate creatures sporting o'er/ Its shining surface?
LUCIFER: Are its inhabitants,/ The past leviathans.
10. Some clouds sweep on as vultures for their prey,/ While others, fixed as rocks, await the word/ At which their wrathful vials shall be poured./ No azure more shall robe the firmament,/ Nor spangled stars be glorious: Death hath risen:/ In the sun's place a pale and ghastly glare/ Hath wound itself around the dying air.

Adah está momentaneamente em perigo de perecer diante dos Arkitas. Jafé está desesperado. A última onda arrasta-a da rocha, e seu cadáver sem vida flutua ao mesmo tempo em que, em todo seu esplendor, um pássaro marinho pranteia sobre ela, e parece ser o espírito de seu anjo protetor.

O *tableau* é vitoriano, como uma dessas vastas telas sombrias de Haydon. Mas é também uma antecipação da ópera wagneriana. O arrastar das águas ao tempo da Arca, a bela jovem, e o grito da ave marinha transportam-nos diretamente ao universo cênico do Anel. E mais ainda. Somente no teatro contemporâneo que tais efeitos se realizaram plenamente. Em *Le Livre de Cristophe Colomb* (O Livro de Cristóvão Colombo) de Claudel, por exemplo, os recursos de cena juntam-se aos do filme e microfone.

O *Deformado Transformado* revela um esgotamento da invenção. Aí se encontra um excesso do *Fausto* de Goethe e de um obscuro romance gótico, *The Three Brothers* (Os Três Irmãos). Ao escrever essa obra curiosa, Byron brincou cruelmente com seus próprios nervos. O tema da deformidade física obcecava-o, e as linhas iniciais incorporam memórias feridas de sua própria infância:

BERTHA: Fora, corcunda!
ARNOLD: Nasci assim, mãe!
BERTHA: Fora!
  Incubo!! Pesadelo! De sete filhos,
  O único aborto!
ARNOLD: Oxalá eu assim fosse,
  E nunca visse a luz!
BERTHA: Nem eu tampouco![11]

Arnold faz um pacto faustiano e escolhe para si a forma radiante de Aquiles (não é necessário nenhum Freud para se notar a relação encoberta entre o calcanhar de Aquiles e a própria deformidade de Byron). O Demônio assume a forma descartada por Arnold e toma o nome de César. Juntos eles entram para os exércitos que cercam Roma, em maio de 1527. Personagens históricos e fantásticos se misturam. Arnold duela com Cellini e resgata uma jovem da fúria dos mercenários invasores. Aí há uma interrupção da peça, com uma nota pastoral, no castelo do conde Arnold nos Apeninos.

Mas Byron deixou um esboço do projeto da ação. A Olímpia resgatada é a noiva de Arnold, mas ela permanece indiferente a ele, "uma donzela de mármore". Ela é uma mulher moderna, saída de Ibsen ou Shaw; ela é esboçada à luz da inteligência, mesmo onde há o mal, e a mera beleza masculina deixa-a fria. Ela está fascinada pelo deformado

---

11. BERTHA: Out, hunchback!
ARNOLD: I was born so, mother!
BERTHA: Out,/ Thou incubus! Thou nightmare! Of/ seven sons,/ The sole abortion!
ARNOLD: Would that I had been so,/ And never seen the light!/ I would so too!

César, e Arnold sente ciúmes de seu antigo ser aleijado. Ele havia desistido de sua moldura corcunda ao preço da salvação e agora sofre dupla danação pela barganha. Byron sugere, em suas notas, que Arnold tentará recobrar sua deformidade. É uma virada espantosa, quase à maneira de Pirandello. E há um sabor distintamente moderno no comentário de César. Ele envolve o argumento com uma crítica shawiana[12]. Advertido por Arnold para se apressar ao palácio de Colonna, o Demônio lhe assegura: "Oh! Eu conheço meu caminho por Roma".

A mistura de fantasia lírica, fino humor, e melodrama aponta diretamente para *Don Juan*. *O Deformado Transformado* marca uma transição na obra de Byron do dramático para o épico debochado. Mas não se pode escapar da impressão vívida de que esse ridículo fragmento também deixou uma marca no drama; certamente é uma espécie de prólogo do *Peer Gynt*. Ambos demandam do teatro uma ampliação de suas convenções e recursos. Mas tal abertura é agora possível. Será que essas duas últimas peças de Byron não deveriam passar pelo julgamento da encenação – em um palco especialmente projetado para elas, como sugere G. Wilson Knight, talvez em um *Festspielhaus* de Byron?

Quando queria exemplificar sua própria concepção de tragédia, Byron dizia: "Pegue uma tradução de Alfieri". Suponho que isso não é algo que se faça freqüentemente. E mesmo na Itália, Alfieri tem um lugar bem afastado; ele é estimado, mas não muito lido. No entanto ele é o dramaturgo trágico mais poderoso da língua e, certamente, o único talento dramático maior produzido na Itália entre Goldoni e Pirandello. Além disso, pertence àquela escola de drama que buscava combinar as formas clássicas com os valores românticos. Em Alfieri, como em Byron, as convenções neoclássicas correm diretamente contra a corrente de um temperamento romântico intensamente lírico. Isso confere às peças de Alfieri sua qualidade especial: elas possuem uma espécie de frieza febril.

A escala de temas de Alfieri é como um índice para a imaginação romântica. Ele dramatizou o ciclo Tebano e a *Oréstia*, acentuando, em ambos, os aspectos do horror. *Agamêmnon* mostra Egisto avançando em cena, com sua espada gotejante do sangue de Agamêmnon. Em *Antígona*, o corpo da heroína é carregado e as misérias finais, narradas na tragédia grega, são aqui encenadas diante de nós. Como Schiller, Alfieri escreveu um drama sobre Don Carlos, *Filippo*, e uma *Maria Stuarda*. A última possui um *pathos* especial, na medida em que o poeta era o amante da Condessa de Albany, a esposa muito sofrida de Charles Edward Stuart, o jovem pretendente. Ele voltou-se para a Florença renascentista e dramatizou a conjuração dos Pazzi contra a regência dos Médici. Mas diferentemente de *Lorenzaccio*, *La Congiura de Pazzi* (A Conjuração dos Pazzi) adere pedantemente às unidades de

---

12. Termo relativo ao dramaturgo Bernard Shaw.

tempo e local. Isso torna altamente artificial o tratamento de uma ação política complexa e tumultuada. Alfieri sempre consultou a Bíblia, e nesse procedimento Byron o acompanhou. *Saul* (1782-1784) é uma bela peça. *Os Salmos* de Davi são entrelaçados ao texto, fornecendo ao estilo neoclássico formal um toque de esplendor oriental. A cena, em que Davi canta, tentando iluminar o negror do coração do Rei, lembra-nos a concepção dos românticos a respeito de Rembrandt como um dos seus precursores.

A obra-prima de Alfieri é *Mirra*, uma tragédia escrita entre 1784 e 1786. Byron classificou a peça como superior a qualquer outro drama moderno, com exceção de *Fausto*. Agora é uma peça de museu – em parte, sem dúvida, por seu conteúdo. O tema do incesto assombrava a imaginação romântica. O incesto deu expressão mais drástica a certas atitudes que o romantismo exaltava: um desafio das convenções sociais, uma perseguição por experiências raras e proibidas, o desejo por uma total intimidade e união de almas no ato do amor. É um motivo favorito em Shelley, Byron e Wagner. Ao dramatizar a lenda do amor inadmissível de Mirra por seu pai, Alfieri confinou uma das forças mais fervorosas e decadentes do temperamento romântico em um estilo neoclássico. Como em *Atália*, as convenções teatrais são por si só expressivas do significado dramático. Toda tragédia converge para a recusa de Mirra em revelar sua obsessão odiosa. Trata-se de um estudo de contenção, e todos os elementos neoclássicos – a retórica formal, a suspensão da ação exterior, a brevidade do tempo disponível – contribuem para uma sensação de pressão insuportável. Quando Mirra finalmente sugere a verdade, a própria peça se acelera para um desfecho severo:

CINIRO: agora perdeste para sempre o amor de teu pai.
MIRRA: Oh ameaça feroz, horrível! Em meu suspiro extremo, que já se apressa,... entre tantas outras fúrias soma-se o ódio cruel de um pai?... Devo morrer como estranha a ti?/ Oh minha mãe afortunada! A ti serei ofertada para... morrer... ao teu lado...[13]

Note como a revelação é ironicamente preparada pela lamentação: "Oh madre mia felice!" O tom é romântico ao extremo, mas o toque vigente deriva de Ovídio. Alfieri sempre tenta conferir aos seus sentimentos trágicos um rígido molde clássico.

É difícil imaginar a encenação de *Mirra* em um teatro moderno. Ela requer um estilo de atuação exagerado que não se valoriza mais. Mas no

---

13. CINIRO: omai per sempre *perduto hai tu l'amor del padre*.
MIRRA: Oh dura, ferra orribil minaccia!...Or, nel mio estremo sospir, che già si appressa,... alle tante altre/ furie mie l'odio crudo aggiungerassi del genitor?... Da te muorire io lungi?/ Oh madre mia felice! almen concesso a lei sarà... di morire...al tuo fianco...

âmbito das convenções apropriadas, a peça deve ter sido ardentemente comovedora. Byron tirou daí o nome da heroína de *Sardanapalus*, e ao assistir, uma vez, a encenação de *Mirra*, aquele homem de nervos de aço desmaiou.

Em *O Deformado Transformado*, chega um momento em que Olímpia tenta se matar para não sobreviver ao saque de Roma. Arnold inclina ansiosamente seu corpo sobre o aparente corpo inerte de Olímpia:

ARNOLD: Quão pálida! quão bela! e quão sem vida!
　Viva ou morta, és a essência de toda beleza!
　Amo somente a ti!
CESAR: Até mesmo Aquiles
　Amou Pentesiléia: te assemelhas
　ao seu coração que ainda assim não era suave[14].

A erudição do Demônio refere-se ao mais fascinante de todos os "classicistas românticos" e a sua dramatização da estranha lenda, repelente de Aquiles e da rainha das Amazonas. *Penthesilea* (Pentesiléia) de Kleist tem um tom mais selvagem do que qualquer outra coisa imaginada por Byron ou Alfieri, mas contém a tentativa de unir a herança clássica ao espírito romântico em uma finalidade lógica.

Juntamente com Lenz, Büchner e Hölderlin, Kleist pertence à família dos gênios tísicos que a literatura alemã produziu depois de Goethe e Schiller, como conflagrações depois de um grande auge. Esses homens morreram prematuramente, na loucura ou por seu próprio ato. Em sua arte, encontra-se uma extrema distensão, como se estivessem buscando o ponto de ruptura com os recursos da linguagem e da forma poética que lhes foram oferecidos por Goethe e Schiller. Seus talentos adquiriram maturidade numa velocidade fantástica – Büchner não havia completado 21 anos quando escreveu *A Morte de Danton* – mas tratava-se de maturidade sem completude. Ainda assim encontra-se na obra desses autores aquele desequilíbrio entre energia e repouso, entre exaltação e tolerância, que iria marcar as questões alemãs. Essa geração febril de românticos tardios trouxe de volta, para a atmosfera européia, uma margem de histeria que o renascimento e o racionalismo secular do século XVIII havia colocado em cheque. Dada a mensagem da superioridade nacional ou racial, essas novas vozes introduziram loucura na política européia. E só podemos ouvi-las em *Die Hermannsschlacht*, de Kleist.

---

14. ARNOLD: How pale! how beautiful! how lifeless!/ Alive or dead, thou essence of all beauty,/ I love but thee!
CAESAR: Even so Achiles/ loved Penthesilea: with his form/ it seems/ You have his heart, and yet it was no soft one.

VI

Embora tenha se matado aos 34 anos, Kleist deixou, depois de sua vida assombrada, sete dramas completos e um número de novelas que estão entre as obras-primas dessa forma exigente. Tudo que ele escreveu, até seu ensaio sobre a metafísica do teatro de marionetes, evidencia uma imensa excitação interior e exacerbação da sensibilidade. Ele via as questões humanas sob a luz aguda porém instável da radicalidade. O conjunto da visão de Kleist está contido na famosa fala de abertura de *Das Erdberben von Chili* (O Terremoto no Chile): somos apresentados a um jovem espanhol prestes a se enforcar numa prisão de Santiago no mesmo instante do grande terremoto de 1647. Kleist era um dramaturgo natural porque o drama é a encarnação formal da crise. Até sua ficção em prosa é drama protelado. O estilo e a técnica dramática de Kleist possuem uma incansável intensidade; são todos nervosismos. A ação procede num acesso de brilho, como se uma tocha fosse erguida subitamente por trás dos personagens e, daí, desaparecesse. Os românticos tinham um gosto excessivo pelo *chiaroscuro* (claro-escuro); nos dramas de Kleist, como nas gravações contemporâneas, amontoados de sombra são despedaçados por peneiras de luz.

Devido ao seu extremismo, Kleist esteve mais próximo do que Goethe e Schiller do uso descompromissado da forma trágica. *Pentesiléia* e o grande fragmento de *Robert Guiskard* exibem um sentido arcaico de como a violência e o irracional governam os bens do homem. A praga que ameaça o exército normando, em *Guiskard*, possui aquele horror desumano quase cósmico que conduz o povo de Tebas ao palácio de Édipo:

> Se, rapidamente, ele não puder nos livrar
> Da pestilência, que o Inferno implacável liberou,
> Que esse torrão de terra erija a partir do mar
> Um túmulo para seu anfitrião caído!
> Com o passo do horror e vasta rapinagem,
> A praga atravessa nossas abaladas hostes.
> E sopra dos lábios túrgidos
> Os vapores venenosos que fervilham em seu peito![15]

Para Goethe, esse trecho de puro terror era repulsivo. Ele reconhecia os componentes de selvageria e caos na experiência, mas acreditava que os séculos de mediação racional haviam lançado uma ponte sobre o abismo. Kleist parecia minar a frágil estrutura. Ele representava a versão do pesadelo daquela imaginação desequilibrada que Goethe procurara governar dentro de si e que ele retratara sob a máscara de Torquato Tasso. Conseqüentemente, não concedeu reconhecimento nem desejou sucesso ao poeta mais jovem.

---

15. Wenn es der Pest nicht schleunig uns entreisst,/ Die uns die Hölle grausend zugeschickt,/ So steigt der Leiche seines ganzen Volkes/ Dies Land ein Grabeshügel aus

Ainda que Kleist introduzisse na literatura alemã uma nota de tragédia absoluta, a originalidade de sua obra encontra-se em outro lugar. Em dramas como *Das Kätchen von Heilbronn* e *O Príncipe de Homburg* a distinção entre trágico e cômico perde uma relevância que tivera desde a antiguidade. Kleist foi o primeiro a estabelecer no teatro moderno sua região complexa de seriedade incerta. A ambigüidade está presente nas chamadas "peças sombrias" de Shakespeare ou "peças problemáticas". A natureza do argumento e a disposição oblíqua das convenções dramáticas conferem a *Tróilo e Créssida* e a *Medida por Medida* seu caráter agridoce. Mas Kleist vai mais além. Ele almeja uma polifonia na qual ironia e confiança, gravidade e prazer, são igualmente implícitos. Seus argumentos parecem desdobrar diferentes níveis de realidade, e deixam-nos incertos quanto ao qual é, em cada momento dado, "o mais real". Em quase todos os dramas de Kleist há episódios cruciais de sono e inconsciência; eles representam uma transição de um nível de realidade a outro, através de portais de escuridão momentânea. Em Kleist, essa apreensão caracteristicamente moderna da pluralidade da consciência individual ganha expressão dramática.

A instabilidade proposital da visão de Kleist torna suas peças estranhamente perturbadoras. *Amphitryon* (Anfitrião), *Das Käthchen von Heilbronn*, e *O Príncipe de Homburg* têm final feliz. Em cada uma delas, a cortina final cai sobre uma cena de celebração. Mas as obras deixam um travo na boca, como se o prazer fosse comprado a um preço muito alto. Em *Anfitrião*, a antiga fábula de identidades trocadas torna-se um símbolo do mistério da origem da consciência. A luz faísca através dessa peça maravilhosa deixando-nos incertos quanto à linha divisória entre o real e o imaginado. A cena, na qual Anfitrião se esforça por estabelecer sua identidade contra Júpiter disfarçado, é quase insuportável. Quando os deuses assumem formas humanas, os homens podem se revelar somente por meio de suas fraquezas. Alkmene sente profundamente em seu sangue que acaba de receber a visita imortal. Forçada a escolher entre os anfitriões rivais, ela se dirige ao impostor divino. Daí, Júpiter, de repente, desmascara sua imensa presença e estabelece uma reconciliação. Mas embora Anfitrião preste homenagem ao deus e Hércules esteja prometido a ele como filho, ele permanece cruelmente rebaixado. Ele compartilhou seu próprio nome e quando Alkmene o chama, a quem ela estará se referindo? Os comandantes

---

der See!/ Mit weit ausgreifenden Entsetzensschritten/ Geht sie durch die erschrocknen Scharen hin/ Und haucht von den geschwollnen Lippen ihnen/ Des Busens Giftqualm in das Angesicht!

Em *Robert Guiskard*, Kleist usou o alemão para os efeitos de peso e solenidade tal como pode ser encontrado em Milton. Os dois poetas apreciavam e dominavam extremas complicações de sintaxe. (N. do A.)

tebanos se congratulam com Anfitrião por seu destino bem aventurado, mas suas palavras soam vazias diante da verdade. Alkmene está estigmatizada por sua glória e não se sente mais à vontade no mundo. A peça termina com seu clamor inarticulado:

PRIMEIRO GENERAL: Forsooth! Tão grande triunfo –
SEGUNDO GENERAL: Tanta glória –
PRIMEIRO COMANDANTE: Vós nos observais maravilhados!
ANFITRIÃO: Alkmene!
ALKMENE: Oh![16]

É um estranho e amargo prazer; e o desconforto aumenta pelo fato de Kleist ter acrescentado ao mito grego os ecos da história de Cristo. Júpiter fala da vinda de Hércules em tons de anunciação. Depois de sua morte selvagem ele o receberá como a um deus. As ironias se aprofundam como uma imagem de espelhos que se miram.

Anfitrião demonstra que a visão de mundo de Kleist estava muitíssimo afastada de Racine ou mesmo de Schiller. Talvez esteja mais próxima de Giraudoux. Um estudo da concepção "ortodoxa" do drama trágico poderia se concluir justamente com Kleist.

Isso também é verdadeiro no que diz respeito a outro aspecto vital. Antes de Kleist, a tragédia encarna a noção de responsabilidade moral. Há uma concordância entre o caráter moral do personagem e seu destino. Essa concordância é, às vezes, difícil de se manter. Os sofrimentos de Édipo ou Lear são bem maiores do que seus vícios. Mas até nessas instâncias enigmáticas assume-se uma certa medida de dependência causal e racional entre o caráter do homem e a qualidade do evento. O herói trágico é responsável. Sua queda está relacionada à presença da enfermidade moral ou do vício ativo dentro de si. As agonias de um homem inocente ou virtuoso são, como observava Aristóteles, patéticas mas não trágicas. E Lessing está certo quando argumenta que a concepção aristotélica da responsabilidade trágica é aplicável a Shakespeare, a Otelo e Macbeth, por exemplo.

Mas Kleist se afasta dessa tradição. O herói kleistiano não é diretamente responsável pela ação. O conflito surge do choque entre ordens rivalizantes de realidade. *Das Käthchen von Heilbronn* e *O Príncipe de Homburg* são assolados por sonhos proféticos. Eles passam por ilumi-

---

16. ERSTER FELDHERR: Fürwahr! Solch ein Triunph –
ZWEITER FELDHERR: So fieler Ruhm –
ERSTER OBERSTER: Du siehst durchdrungen uns –
AMPHITRYON: Alkmene!
ALKMENE: Ach!
Sua exclamação, *Ach!*, é mais significativa que na versão inglesa. Significa espanto como um golpe de arrependimento momentâneo. (N. do A.)

nações de consciência que os cegam para as realidades da circunstância temporal. Todo drama consiste em sua aderência teimosa à verdade da visão. Ao final, seus intensos devaneios revelam-se mais fortes do que o fato material. Não são eles que capitulam mas é o mundo. A realidade surge em pleno turno e introduz-se no tecido dos seus sonhos. Um personagem kleistiano é responsável pela desordem de sua própria consciência; seu heroísmo é o do visionário. Não somente as próprias peças são cercadas pelo sono do herói, mas o argumento possui a ruptura esquisita e falta de lógica dos sonhos. Os dramas de Kleist poderiam ter como motivo os versos de Keats: "Foi uma visão, ou um sonho desperto?/ Aquela música é esquiva: – estou desperto ou ainda durmo?"

A disrupção da coerência confere modernidade à arte de Kleist. Ela explica porque um nacionalista prussiano teria um papel no existencialismo francês, e porque existiriam ensaios a respeito do "Mundo existencial do *Príncipe de Homburg*". Os existencialistas reconhecem em Kleist a descontinuidade entre causa moral e efeito material, e aquela reversão de expectativas racionais que eles chamam de "absurdo". O Príncipe de Homburg, sonhando com sua caminhada em direção à morte, tornou-se um símbolo de consciência deserdada dos anos de 1950.

Os dramas de Kleist não são dramas de ação mas de sofrimento. Desse modo, *Das Käthchen von Heilbronn* é, em parte, um estudo sobre o masoquismo. É uma obra poderosa, ainda que levemente repelente, na qual Kleist utiliza o conto de fadas da princesa perdida e seu brilhante cavaleiro para sua própria intenção excêntrica. Graf vom Strahl (seu nome significa "o iluminado") revelou-se a Käthchen em uma visão angelical. Agora, o próprio homem faz uma parada na forja de seu pai. A moça reconhece a figura do sonho e a partir daí ela o segue como um cão. O conde faz de tudo para se livrar de sua presença abjeta. Ele expulsa-a e chuta-a de sua porta. Quase recorre ao chicote. Mas Käthchen sorve a humilhação como se fosse a fonte da vida. Ela sabe que sua visão prevalecerá. No quarto ato, a realidade dá uma guinada. Vom Strahl percebe que o sonho desvairado da moça combina exatamente com a visão que ele próprio experimentara em uma noite de febre alta. Ele reconhece que uma parte de sua alma esteve no exílio, em visitação fantástica:

> Agora permanecei a meu lado, Deuses, pois sou duplo!
> Sou um espírito e perambulo na noite!

É um pensamento terrível e conjura loucura:

> Oh desgraça! Meu espírito, fascinado pelo encantamento,
> No limite sinistro da loucura![17]

17. Nun steht mir bei, ihr Götter: ich bin doppelt!/ Ein Geist bin ich und wandele zur Nacht! Weh mir! Mein Geist, von Wunderlicht geblendet,/ Schwankt an des Wahnsinns grausem Hang umher!

VI

Mas o conde opta por aquilo que, para Kleist, é a pedra de toque do heroísmo: ele se submete antes à misteriosa intimação do que ao fato aparente. Vom Stahl torna-se o campeão da moça e sofre as provações do escárnio e do combate até que ela seja reconhecida como a filha do Imperador. A vida cede à insistência do sonho. O drama termina com Käthchen descendo a rampa do castelo para se unir ao Conde, em casamento.

Essa rampa surge também nas cenas de abertura e encerramento do *Príncipe de Homburg*. Trata-se de uma ponte entre a realidade da circunstância exterior e a realidade maior da visão. O argumento é puro romance, embora seja atravessado por um traço áspero de nacionalismo prussiano. Adormecido no jardim do palácio, o príncipe tem um sonho intensamente vívido da glória e do noivado real. Ele desperta, mas seu espírito está entorpecido pelas maravilhas do sonho, e ele falha na resposta à ordem de batalha. Em conseqüência ele coloca a vitória a perigo com um ataque esplêndido mas prematuro. Condenado à morte pela corte marcial, ele primeiro se recusa a aceitar a realidade do seu destino e, em seguida, implora intensamente por sua vida; como sonâmbulo entre os mundos, o Príncipe é um herói e um covarde. Finalmente, transcende seu medo e reconhece a justiça de sua condenação. Ele recusa a oportunidade de perdão e exige o cumprimento da sentença como um exemplo ao futuro valor. O Príncipe é conduzido vedado ao jardim em que tivera sua primeira visão. Ele aguarda a execução enquanto os tambores rufam ao compasso de uma marcha fúnebre. Mas nesse momento o *Elector* de Brandenburgo surge do alto do terraço com seus cortesãos e a princesa Natalie. Segurando uma coroa de laurel, ela avança em direção ao seu amante condenado. Ao ser removida a venda de seus olhos, o Príncipe vê diante de si a rendição exata de seu sonho e cai inconsciente. Ele recobra a vida com a música marcial e a explosão de canhão, e a cortina se fecha com a promessa da guerra vitoriosa.

Nenhum resumo pode transmitir a curiosa mágica da cena. Como em *Anfitrião*, ela deriva em parte das alusões a um significado mais sublime. *O Príncipe de Homburg* é uma parábola da ressurreição. No jardim do sonho, o Príncipe compartilha da queda do homem e de sua redenção. Depois da momentânea morte da inconsciência, ele se ergue para a glória na presença daquele que será seu pai. Na realidade, ele toca na ponta luminosa da imortalidade:

> Agora és minha, ó Imortalidade!
> Teu esplendor feroz, como de mil sóis,
> Penetra nessa venda com teu fulgor!
> E agora de meus dois ombros surgem asas,
> Meu espírito flutua através do espaço etéreo;
> E como um barco,
> levado suavemente pelo vento,

O alegre cais se esvaece ao longe,
Sinto minha vida afundar na luz crepuscular[18].

Mas os motivos teológicos são estreitamente entrelaçados ao tecido especial da peça. O tema dominante da peça é o equívoco da realidade. Nos dramas de Kleist, os homens acordam não do sono mas da vigília. Eles estão mais acordados quando penetram no recheio sólido dos sonhos. *O Príncipe de Homburg* está apenas a um pequeno passo de Pirandello.

Pentesiléia é anterior a cada uma dessas peças de sonho e não tem nada de sua ambigüidade. O tratamento que Kleist dá ao mito é arqui-romântico. A rainha guerreira pousa os olhos sobre Aquiles e é atingida pela pontada da loucura. Seu desejo transcende o erótico. Trata-se de uma obsessão pelo absoluto tal como se encontra nas narrativas de Poe e Balzac. Entre os dois amantes interpõe-se o fato da guerra, e Kleist joga brilhantemente com a proximidade da luxúria total e ódio total no interior da alma. Ele sabia, antes de Strindberg, que paixão sexual e combate armado são modos relacionados de encontro. A peça está construída como uma dança de espada. Aquiles e a Amazona avançam e recuam num cortejo amoroso. Finalmente os apetites enlouquecidos de Pentesiléia explodem em canibalismo literal. O estilo da obra espelha precisamente a formalidade cruel da ação. O verso possui um brilho feroz, frio. Yeats, o mestre da violência formal, poderia ter escrito *Pentesiléia* se tivesse comando sobre o fôlego de intenção necessário.

Mas a peça possui os vícios do seu grande poder. Clama por ruína tão incansavelmente que se transforma numa peça exaltada de *grand guinhol*. Como muito da arte romântica alemã, leva ao extremo o conceito de afinidade entre amor e morte. E o clímax notório – Pentesiléia despedaçando com seus dentes Aquiles caído – é de fazer tremer a imaginação em descrédito. Goethe estava inegavelmente correto ao notar signos de decadência em *Pentesiléia*. A tragédia reflete a pressão da histeria e do sadismo que corre logo abaixo da superfície do romantismo, desde a novela gótica até Flaubert e *Salomé*, de Oscar Wilde.

Ainda que tenha uma extravagância sombria, a obra mantém grande interesse. Kleist ultrapassa Alfieri ainda mais na utilização da mitologia clássica em seu propósito particular e excêntrico. Ele é um

---

18. Nun, o Unsterblichkeit Glanz der tausendfachen Sonne zu!/ Es wachsen Flügel mir an beiden Schultern,/ Durch stille Ätherräume schwingt mein Geist;/ Und wie ein Schiff, vom Hauch des Winds entführt,/ Die muntre, bist du ganz mein!/ Du strahlst mir, durch die Binde meiner Augen,/ Mit Hafenstadt versinken sieht,/ So geht mir dämmernd alles Leben unter.

precursor direto dos dramaturgos modernos que derramam as novas vinhas da psicologia freudiana ou da política contemporânea nas antigas ânforas das lendas gregas. A imaginação moderna, cada vez mais impossibilitada de criar para si um corpo mítico relevante, irá explorar o tesouro do classicismo.

Pentesiléia foi publicada em 1818. Em 1821, Grillparzer completava sua trilogia, *The Golden Fleece* (O Velocino de Ouro). Byron conhecia o nome do poeta e vaticinava a sua grande fama. Não foi o caso, mas Grillparzer é um dramaturgo de primeira linha. Ele não possui a incandescência de Kleist e a amargura seca de sua obra espelha as condições da vida intelectual sob Metternich. Mas, distintamente de Kleist, Grillparzer tinha pleno controle de seus meios, e seu tratamento da lenda de Medéia possui uma dignidade dura que rivaliza com Eurípides. Grillparzer desenvolve dois motivos principais. Medéia é a estrangeira, a alienígena desgarrada de suas raízes. Ela macula a luz do ambiente grego com sua mera presença, pois leva consigo a melancolia escura do exílio. Além do mais, ela cometeu inúmeros crimes a favor de Jasão, e por essa mesma razão ele não confia mais nela. Tendo traído um pai e um irmão para seguir um pirata grego, Medéia, por sua vez, pode trair os gregos. Jasão rejeita a primitiva ferocidade do amor de Medéia. Ele não é mais o intrépido capitão dos Argonautas, mas um homem cansado, desconfiado em busca de uma ancoragem. Esses elementos estão presentes no mito e na versão de Eurípides. Mas ao concentrar-se neles, Grillparzer concede à tragédia um enfoque irônico, moderno.

Grilllparzer não é facilmente citável, porque tem uma musicalidade caracteristicamente austríaca; os momentos sucessivos em seus dramas encontram-se estreitamente unidos. Mas no terceiro Ato de *Medéia* ocorre um diálogo no qual as principais virtudes de Grillparzer ficam claramente visíveis:

MEDÉIA: Atraíste-me ao amor, e foges de mim?
JASÃO: É preciso!
MEDÉIA: Roubaste-me de um pai,
   E roubas de mim um marido?
JASÃO: Somente obrigado!
MEDÉIA: Causaste a ruína de meu irmão, tiraste-o de mim,
   E agora, foges?
JASÃO: Mesmo se ele caísse, igualmente inocente.
MEDÉIA: Abandonei minha terra natal para seguir-te;
JASÃO: Só me seguiste por tua própria vontade.
   Se te arrependesses teria te deixado por lá!
MEDÉIA: O mundo amontoa pragas sobre mim por tua causa,
   E por tua causa passei a me odiar,
   E me abandonas?
JASÃO: Não, não é abandono;
   Uma voz mais alta decreta nossa separação.
   Sua felicidade está perdida, mas onde está a minha?
   Aceite minha angústia em troca da tua!

MEDÉIA: Jasão!
JASÃO: O que é? Que mais queres?
MEDÉIA: Nada!
   Passou[19].

Isso é, à sua maneira, melhor do que Kleist. É mais claro e cutuca mais impiedosamente a questão. A prosódia é perfeita. Grillparzer tem a capacidade de produzir os efeitos maiores sem forçar o tom. Ele possui um ouvido impecável e utiliza-o para iluminar o peso natural da sintaxe alemã. O argumento curva-se à forma veloz, sutil do verso. A virtuosidade da invenção métrica e a maneira na qual o acento se desloca entre as duas vozes lembra o melhor de Tennyson. Como Tennyson, Grillparzer transportou para sua própria língua os recursos da versificação latina.

Por ser tão lúcido, tão despojado de ornamentos mitológicos e da retórica fora de moda, o diálogo possui uma modernidade afiada. Poderia ser contemporâneo a *Medéia* de Anouillh:

> Para onde queres que eu vá? Para onde ordenas que eu volte? Devo me dirigir a Phasis, Colchis, ao reino paterno, aos campos banhados por meu sangue fraterno? Escorraças-me. Para quais terras ordenas que eu retorne sem ti? Em que mares abertos? Os destroços do Pôntico, por onde passei atrás de ti, enganando, mentindo, saqueando por ti; Lemnos, onde não devem ter me esquecido; Tessália, onde me aguardam para vingar seu pai, assassinado por ti? Todos os caminhos que eu te abri, para mim, estão fechados. Eu sou Medéia carregada de abominação e crimes[20].

---

19. MEDEA: Du hast zu Liebe mich verlockt, und fliehst mich?
JASON: Ich muss!
MEDEA: Du hast den Vater mir geraubt,/ Und raubst mir den Gemahl?
JASON: Geswungen nur!
MEDEA: Mein Bruder fiel duch dich, zu nahmst mir ihn,/ Und fliehst mich?
JASON: Wie er fiel, gleich unverschuldet.
MEDEA: Mein Vaterland verliess ich, dir zu folgen.
JASON: Dem eignem Willen folgtest du, nicht mir./ Hätts dich gereut, gern liess ich dich zurück!
MEDEA: Die Welt verflucht um deinetwillen mich,/ Ich selber hasse mich um deinetwillen,/ Und du verlässt mich?
JASON: Ich verlass dich nicht,/ Ein höhrer Spruch treibt mich von dir hinweg./ Hast du dein Glück verloren, wo ist meins?/ Nimm als Ersatz mein Elend für das deine!
MEDEA: Jason!
JASON: Was ist? Was willst du weiter?
MEDEA: Nichts!/ Es ist vorbei!

20. Où veux-tu que j'aille? Où me renvoies-tu? Gagnerai-je le Phase, la Colchide, le royaume paternel, les champs baignés de sang de mon frère? Tu me chasses. Quelles terres m'ordonnes-tu de gagner sans toi? Quelles mers libres? Les détroits du Pont où je suis passée derrière toi, trichant, mentant, volant pour toi; Lemnos où on n'a pas du m'oublier; la Thessalie où ils m'attendent pour venger leur père, tué pour toi? Tous les chemins que je t'ais ouverts, je me les suis fermés. Je suis Médée chargée d'horreur et des crimes.

O tom e o direcionamento da argumentação são exatamente os mesmos.
Kleist e Grillparzer foram dramaturgos de transição. Eles procuraram unir a herança grega e shakespeariana numa forma de drama trágico apropriada ao teatro moderno. Seu uso da mitologia grega e dos modos clássicos era, no entanto, experimental. Eles permanecem do lado moderno da linha divisória entre a visão de antiguidade de Racine e a de Hofmannsthal ou Anouilh. Mas não se deve encerrar a discussão do helenismo romântico sem se referir àquelas peças que, juntamente com *Sansão, o Lutador*, se aproximam mais de uma reencarnação do ideal grego na literatura européia.

Já em 1780, Schiller estava determinado a escrever uma peça que encarnaria não somente o conceito de tragédia grega, mas as formas técnicas vigentes. Depois de seu período shakespeariano – *Wallenstein*, *Maria Stuart*, *A Donzela de Orleans* – ele resolveu oferecer ao teatro alemão um exemplo de drama sofocliano. Isso significava a adaptação de um coro para cena moderna. No prefácio de *A Noiva de Messina*, Schiller faz uma lúcida análise do papel do coro. Ele concebe-o como um instrumento de necessária irrealidade. Um drama poético apresenta uma ação que é ao mesmo tempo real e ilusória, ou antes, que é real somente no interior da ficção especial da apresentação teatral. Ao cercar a ação com um muro de fala formal e movimentação cerimoniosa, o coro força no espectador o necessário sentido de distância. Torna o imaginário real. Aqui, o argumento de Schiller antecipa o conceito de "estranhamento" entre o público e a peça, de Brecht. Secundariamente, Schiller enxerga na presença de um coro uma "tapeçaria lírica" suntuosa (*lyrisches Prachtgewebe*). Contra esse pano de fundo, a ação pode seguir com majestade apropriada. A recitação coral eleva o evento dramático sobre o plano da fala comum. Finalmente, Schiller acredita que um coro introduz um elemento de alívio ao drama trágico. Ele arredonda os cantos agudos da violência e desse modo possibilita que a mente testemunhe os horrores trágicos, sem sucumbir ao desespero. O coro sobrevive à ruína de Agamêmnon ou Édipo e pode extrair uma moral que transcende o desastre imediato. Desse modo contribui para o ideal de Schiller de uma tragédia de reconciliação.

A Noiva de Messina não é uma peça atraente. Inspirada na lenda da rivalidade e morte dos filhos de Édipo, Schiller construiu um argumento simetricamente rigoroso. Para tornar a sentença inescapável, os eventos precisam se entrelaçar com a coincidência enlouquecida. Embora a peça seja severamente clássica na forma, está de fato construída em torno de uma série de acasos melodramáticos. Depende inteiramente de encontros casuais, desaparecimentos súbitos e reconhecimentos tardios. Se existe algo que seja melodrama sofocliano encontrar-se-á aí. E o final trágico não é convincente. Don César está determinado a se matar para restaurar um equilíbrio preciso de justiça. Leva adiante sua determinação, embora saiba que somente sua sobrevivência poderia consertar a ruína que ele e seu irmão causaram. O boneco sentenciado começa a gesticular rigidamente atrás da máscara humana. Além disso, como o próprio Schiller percebeu, o coro abandona sua função contemplativa e formal. Dividido em facções rivais, ele intervém na intriga assassina.

E ainda assim, há momentos, em *A Noiva de Messina*, que concorrem com Sófocles. O coro recorre tanto à rima como ao verso branco de medida variável. Algumas passagens se aproximam, mais do que qualquer uma escrita em língua moderna, de nossas conjeturas a respeito de como teria soado o coro grego:

> O que é horrível – é que também se
> Aprende a esperar na vida mortal!
> Com mão violenta
> O assassino rompe seu mais sagrado grilhão,
> Em seu bote estígio,
> A morte arrebata
> Também a vida da juventude florescente!
> Quando as nuvens amontoadas escurecem o céu
> E rolam trovões sombrios,
> Então todo coração deve sentir
> O poder do destino terrível[21].

Sob as palavras ressoa o passo da dança. Schilller concebeu a recitação meio cantada, e demonstrou que, com suficiente habilidade poética, o drama coral permanecia uma possibilidade vital. *A Noiva de Messina* é a pedra chave do longo arco que vai de *Sansão, o Lutador* a *Murder in the Cathedral* (Morte na Catedral).

Não existe coro nas sucessivas versões fragmentárias de *Empédocles*, de Hölderlin (embora o esboço de *Empedokles auf dem Ätna* [Empédocles sobre o Etna] indique um). Mas o poema dramático de Hölderlin é o ápice do helenismo romântico. Nunca foi concebido para cena e resta uma série de fragmentos incompletos magníficos, sobre os quais paira a sombra da insanidade do poeta. Mas afirma ser possível ao poeta moderno adotar a amplidão de tom e visão do teatro grego trágico. Hölderlin, além do mais, escolheu a versão mais remota

---

21. Aber das Ungeheure auch/ Lerne erwarten im irdischen Leben!/ Mit gewaltsamer Hand/ Löset der Mord auch das heiligste Band,/ In sein stygisches Boot/ Raffet der Tod/ Auch der Jugend blühendes Leben!/ Wenn die Wolken getürmt den Himmel schwärzen,/ Wenn dumpftosend der Donner hallt,/ Da, da fühlen sich alle Herzen/ In des furchtbaren Schicksals Gewalt.

A cruz é *das Ungeheure*. Significa aquilo que é terrível através do estranhamento e imensidão. É o "inumano" exterior ao homem e maior do que ele. Uma paráfrase tal como "estranhamente terrível" poderia se aproximar. Mas o ritmo pede um único, enfático termo. (N. do A.)

e difícil do espírito clássico. O drama neoclássico e moderno deve principalmente a Sófocles e Eurípides. Hölderlin retorna a Ésquilo e às formas pré-dramáticas de lamentação e encantamento que podem ser vagamente vislumbradas no limiar da tragédia esquiliana. Nunca, desde *Prometeu*, o drama conhecera uma paixão tão austera. *Der Tod des Empedokles* (A Morte de Empédocles) e *Empédocles sobre o Etna* encontram-se em meio aos cumes montanhosos da literatura – frios, de difícil acesso e incomparavelmente nobres:

> Ah, Júpiter, libertador! Está próxima
> E mais se próxima minha hora, e do abismo
> Já vem o verdadeiro mensageiro
> Da noite, o vento da tarde, que traz o amor,
> Vem a ser! Está maduro! Oh, coração,
> Bate agora, e levante tua onda interior; o Espírito
> Está acima de ti, como uma constelação brilhante,
> Enquanto, através dos céus, eternamente sem lar
> As nuvens fugitivas vagueiam.
> ....
> Fico feliz; algum lugar para oferecer
> Sacrifício é tudo o que mais almejo. Sinto
> O coração tranqüilo. Oh arco de Íris, assim como te encontras,
> Quando a onda salta em nuvens borrifadas de prata
> Acima das águas turbulentas, assim é minha alegria![22]

O drama nunca esteve tão próximo do ideal grego novamente.

Empédocles parece estar bem mais distante do encantamento de Shakespeare do que qualquer tragédia européia. Mas nem *A Noiva de Messina*, nem *Empédocles puderam contribuir para a vida prática do teatro; seu esplendor era muito elevado. Porque para dar continuidade, a imaginação teria de descer às planícies.*

---

22. Ha! Jupiter, Befreier! näher tritt/ Und näher meine Stund' und von Geglüfte/ Kommt schon der traute Bote meiner Nacht,/ Der Abendwind zu mir, der Liebesbote./ Es wird! gereift ists! o nun schlage, Herz,/ Und rege deine Wellen, ist der Geist/ Doch über dir, wie leuchtendes Gestirn,/ Indes des Himmels heimatlos Gewöl/ Das immerflüchtige, vorüberwandelt.
....
Zufrieden bin ich, suche nun nichts mehr/ Denn meine Opferstätte. Wohl ist mir./ O Iris' Bogen! über stürzenden/ Gewässern, wenn die Wog' in Silberwolken/ Auffliegt, wie du bist, so ist meine Freude!
Tentei dar a versão mais próxima e literal possível, para obter o significado correto. A beleza concisa, estranha do estilo de Hölderlin é inapreensível. Para *Geist* (Espírito), Hölderlin presumivelmente entende o termo grego Yu'h. (N. do A.)

VII

Todas as peças consideradas até agora foram escritas em verso. Havia razões para tal. Por mais de duzentos anos a noção de verso foi quase inseparável do drama trágico. A idéia de "tragédia em prosa" é singularmente moderna, e para muitos poetas e críticos ela permanece paradoxal. Há razões históricas e de técnica literária para isso. Mas há também causas profundamente enraizadas em nosso entendimento comum a respeito da qualidade da linguagem. Falo do verso e não da poesia, porque poesia pode ser uma virtude da prosa, da matemática, ou de qualquer ação da mente que tende à forma. O poético é um atributo, o verso é uma forma técnica.

Na literatura, o verso precede a prosa. A literatura é um assentamento da linguagem à parte das exigências utilitárias e da comunicação imediata. Ela eleva o discurso acima da fala comum com propósitos de invocação, adorno, ou lembrança. Os meios naturais de tal elevação são o ritmo e a prosódia explícita. Por não ser prosa, por possuir métrica ou rima ou um padrão de recorrência formal, a linguagem impõe à mente um sentido de ocasião especial e preserva sua forma na memória. Ela se torna verso. A noção de prosa literária é altamente sofisticada. Pergunto-me se ela tem alguma relevância antes das orações registradas ou concebidas por Tucídides no seu relato das guerras do Peloponeso e antes dos *Diálogos* de Platão. São nessas obras que primeiramente se encontra o sentimento de que a prosa pode aspirar à dignidade e à "separação" da literatura. Mas Tucídides e Platão chegam tardiamente na evolução das letras gregas, e nenhum dos dois estava interessado no drama.

É certo que a tragédia grega foi, desde o princípio, escrita em verso. Brotou dos rituais arcaicos de celebração ou lamentação e era inseparável do uso da linguagem num modo lírico elevado. O drama ático representa uma convergência da fala, música, e dança. Em todos três, o ritmo é o centro vital, e quando a linguagem se encontra num estado rítmico (palavras na condição de movimento ordenado), ela é verso. Na *Oréstia* não menos do que em *As Bacantes*, talvez a última das grandes façanhas da imaginação trágica grega, a ação do drama e a experiência moral dos personagens estão completamente unidas à forma métrica. A tragédia grega é cantada, dançada e declamada. Nela, não há lugar para a prosa.

Além disso, a mente logo percebeu uma relação entre formas poéticas e aquelas categorias da verdade que não são diretamente verificáveis. Fala-se ainda de "verdade poética", para significar que uma constatação pode ser falsa ou sem sentido através do teste da prova empírica, mas, ainda assim, possui ao mesmo tempo uma importante e inegável verdade num domínio moral, psicológico, ou formal. Ora, as verdades da experiência mitológica e religiosa pertencem amplamente a essa ordem. A prosa submete suas próprias constatações a critérios de verificação que são, de fato, irrelevantes ou inaplicáveis às realidades do mito. E é sobre isso que a tragédia grega foi constituída. A questão da lenda trágica, invocando Agamêmnon, Édipo, ou Alceste, arrancada dos mortos, não é crível à luz de uma verificação prosaica. Como afirma Robert Graves, a imaginação possui direitos extraterritoriais, e esses são defendidos pela poesia.

A poesia também possui seus critérios de verdade. Na realidade, eles são mais rigorosos que os da prosa, mas são distintos. O critério da verdade poética é o da consistência interna e da convicção psicológica. Onde a pressão da imaginação é suficientemente sustentada, permite-se as mais amplas liberdades à poesia. Nesse sentido, pode-se afirmar que o verso é a pura matemática da língua. Ele é mais exato do que a prosa, mais autocontido e mais apto a construir formas teóricas independentemente da base material. Ele consegue "mentir" criativamente. Os mundos do mito poético, como os da geometria não euclidiana, são persuasivos da verdade na medida em que aderem a suas próprias premissas imaginativas. A prosa, pelo contrário, é matemática aplicada. Em algum lugar no decorrer da frase, as afirmações que ela faz devem corresponder a nossas percepções dos sentidos. As casas descritas em prosa precisam se manter sobre fundações sólidas. A prosa mede, registra e antecipa as realidades da vida prática. É o garbo da mente realizando sua tarefa diária de trabalho.

Mas o caso não é só esse. A literatura moderna desenvolveu o conceito de "prosa poética", de uma prosa livre de verificação e jurisdição da lógica tal como é incorporada na sintaxe comum. Há traços proféticos dessa idéia em Rabelais e em Sterne. Mas ela realmente não assume importância antes de Rimbaud, Lautréamont e Joyce. Até essa época, as distinções entre o papel do verso e o da prosa eram nítidas. O verso não é unicamente o guardião especial da verdade poética contra a crítica do empirismo. É o divisor primordial entre o mundo da alta tragédia e o da existência comum. Reis, profetas e heróis falam em verso, demonstrando, desse modo, que os personagens exemplares da sociedade se comunicam de uma maneira mais nobre e mais antiga do que aquela reservada aos homens comuns. Não existe nada de democrático na visão da tragédia. Os personagens reais e heróicos a quem os deuses honram com sua vingança situam-se acima de nós na cadeia da existência. E o estilo de elocução deles deve refletir essa elevação. Os homens comuns são prosaicos, e os revolucionários escrevem seus manifestos em prosa. Os reis respondem em verso. Shakespeare bem sabia disso. *Ricardo II* é um drama de linguagens que não conseguem se comunicar entre si. Ricardo caminha para a ruína porque procura forçar os critérios de verdade poéticos sobre os clamores grosseiros, amotinados da realidade política. Ele é um poeta da realeza derrotado por uma rebelião da prosa.

Além disso, como a música, o verso estabelece uma barreira entre a ação trágica e o público. Mesmo quando não há mais um coro ele cria aquele sentido necessário de distância e estranhamento ao qual Schiller se referia. A diferença de linguagens entre o palco e o fosso altera a perspectiva e confere aos personagens e às suas ações uma magnitude especial. E, ao impelir a mente a superar uma barreira momentânea de formalidade, o verso aprisiona e amadurece nossas emoções. Podemos nos identificar com Agamêmnon, Macbeth, ou Fedra, mas só parcialmente, e depois de esforço preliminar. O uso que eles fazem de uma linguagem modelada de modo mais nobre e intrincado do que a nossa própria impõe-nos uma distância respeitosa. Não podemos entrar em suas peles do mesmo modo que somos solicitados a fazê-lo no drama naturalista. Assim o verso impede-nos de desenvolver simpatias muito familiares. Nas cortes dos grandes monarcas, à nobreza menor e ao terceiro Estado não se permitia proximidade com a pessoa real. Mas a prosa é um nivelador e chega muito perto do seu objeto.

O verso simplifica e complica ao mesmo tempo o retrato da conduta humana. Esse é o ponto crucial. Simplifica porque despoja a vida dos embaraços da contingência material. Onde os homens falam em verso, não há propensão para pegarem resfriados ou sofrerem de indigestão. Eles não se preocupam com a próxima refeição ou com os horários do trem. Citei anteriormente o verso de abertura de *Cromwell*, de Victor Hugo. Ele enfureceu os críticos contemporâneos porque utilizou um *alexandrin*, a marca exata da vida elevada e atemporal, para uma constatação temporal precisa. Ele fez descambar o verso trágico para o mundo grosseiro dos relógios e calendários. Como a riqueza, na poética de Henry James e Proust, o verso alivia os personagens do drama trágico das complicações da necessidade material e física. A assunção de folga financeira em todas as demandas materiais faz com que os personagens jamesianos e proustianos sejam liberados para viverem plenamente a vida do sentimento e inteligência. Ocorre o mesmo na tragédia. Num sentido muito real, o herói trágico deixa seus servidores viverem em seu lugar. São eles que assumem as cargas corruptoras da fome, sono e doença. Essa é uma das diferenças decisivas entre o mundo da novela, que é o da prosa, e o mundo do teatro trágico, que é o do verso. Na ficção em prosa, como D. H. Lawrence destacou, "você sabe que há um lavabo nas premissas". Não somos convocados a entrever tais facilidades em Micenas e Elsinore. Se houver banheiros nas casas da tragédia, é para que Agamêmnon seja aí assassinado.

Essa é a distinção por trás da crença clássica de que o verso não deve ser feito para expressar fatos comezinhos. Desde Wordsworth e dos românticos, essa convenção não é mais aceita. No entanto, desde as *Baladas Líricas* até a época de *Prufrock*, a poesia se apropriou de todos os domínios sórdidos ou familiares. Convencionou-se que toda maneira de realidade podia ser investida de uma forma poética adequada. Pergunto-me se isso é assim realmente. Dryden admitiu a criação do verso para dizer "feche a porta", mas foi ambíguo quanto à sua pertinência. Pois, ao assumir tais tarefas, o verso decai para o caos dos objetos materiais e das funções corpóreas dos quais a prosa é mestra. Certos estilos de ação são mais apropriados à encarnação poética do que outros. Por se ter negado o fato, muitíssimo do que passa como poesia moderna é meramente prosa inflada ou desnorteada. No drama contemporâneo versificado se nota fracassos repetidos em distinguir os usos apropriados dos inapropriados da forma poética. As peças recentes de T. S. Eliot demonstram claramente o que acontece quando o verso branco é chamado para empreender funções domésticas. Ele se rebela.

Mas, se o verso simplifica nossa avaliação da realidade ao eliminar a vida embaixo das escadas, ele também complica imensamente a escala e os valores do comportamento do espírito. Em virtude da elisão, concentração, obliqüidade, e sua capacidade de sustentar uma plura-lidade de significados, a poesia fornece uma imagem de vida bem mais densa e mais complexa do que a prosa. O molde natural da prosa é linear; procede de afirmações conseqüentes. Qualifica ou contradiz aquilo que vem depois. A poesia pode antecipar persuasões discordantes simultaneamente. Metáforas, imagens e tropos da retórica do verso podem estar carregados de significados simultâneos ainda que disparatados, até como música pode transportar ao mesmo tempo energias de movimentos contrastantes. A sintaxe da prosa incorpora o papel central, no qual atuam as relações casuais e a lógica temporal nos procedimentos do pensamento comum. A sintaxe do verso é, em parte, liberada da causalidade e tempo. Pode colocar a causa antes do efeito e permitir ao argumento uma progressão mais venturosa do que a ordenação da lógica tradicional. Esse é o motivo pelo qual o bom verso não se traduz em prosa. Considere um exemplo de *Coriolano* (uma peça em que o propósito de Shakespeare depende fortemente das prerrogativas da forma poética):

> Não. Ouvi o que falta. Quanto às juras
> constituem, humanas e divinas,
> sele agora o meu fecho. Esse o governo
> de dois poderes, no qual uma parte
> sente desprezo, com razão, da outra,
> sendo por ela, sem nenhum motivo,
> coberta só de injúrias; em que os títulos,
> a experiência, a nobreza não conseguem
> decidir coisa alguma sem que alcancem
> o sim ou o não da estupidez de muitos:
> acabará das reais necessidades
> se descuidando, para ver-se presa
> da inconstante fraqueza. Quando todos
> os propósitos, todos morrem frustros,
> tudo passa a ser feito sem propósito.
> Por isso vos conjuro, vós que menos
> medrosos quereis ser do que discretos;
> que mais os fundamentos da república
> bastantemente para não quererdes
> vê-los modificados; que uma vida
> com nobreza antepondes à existência
> prolongada e sem cor, e arriscaríeis
> aplicar um remédio perigoso
> num corpo que, sem isso perecera:
> já já tirai à multidão a língua:
> que ela não lamba o mel que é o seu veneno[1].

Nenhuma paráfrase em prosa pode fornecer um equivalente satisfatório. Nem é possível "traduzir" os solilóquios depressivos de Hamlet, a meditação sobre a morte de Macbeth, ou o lamento de Cleópatra sobre seu amante caído.

Na medida em que a matemática recua do óbvio, torna-se menos traduzível para qualquer outra coisa que não seja ela mesma. À medida

---

1. No take more!/ What may be sworn by, both divine and human,/ Seal what I end withal! This double worship –/ Where one part does disdain with cause, the other/ Insult without all reason; where gentry, title, wisdom/ Cannot conclude but by the yea end no/ Of general ignorance – it must omit/ Real necessities, and give way the while/ To unstable slightness. Purpose so barr'd, it follows/ Nothing is done to purpose. Therefore, beseech you –/ You that will be less fearful than discreet;/ That love the fundamental part of state/ More than you doubt the change on't; that prefer/ A noble life before a long, and wish/ To jump a body with a dangerous physic/ That's sure of death without it – at once pluck out/ The multitudinous tongue; let them not lick/ The sweet which is their poison.

que a poesia se afasta do óbvio, ela se torna menos traduzível para qualquer outra coisa que não ela própria. À medida que se afasta do prosaico, que ganha em sutileza e concentração, torna-se irredutível a qualquer outro meio. O mau verso, o verso não estritamente necessário ao empreendimento, se beneficia da boa paráfrase ou mesmo da tradução para uma outra língua. Observe como Poe soa bem melhor em francês. Mas o bom verso, ou seja, a poesia, perde-se completamente.

Até aí, portanto, na proporção em que o drama trágico é uma exaltação da ação, acima do fluxo da desordem e do compromisso prevalente na vida habitual, ele requer a forma do verso. A estilização e simplificação que essa forma impõe sobre os aspectos exteriores de conduta, possibilitam as complicações morais, intelectuais, e emocionais do drama elevado. As convenções poéticas abrem o caminho para a peça liberta das forças morais. Os atores trágicos no teatro grego permaneciam em pé sobre imponentes sapatos de madeira e falavam através de imensas máscaras, vivendo assim, no modo e no tom, mais elevado do que a vida. O verso fornece uma altitude e ressonância similar.

Isso não nega o próprio registro trágico da prosa. Não se desejaria que Tácito tivesse escrito em verso, e as cartas de Keats alcançam profundidades de sentimento ainda maiores do que as da sua poesia. Mas as duas esferas são diferentes, e a decisão de certos dramaturgos de transportar a tragédia do domínio do verso para o da prosa é uma das ocorrências decisivas na história do drama ocidental.

Tradicionalmente a fronteira entre o verso e a prosa corresponde àquela que separa o trágico do cômico. O que chegou até nós da comédia grega e latina está em verso. Muitos dos mesmos metros são usados tanto pelos trágicos como por Aristófanes, e isso é verdadeiro também em Plauto e Terêncio. Mas, muito provavelmente, abaixo do nível do drama literário floresciam as tradições da comédia folclórica e da farsa representada em prosa. A não sobrevivência de textos aponta para o fato mais amplo de que à prosa não havia sido ainda dada a dignidade das *belles-letres*. Ela era improvisada e transmitida pela palavra falada. Mas não pode haver dúvida de que a associação entre comédia e prosa é muito antiga e natural. Verso e tragédia pertencem juntos aos domínios da vida aristocrática. Comédia é a arte concernente a homens menores. Tende a dramatizar as circunstâncias materiais e as funções corpóreas banidas da cena trágica. O personagem cômico não transcende a carne; encontra-se absorvido por ela. Não há lavatórios nos palácios trágicos, mas desde seu nascimento, a comédia tem feito uso das bacias de quarto. Na tragédia, não se observa homens comendo, nem se escuta o seu ronco. Mas a touca de dormir e a colher de cozinha florescem na arte de Aristófanes e Menandro. E eles nos empurram para baixo, ao mundo da prosa.

A literatura medieval teve sua rica comédia rasteira. As formas não literárias de entretenimento dramático, compostas de mímica, prestidigitação e peça grosseira em geral, eram amplamente populares. Elas entravam nos ciclos de mistérios disfarçadas de interlúdios cômicos. A substituição de Jesus Menino por um cordeiro na *Peça do Pastor* é um exemplo notório. Não há dúvida de que aí está subjacente uma longa tradição de farsa dramática. A prosa vernacular, no entanto, estava progredindo em força e recurso. No renascimento, estava pronta para assumir os plenos direitos de literatura. E o fez em *Celestina,* de Rojas (1499), uma obra parte novela e parte drama, e em *A Mandrágora,* de Machiavelli (1522), a primeira grande comédia moderna. A partir da *Mandrágora* está aberto o caminho para a prosa cômica de Molière e Congreve.

A associação tradicional entre o gênero cômico e a forma em prosa fica implícita em todo drama elisabetano. Freqüentemente o duplo argumento de uma peça elisabetana ou jacobina é dividido entre comédia em prosa e tragédia versificada. Os palhaços, bufões, lacaios, e rústicos falam em prosa exatamente nas mesmas cenas em que seus senhores falam em verso jâmbico. Tal separação, de acordo com o grau social e clima dramático, é freqüente em Shakespeare. Em *Sonho de uma Noite de Verão*, Teseu e seus cortesãos usam o verso. Assim como as fadas, nas quais toda linguagem arde na chama da poesia. Peter Quince e sua turma, por outro lado, se expressam em prosa áspera, coagulada. Muito do nosso prazer brota do contraponto. Quando os rústicos encenam sua peça diante dele, Teseu concede-lhes a cortesia de se rebaixar em prosa (de que outro modo eles poderiam entender seus agradecimentos?). Mas trata-se de uma prosa lançada com a cadência de seu estilo natural: "Os melhores dessa espécie são apenas sombras, e os piores não são piores, se a imaginação os emenda". A graça em *Trabalhos de Amor Perdidos* surge em parte da prosa fantástica de Armado. Ele fala "não como um homem criado por Deus" pois ele atormenta a prosa em formas floridas do poético. No Shakespeare tardio, as diferenças entre verso e prosa são atenuadas pela busca de uma forma inclusiva, instantaneamente responsiva às condições da ação dramática e ao sentimento. Ainda assim, mesmo aí, se nota o uso antigo. A comédia e a prosa pertencem à vida baixa; a lamentação e a poesia à vida elevada. No último ato de *Cymbeline*, a prosa cáustica, sentenciosa do carcereiro atravessa o caminho de alguns dos versos mais melodiosos escritos por Shakespeare. Em *O Conto de Inverno*, o uso da prosa marca precisamente os limites do pastoral. O palhaço, o serviçal, e os pastores falam em prosa embora a poesia bata em todas as porta. Em *A Tempestade* essa divisão antiga fica mais clara. A ilha está plena da música mais rara, mas as criaturas baixas que aí se encontram – Caliban, Trinculo e Stephano – provocam e conspiram em prosa luxuriante. Caliban, que possui em si uma espécie de poesia zangada, torna-se prosaico sob a influência da garrafa de Stephano. Ainda assim, nenhuma dessas instâncias é conclusiva. Cloten, em *Cymbeline*, quase sempre usa prosa como se para demonstrar que, embora seja um personagem real, ele é básico e deformado. *O Conto de Inverno* inicia com uma cena em que dois cortesãos conversam em prosa. E os senhores náufragos em *A Tempestade*, às vezes escapam do verso.

A questão do uso alternado do verso e prosa, em Shakespeare, é complexa e fascinante. Apesar da imensa massa crítica shakespeariana, esta matéria não obteve um tratamento acurado. Há uma dificuldade técnica. A distribuição entre verso branco e prosa às vezes depende mais das extravagâncias do impressor e dos livres hábitos da pontuação elisabetana do que das intenções do poeta. Em certas peças tais como *Como Gostais* e *Coriolano*, o impressor parece ter se desviado particularmente, passando parágrafos em prosa para versos em pentâmetros jâmbicos ou hipermétricos, do que se pretendia que fosse prosa. Além disso há o fato de que a prosa elisabetana e jacobina tende a cair no passo do verso branco.

Mas esses acidentes têm sido enfatizados com exagero. Na maioria dos casos, Shakespeare sabia precisamente o que pretendia quando mudava do verso para prosa ou retornava novamente. Ele modulava a forma expressiva de acordo com os requisitos do personagem, clima, e circunstância dramática. É uma questão de tato poético, de um instrumento incomparavelmente tocado de ouvido. Os dois modos eram igualmente maleáveis ao seu toque. Shakespeare tinha plena consciência das possibilidades dramáticas inerentes na mudança de um para o outro. Ele sabia quais efeitos de ironia ou contraste poderiam ser desdobrados de um confronto repentino da voz poética com a prosaica. E ele estava começando a explorar, em peças como *Lear* e *Coriolano*, esses recursos especiais da prosa, que não estão disponíveis na poesia ainda que seja mais complexa.

A função do contraste é belamente demonstrada em *Muito Barulho por Nada*. Quase toda peça é escrita em prosa. As poucas passagens do verso são somente uma espécie de taquigrafia para apressar os assuntos. Na verdade, com essa peça a prosa inglesa estabeleceu uma firme conquista da comédia do intelecto. Congreve, Oscar Wilde, e Shaw são herdeiros diretos da apresentação de Shakespeare de Beatrice e Benedick. O verso frustraria a qualidade limitada, relacionada, de seu amor. Eles são amantes a meio caminho da paixão, não estão enamorados pela carne e nem tampouco pelo coração, mas tomados de encantamento mútuo. Seus encontros luminosos revelam como a inteligência fornece à prosa sua música real. Mas no último ato, a poesia faz uma entrada memorável. O local é a falsa tumba do Herói. Cláudio, Don Pedro, e seus músicos chegam para oferecer as honras da lamentação. Eles cantam uma lamentação lírica: "Perdoe, deusa da noite". Aí o príncipe volta-se para os músicos:

Ora, senhores! apagai as tochas.
Foram-se os lobos; a gentil Aurora
já surge leda por detrás das rochas;
Febo em seu carro o vasto mundo enflora[2]*.

Os versos lançam um encantamento curativo. Eles limpam as maquinações esquálidas do argumento. Ao toque da poesia, toda peça move-se numa chave mais luminosa. Sabe-se que o desfecho é iminente e que o caso terminará em final feliz. Além do mais, essa saudação ao lamento expressa uma censura gentil a Beatrice e Benedick. Don Pedro invoca a ordem pastoral e mitológica do mundo. Não há nenhuma sofisticação da prosa dos amantes. Mas é mais tolerante.

Outro exemplo de contraste intencional é o das orações funerais rivalizantes em *Júlio César*. Brutus fala em prosa:

> Preferiam ver César vivo e morrerem todos escravos, a ver César morto e viverem como homens livres? Porque César me amou, eu choro por ele; porque teve êxito, eu me regozijo; como era valente, eu lhe rendo homenagem; mas como era ambicioso, eu o matei. Eis lágrimas pelo seu amor; alegria pelo seu êxito; honra pela sua valença; e morte, por sua ambição[3]**.

Um momento depois, Marco Antônio se lança na retórica do verso de astúcia inigualável. Somos induzidos a observar a força plena do contraste. O estilo de Brutus é seco e nobre, como de um livro da lei. Procede no veio da razão e solicita a mente. Antônio joga fogo no sangue. Ele utiliza toda licença da forma poética para eriçar a multidão num frenesi. Ele nos diz: "Não sou nenhum orador como Brutus". É verdade, ele é um rebelde da palavra e poeta. Como todos os homens para os quais a prosa é a voz natural das questões públicas, Brutus não consegue perceber o quanto de desrazão eloqüente existe na política. Mesmo antes de Antônio ter interrompido, Brutus e Cassius precisam "percorrer como loucos pelos portões de Roma". Uma poesia feroz está em seus calcanhares.

Às vezes Shakespeare emprega a colisão entre verso e prosa para articular o significado principal de uma peça. Em *Henrique IV* há uma dialética múltipla: nobreza contra coroa; norte contra sul; a vida da

---

2. Good morrow, masters, put your torches out./ The wolves have prey'd, and look, the gentle day,/ Before the wheels of Phoebus, round about/ Dapples the drowsy east with spots of grey.
* *Muito Barulho por Nada*, em *Obra Completa – Comédias*, trad. de Carlos Alberto Nunes, Rio de Janeiro: Ediouro, 2000.
3. Had you rather Caesar were living, and die all slaves, than that Caesar were dead, to live all freemen? As Caersar love'd me, I weep for him, as he was fortunate, I rejoice at it; as he was valiant, I honour him; but – as he was ambitious, I slew him. There is tears for his love, joy for his fortune, honour for his valour, and death for his ambition.
** *Júlio César*, trad. de Carlos Lacerda, Rio de Janeiro: Record, 1965, p. 252.

corte contra a da taverna. Abarcando tudo, o choque entre o ideal de conduta da cavalaria, já corrompido pela decadência, e o novo empirismo mercantilista prenunciado em Falstaff. Hotspur, Northumberland, e o rei usam o verso altamente fluente, rico em recursos alegóricos da retórica feudal. Falstaff fala a prosa astuta, carnal. Ouve-se aí a voz da Londres elisabetana. As duas linguagens são constantemente dispostas em antagonismo, uma contra a outra. Hotspur invariavelmente tange a corda medieval:

> E ora, Esperance! Percy! e avançar sempre.
> Mandai tocar os nobres instrumentos de guerra
> e ao seu clangor nos abracemos,
> porque – o céu contra a terra! – muitos,
> certo, jamais renovarão tal cortesia[4]*.

A batalha gálica e o sentido arcaico da "cortesy"** (*courtoisie*) tornam o estilo tão medieval quanto uma armadura completa. Falstaff dá a resposta do homem comum moderno:

> Pode a honra encanar uma perna? Não. Ou um braço? Não. Ou suprimir a dor de uma ferida? Não. Nesse caso, a honra não entende de cirurgia? Não. Que é a honra? Uma palavra. Que há nessa palavra, honra? Vento apenas. Bela apreciação![5]

A nota da contabilidade em "reckoning"*** é deliberada. Essa já é a voz de Sancho Pança e do Bom Soldado Scweik. Leva a mentira ao ideal heróico. Certamente deve ser Falstaff quem clamará pela vitória sobre Hotspur e retirará seu corpo do campo. Os Hotspurs estão fora de moda.

O príncipe Hal move-se entre o verso e a prosa com um frio senso de oportunidade. Essa é sua força especial. Ele consegue utilizar tanto as palavras da corte como as da taverna para suas ambições. Ele entende suas pretensões rivais e não é servidor de nenhuma delas. Na parte inicial do drama, o príncipe permite que Falstaff dê o tom. Ao se encontrarem na batalha de Shrewsbury, Hal entra no estilo de Hotspur: "Quando nobres tombaram duros e hirtos sob os cascos do inimigo jactancioso, sem serem vingados. Dá-me tua espada"[6]. Mas Falstaff é

---

4. Now, Esperance! Percy! and set on./ Sound all the lofty instruments of war,/ And by that music let us all embrace,/ For, heaven to earth, some of us never shall/ A second time do such a courtesy**.

* *Henrique IV*, trad. de Carlos Alberto Nunes, Rio de Janeiro: Ediouro, Dramas Históricos, s/d.

5. Can honour set a leg? No. Or an arm? No. Or take away the grief of a wound? No. Honour hath no skill in surgery then? No. What is honour? A word. What is that word honour? Air. A trim reckoning***!

6. Many a nobleman lies stark and stiff/ Under the hoofs of vaunting enemies,/ Whose deaths are yet unreveng'd. I prithee/ Lend me thy sword.

imune à cavalaria. Ele responde em prosa: "take my pistol, if thou wilt" (Pegue minha arma se tu quiseres). A prosa e as armas de fogo andam juntas. Pertencem distintamente ao mundo moderno. Na Parte II, pelo contrário, o encontro entre verso e prosa termina com o necessário triunfo do poético:

> Quando ouvires que sou como fui,
> Aproxima-te de mim, e serás como foste,
> O tutor e supridor de minhas desordens.
> Até então estás banido, sob pena de morte,
> Como fiz com o resto de meus maus chefes,
> Não te aproximes de nossa pessoa por dez milhas[7].

O verso tem a batida de uma de uma vara nas costas do velho beberrão. Mas com seu soberbo sentido de complicação controlada, Shakespeare permite a Falstaff um aparte: "Mestre Shallow, Eu lhe devo mil libras". A fala é em prosa e o assunto é dinheiro. Fala da vida moderna, enquanto brilha sobre Henrique V, ao partir para França e empreender a última das guerras medievais, a glória de uma época que passa.

Em *Tróilo e Créssida* o choque entre o ideal heróico e o realismo prosaico acontece no terreno mais limitado e acrimonioso. O espelho que Thersites conduz para ação de cavalaria é embaçado e distorcido. Mas há uma certa verdade básica na imagem. Thersites é, talvez, o primeiro daqueles que Dostoiévski chama de "homens do subterrâneo"; ele insulta a sociedade por ser hipócrita em seus ideais professados e derrama sobre os outros os detritos de seu autodesprezo. Thersites faz mais do que falar em prosa; ele é a encarnação do antipoético. Sua prosa floresce na recusa da linguagem. Ela está alinhada com a amargura e procura se despojar das convenções ornamentais e discricionárias do estilo cortês. No ato V, as duas visões de vida são confrontadas. A cena é um prodígio de entoação precisa. Tróilo notou a falsidade de Créssida e está prestes a ser escoltado do campo grego (esse interlúdio no meio da guerra é em si mesmo uma convenção da cavalaria). Ele fala num estilo elaborado de amor cortês e proclama o desafio a Diomedes em termos que remetem vividamente à mentalidade da guerra feudal e do costume heráldico. Mas Thersites ficou escutando no escuro. Enquanto os senhores nobres se retiram, ele pronuncia um epitáfio grosseiro na inteira tradição do romance heróico. Num único momento, a roda da linguagem se fecha num círculo completo:

---

7. When thou dost hear I am as I have been,/ Approach me, and thou shalt be as thou wast,/ The tutor and the feeder of my riots./ Till then I banish thee, on pain of death,/ As I have done the rest of my misleaders,/ Not to come near our person by ten mile.

Tróilo: Cuida-te, Príncipe. Meu senhor cortesão, adeus.
Adeus, fada revoltosa! E Diomedes,
Permanece firme e empunha um castelo sobre tua cabeça.
Ulisses: Acompanho-te até os portões.
Tróilo: Aceite agradecimentos distraídos.
Thersites: Oxalá eu pudesse encontrar aquele velhaco do Diomedes! Eu grasnaria como um corvo; eu agouraria, eu agouraria! Pátroclo me dará qualquer coisa pela inteligência dessa prostituta. O papagaio não fará mais por uma amêndoa do que ele por uma vagabunda espaçosa. Luxúria, luxúria! ainda guerras e luxúria! Nada mais detém a moda. Um demônio ardente os possui[8]*.

Com relação à prosa de *Rei Lear*, o restante da prosa shakesperiana, e o estilo de Thersites, em particular, parecem preliminares. As funções do contraste irônico e distinção social ficam agora ultrapassadas e encontramos, pela primeira vez no drama, uma dissociação da tragédia com a forma poética. A prosa em *Lear* é um agente trágico completo e encontra-se no centro da peça. Demonstra virtudes que diferem daquelas do verso branco dramático não em grau mas na essência. Essa foi a percepção radical de Shakespeare. Tornou acessível uma noção que o teatro trágico desde Ésquilo deixara de verificar: a da tragédia em prosa. E sendo a imagem mais compreensível da condição do homem em toda obra de Shakespeare, *Rei Lear* parece reunir todos os recursos de linguagem. As duas vozes da poesia e da prosa são ouvidas em toda sua escala.

A prosa de *Lear* se encarrega de muitas tarefas. Serve à considerada malícia de Edmundo, à gíria inspirada do bufão, à distração simulada de Edgar, e à loucura verdadeira de Lear. Há soberba poesia na peça. A pouca fala de Cordélia é marcada pela música concisa do último modo poético shakespeariano. Mas o peso do sofrimento encontra-se na prosa. Isso é verdadeiro particularmente nas cenas na pradaria e durante a tempestade. Aí, a própria natureza rompe o modelo de ordem, e, na medida em que o verso é ordem, ele daria a ocasião e a ambientação desmerecida da graça. Saqueado das honras, dos confortos, e dos poderes do reino, Lear descarta as dignidades do verso. Seu espírito enlouquecido brada numa prosa que força os limites da razão e da sintaxe:

---

8. Troilus: Have with you, Prince. My courteous lord, adieu.
Farewell, revolted fair! and, Diomed,
Stand fast and wear a castle on thy head!
Ulysses: I'll bring you to the gates.
Troilus: Accept distracted thanks.
Thersites: Would I could meet that rogue Diomed! I would croak like a raven; I would bode, I would bode. Patroclus will give me anything for the intelligence of this whore. The parrot will not do more for an almond than he for a commodious drab. Lechery, lechery! still wars and lechery! Nothing else holds fashion. A burning devil take them!
* *Tróilo e Créssida*, trad. de Carlos Alberto Nunes, Rio de Janeiro: Ediouro, s/d.

Ao verme não deves a seda, ao animal o abrigo, ao carneiro a lã, e ao gato de algália o perfume. Ah! Dos presentes, três somos adulterados; tu és a coisa em si. O homem sem atavios não passa de um pobre animal, nu e fendido como tu. Fora, fora com todos estes empréstimos! Vamos! Desabotoai-me aqui![9]*

Ele aprendeu que das bocas de uma Regane e uma Goneril, as palavras podem se tornar máscara de pura falsidade. Em sua agonia, no entanto, ele as emprega com uma espécie de ódio pródigo. Tendo se equivocado completamente do belo mas traiçoeiro discurso, Lear procura degradar a linguagem infundindo nela rudeza e crueldade:

> Atenção para aquela senhora sorridente, cujo rosto anuncia pura neve na união das coxas. Só virtude mostra, sacudindo a cabeça sempre que ouve o nome do prazer. O furão e o corcel arrebatado não revelam mais lúbrico apetite. Abaixo da cintura são centauros, muito embora mulheres para cima. Até à cintura os deuses é que mandam; para baixo, os demônios. Ali é o inferno, escuridão, abismo sulfuroso, calor, fervura, cheiro de podridão[10].

Essa passagem é freqüentemente impressa em verso irregular. Mas o ouvido suporta a leitura da primeira quarta parte. O horror da peça vai se acumulando até uma expressão última de ódio e a graciosidade da forma poética, ainda que momentânea, diminuiria o sentido monstruoso da asserção de Lear. Essas cenas na pradaria conduzem a imaginação para aquilo que Coleridge designou de uma "convenção universal de agonias". Naquele último vazio, Shakespeare encontrou a prosa como o suporte mais justo.

Mas esse enriquecimento dos recursos formais do drama trágico passou amplamente desapercebido. Não foi durante o século XVIII, nem no período romântico, que a crítica se deteve na prosa shakespeariana. Os editores tomavam-na como garantida e buscavam readaptá--la ao verso branco. Em seu comentário sobre *Lear*, Coleridge nunca se detém para examinar o caráter especial dos meios expressivos. Ele destaca a loucura de Lear como "um redemoinho sem progressão", no entanto falha ao observar quão intimamente depende o efeito do frenesi estático da qualidade da prosa. Essa omissão é característica.

---

9. Thou ow'st the worm no silk, the beast no hide, the sheep no wool, the cat no perfume. Ha! Here's three on's are sophisticated! Thou art the thing itself, unaccomodated man is no more but such a poor, bare, forked animal as thou art. Off, off you lendings! Come, unbutton here.
  * *Rei Lear*, trad. de Carlos Alberto Nunes, Rio de Janeiro: Edições de Ouro, 1964.
10. Behold yond simp'ring dame, whose face between her forks presages snow; that minces virtue, and do's shake the head to hear of pleasure's name. The fitchew nor the soiled horse goes to't with a more riotous appetite. Down from the waist they are Centaurs, though women all above, but to the girdle do the gods inherit, beneath is all the fiend's. There's hell, there's darkness, there's the sulphurous pit; burning, scalding, stench, consumption.

Shakespeare ancorou nas mentes dos últimos poetas ingleses uma firme associação entre tragédia e verso. Seu próprio verso branco parecia controlar a forma da linguagem. Escrever tragédia em geral, era escrever drama em verso. A negação da prosa shakespeariana é compreensível, mas mostrou-se custosa ao futuro do teatro inglês.

A concepção de tragédia em prosa foi primeiramente sustentada na França. Durante a briga entre antigos e modernos, Fontenelle e La Motte protestaram contra a tirania do verso. Em 1722, La Motte começou a escrever tragédias em prosa sobre temas bíblicos e clássicos; seu *Édipo* em prosa apareceu em 1730. Faltava-lhe o talento necessário para demonstrar a força de sua idéia. Mas embora a tragédia versificada continuasse sendo o gênero dominante, a oposição a ela nunca cessou. Nos anos de 1820, Stendhal declarava repetidamente que a tragédia sobreviveria na literatura moderna somente se fosse escrita em prosa. Era possível que seu argumento tivesse precedente histórico, pois a língua francesa já havia atravessado as barreiras psicológicas e convencionais entre prosa e drama trágico no final do século dezessete.

O avanço decisivo ocorre em *Don Juan* de Molière (1665). A peça é uma tragédia cujos cânones não estão de acordo com a própria época de Molière nem, suponho, com nenhuma definição mais ampla. Ela presume que a danação é real, mas a ação é concebida por um ângulo que não é inteiramente sério. A maestria da peça, sua capacidade de proporcionar prazer e inquietação ao mesmo tempo, encontra-se precisamente nessa leve distorção de perspectiva. O argumento é austero, no entanto os acontecimentos vigentes provocam uma brincadeira constante. E o motivo é que não os vemos em órbita. Eles são apresentados com uma superficialidade deliberada. Don Juan não é um personagem dramático completo. Ele não pode mudar nem amadurecer. Suas respostas são inteiramente previsíveis, e há algo nele de uma marionete eloqüente, vivaz. Poucos personagens dramáticos de comparável fascinação mostram tão poucos traços de qualquer vida exterior a sua presença cênica. Ele vive somente no momento teatral, como acontece mesmo com o mais brilhante dos bonecos. *Don Juan* representa uma elevação final do elemento da farsa, sempre latente em Molière. Ele traduz a vitalidade forte mas talvez superficial do *slapstick*, em termos teóricos e psicológicos.

Mas, ainda que seja algo menos que tragédia, *Don Juan* possui uma força severa, inegável. E a natureza dessa força depende intimamente da prosa poética em Molière. Alguns dos efeitos mais espantosos são de uma tal espécie que o próprio verso poderia traduzir, mas creio que seria menos natural e direto. Considere a famosa cena (por longo tempo suprimida por causa de sua crueldade libertina) na qual Don Juan procura tentar um eremita faminto a cometer blasfêmia:

Don Juan: Tens somente que decidir se queres ganhar um luis de ouro, ou não; eis um aqui que te ofereço, se jurares. Tome, é preciso jurar.
O Pobre: *Senhor...*
Don Juan: Por menos que isso, não levará nada.
Sganarelo: Vai, vai, jura um pouco; não tem mal nenhum.
Don Juan: Toma, eis aqui, toma: mas então jura.
O Pobre: Não senhor, prefiro antes morrer de fome.
Don Juan: Vai, vai, eu te dou por amor à humanidade[11].

O tom é de delicado equilíbrio entre o selvagem e o frívolo; o verso penderia para qualquer lado. Nos últimos momentos da peça, as vantagens da prosa ficam novamente aparentes. Don Juan é tragado pelas chamas do inferno. Seu servo sai engatinhando da fumaça e escombros, gritando por seus salários:

Sganarelo: Ah! Meus salários! meus salários! Eis aí! Por causa de sua morte todo mundo ficou satisfeito. Céu ofendido, leis violadas, moças seduzidas, famílias desonradas, pais ultrajados, mulheres molestadas, maridos impacientes, todo mundo está contente, a não ser eu sozinho de infelicidade. Meus salários, meus salários![12]

Dois dos mais deliciosos aspectos dessa passagem derivam das táticas de retórica: o diminuendo do ultrage que começa no céu e termina com os cornudos, e a dupla referência aos termos com que Sganarelo enumera as vítimas de Don Juan. Cada uma delas, em seu domínio particular, contém ao mesmo tempo uma conotação sexual (*violées, séduites, déshonorées, outragés*). Desse modo a "violação" da lei evoca imediatamente a das mulheres, e o conceito inteiro é cercado pelo *double-entendre* (duplo sentido) de *poussés à bout* (empurrar até o fundo/ forçar até o fim).

Mas o valor dramático do clamor de Sganarelo não recai primariamente nesses artifícios retóricos. O que importa é a inadequação dos sentimentos de Sganarelo, sua sensibilidade rude para com a circunstância à sua volta. Isso se traduz melhor em prosa. A indiferença do criado torna explícita a danação do patrão. Ao gastar sua vitalidade em lascívia vazia, Don Juan chega a ponto de não significar nada, mesmo

---

11. Don Juan: Tu n'as qu'à voir si tu veux gagner un louis d'or, ou non, en voici un que je te donne, si tu jures. Tiens, il faut jurer.
Le Pauvre: Monsieur...
Don Juan: A moins de cela, tu ne l'auras pas.
Sganarelle: Va, va, jure en peu; il n'y a pas de mal.
Don Juan: Prends, le violà; prends, te dis-je, mais jure donc.
Le Pauvre: Non, monsieur, j'aime mieux mourir de faim.
Don Juan: Va, va, je te le donne pour l'amour de l'humanité.

12. Sganarelle: Ah! mes gages! mes gages! Voilà, par sa mort, un chacun satisfait. Ciel offensé, lois violées, filles séduites, familles déshonorées, parents outragés, femmes mises à mal, maris poussés à bout, tout le monde est content; il n'y a que moi seul de malheureux. Mes gages, mes gages, mes gages!

para o seu companheiro mais próximo. Ele é uma sombra de animação selvagem, apagada em um instante. Sua perdição e a eternidade do seu tormento futuro não comovem Sganarelo. Tudo que lhe importa são seus salários não pagos, e sua lamentação por eles são o único epitáfio a Don Juan.

Não é acidental que as duas cenas mencionadas envolvam dinheiro. O mundo da prosa é aquele em que vale o dinheiro, e a ascendência da prosa na literatura ocidental coincide com o desenvolvimento das relações econômicas modernas, durante o século dezesseis. Como os monarcas ingleses, os personagens nobres da tragédia não carregam bolsa. Não se vê Hamlet se preocupando em como pagar os atores ou Fedra ponderando a respeito de suas contas domésticas. Somente as criaturas ordinárias, tais como Rodrigo, são representadas colocando dinheiro em sua bolsa. Mas, uma vez que os fatores econômicos se tornam dominantes na sociedade, a noção do trágico se amplia para incluir a ruína financeira e os ódios por dinheiro da classe média. Molière foi o primeiro a perceber o imenso papel das relações monetárias na vida moderna. Em Shakespeare, essas relações conservam uma inocência arcaica. É preciso possuir dinheiro, como em *O Mercador de Veneza*, para a perseguição amorosa de estilo ou para a disputa entre amigos. Mas vem de lugares distantes por súbitos navios mercantes. No drama shakespeariano, o dinheiro não é uma ficha abstrata de troca cujo único valor deriva de uma ficção da razão; é o ouro *daemonico*. Timão dispersa-o em gasto compulsivo para encontrá-lo novamente, enterrado misteriosamente na margem do mar. Entre os elisabetanos, Ben Jonson teve a percepção mais verdadeira do temperamento mercantilista. Mas mesmo em *Volpone*, a grande comédia das baixas finanças, o dinheiro possui uma aura irracional. É um ingresso dourado, de um deus sensual como fogo nas veias dos homens. O seu ganho não é representado, e seu uso é mais mágico do que econômico.

Aqui novamente, o final do século dezessete marca a grande divisão de sensibilidade, que separa o mundo de Shakespeare, de Voltaire e Adam Smith. É no final do século dezessete que a literatura começa a adquirir uma visão realista do dinheiro. Molière e Defoe percebem que grande parte disso não vem do oriente fabuloso nem do cadinho alquímico. Em *Moll Flanders*, vislumbra-se a excitação cerebral e nervosa das transações financeiras. Swift foi além. Ele tinha uma percepção irônica das raízes inconscientes do desejo econômico e brincou sabendo dos aspectos escatológicos da avareza. As novelas de Smollett demonstram o acúmulo e a perda de dinheiro através de meios racionais e técnicos, e nas cenas de jogo em *Manon Lescaut* há sugestões dessa poesia do dinheiro tão vastamente importante em Balzac, Ibsen e Zola. Mas a poesia do dinheiro é a prosa.

A novela moderna é uma resposta direta a esse giro da consciência em relação à vida econômica e burguesa. Mas tal volta, que é uma das principais ocorrências de toda história da imaginação, também afetou o drama. Pode-se rastrear sua origem em George Lillo e suas peças seriamente prosaicas escritas nos anos de 1730. A influência do drama fora da Inglaterra foi imensa, e ele tornou-se classe média juntamente com uma vingança. Essas "comédias sentimentais" ou, mais adequadamente, *comédies larmoyantes* do século dezoito, não foram bem exauridas. Suas moralidades e *pathos* são tão insistentes a ponto de se tornarem intoleráveis. Os sentimentos representados, não são passíveis de serem engolidos. Apesar disso, peças como *Miss Sara Sampson* de Lessing, e *O Filho Natural* de Diderot são de grande interesse histórico. Elas rebaixaram a escala do drama a ponto de colocá-lo em foco com as novas realidades do sentimento da classe média. Até Ibsen, são obras que representam cavaleiros distantes. Essas parábolas de vida burguesa e sofrimento foram escritas em prosa. Lessing e Diderot buscaram recuperar para o teatro a eficácia da fala corrente. Pois era isso que faltava inteiramente à tragédia do século dezoito. No entanto os poetas trágicos, ainda sob o domínio das convenções neoclássicas, não encorajariam a descida ao prosaico. Conseqüentemente, mesmo através dos seus mais nobres esforços, *Cato* de Addison e *Irene* de Samuel Johnson, são materiais frios, desvitalizados. Recusando beneficiar-se do alcance da prosa, a tragédia esquivou-se das possibilidades abertas a ela em *Don Juan*. O lapso entre drama trágico e os centro vitais da inquietação imaginativa ampliou-se e nunca mais foi completamente atravessado. E a formação de uma prosa dramática apropriada à conveniência das emoções trágicas complexas foi adiada por talvez um século.

O próximo passo em direção de tal prosa foi dado por Goethe. Na versão inicial, fragmentária de *Fausto Zero*, o *Urfaust*, duas cenas são em prosa. Em uma delas, a de Margarete na prisão, Goethe mudou para verso. Mas o encontro entre Fausto e Mefistófeles, que a precede imediatamente, permaneceu essencialmente intacta ao longo dos sessenta anos em que Goethe elaborou a saga de Fausto. Permanece como um bloco errático no meio da poesia. Mas a cena, com a rubrica (*Dia Sombrio. Campo.*), é notável não somente pela singularidade de sua forma, mas também porque é provavelmente anterior quanto à data de composição. Deve retroceder ao ano de 1772, quando o poeta encontrava-se sob o impacto do julgamento e execução de uma jovem que assassinara seu filho ilegítimo. O diálogo parece ter emergido inteiro da imaginação de Goethe no calor da hora. O fato de ele tê-lo mantido inalterado durante os longos anos de revisão confirma sua qualidade inspirada. As virtudes da prosa são de economia e tensão acumulada. Para demonstrá-las, recorro a uma longa citação:

FAUSTO: Na agonia! É desesperador! Deplorável, tanto tempo
    perdido encontro na terra! Trancada no cárcere como criminosa,

sofrendo torturas vis, a meiga desgraçada criatura! Longe demais!
– Espírito traidor, infame esconder isso de
mim! Fica aí, fica! Revira teus olhos diabólicos em fúria na
tua cabeça! Fica e me prova com tua presença insuportável!
Aprisionada! Na dor irremediável! Nas mãos dos maus
espíritos! E do ser humano justiceiro e insensível! Enquanto
isso, me embalas em alegrias já degustadas e ocultas o
crescente desespero dela, deixando-a apodrecer indefesa.
MEFISTÓFELES: Ela não é a primeira!
FAUSTO: Cão! Monstro abominável! Transforma-o, espírito infinito,
transforma o verme em cão novamente, naquele que em
horas noturnas gostava de correr à minha frente, postar-se
diante dos pés do inofensivo caminhante para se pendurar nos ombros do
que cai! Transforma-o novamente em sua forma predileta para que eu pise
com os pés quando rastejar sobre a barriga na areia, o abjeto! – Não é a
primeira! – Dor! Dor![13]*

A ferocidade da cena deriva, em parte, do contraste entre a prosa e a poesia circundante. Justo antes de Fausto irromper em raiva e dor, a visão da Noite das Bruxas havia desaparecido numa nota de puro encantamento. O último quatrino cantado pelos espíritos que recuam é marcadamente em *pianíssimo*. A descida para a prosa é tão repentina e violenta quanto à mudança de locação do palácio de Oberon para o dia sombrio em espaço aberto. Mas o peso trágico recai principalmente na ocasião. Fausto reconhece agora a absoluta vileza de Mefisto, a pura torpeza do mal. Seu pacto com a noite perdeu sua grandiosidade. Fausto sabe que sua própria consciência está afundando no atoleiro. Ele não é mais um rebelde prometeico, mas um aventureiro envolvido em uma peça de sedução vil, mesquinha. O mal pode apequenar os limites da alma. Mefisto, que vislumbra no ultraje de Fausto os sinais de sua futura sujeição, esmerilha no sentido do mal e da banalidade. Margarete

---

13. FAUST: Im Elend! Verzweifelnd! Erbärmlich au/ der Erde lange verirrt und nun gefangen!/ Als Missetäterin im Kerker zu entsetzlichen/ Qualen eingesperrt, das holde, unselige/ Geschöpf! Bis dahin! dahin! – Verräterischer,/ nichtswürdiger Geist, und das hast du mir verheimlicht!/ Steh nur, steh!/ Wälze die teuflischen Augen ingrimmend/ im Kopf herum! Steh un trutze mir/ durch deine unerträgliche Gegenwart! –/ Gefangen! Im unwiederbringlichen/ Elend! Bösen Geistern übergeben und/ der richtenden, gefühllosen Menschheit!/ Und mich wiegst du indes in abgeschmackten/ Zerstreuungen, verbirgst mir/ ihren wachsenden Jammer und lässest sie/ hilflos verderben!
MEPHISTOPHELES: Sie ist die erste nicht!
FAUST: Hund! abscheuliches Untier! – Wandle / ihn, du unendlicher Geist! wandle den/ Wurm wieder in seine Hundsgestalt, wie/ er sich oft nächtlicherweile gefiel, vor/ mir herzutrotten, dem harmlosen Wandrer/ vor die Füsse zu kollern und sich/ dem niederstürzenden auf die Schultern/ zu hängen. Wandl' ihn wieder in seine/ Lieblings-bildung, dass er vor mir im Sand/ auf dem Bauch krieche, ich ihn mit Füssen/ trete, den Verworfnen! – Die erste/ nicht! Jammer! Jammer!
* *Fausto Zero*, trad. de Christine Röhring, São Paulo: Cosac & Naify, 2001.

não é a primeira moça seduzida desse modo. Fausto grita com seu atormentador: "Cão! Besta odiosa!" Sua referência é exata: primeiro, foi na forma de um poodle bajulador que o mal se aproximou dele. O poodle bajula, e seguem-se os mastins do inferno.

A cena se encerra numa aceleração da ação:

MEFISTÓFELES: Irei conduzir-te – ouve o que posso fazer! Acaso tenho todo poder no céu e na terra? Turvarei os sentidos do carcereiro, apodera-te da chave e conduze-a para fora com mão humana. Eu ficarei de vigília com os cavalos preparados. É o que posso fazer.
FAUSTO: Vamos então![14]

Creio que, aqui, a prosa exerce certas tarefas que o verso exerceria com menos dificuldade. Metricamente, o *staccato* das sucessivas afirmações, o fogo rápido das asserções, tenderiam a um verso amarrado e não natural. É a irregularidade da prosa e a disrupção da cadência natural, que concorrem para essa pressão incessante. Além do mais, as ironias são de uma espécie muito drástica ao verso. Digo, para aquele verso que, sendo necessariamente ornamento, deve contornar os limites da selvageria. Margarete está para ser conduzida a seu calabouço "por uma mão humana", mas na realidade é a pata do Demônio que abrirá as portas. *Ich entführe euch*, promete Mefisto: "eu a conduzirei". A frase é o oposto, pois o verbo significa também "evadir" e "abduzir".

Esse debate sombrio remete à reflexão sobre o que teria sido *Fausto* se Goethe tivesse escrito tudo, ou uma grande parte, em tal prosa. Nesse caso, a linguagem usual teria conspirado contra a evasão da tragédia. Do jeito que está, essa cena invoca emoções trágicas mais despojadas do que quaisquer outras que possamos encontrar em outro lugar na peça. Uma vez escrita por Goethe, não foi mais necessário dissociar prosa de tragédia na literatura alemã. Quase de um golpe, a prosa alemã amadurecera para o objetivo dramático mais elevado.

Esse objetivo foi, em parte, preenchido por Georg Büchner. Somente em parte, pois Büchner morreu aos vinte e três anos. Em todo esse livro tenho considerado dramaturgos que fracassaram pela falta de talento, pelo fato de sua inclinação natural encontrar-se antes na poesia ou ficção do que no drama, ou por não conseguirem reconciliar sua concepção ideal de teatro com as exigências da cena vigente. Em Büchner esses motivos de fracasso não se aplicam. Se ele tivesse vivido, a história do drama europeu provavelmente seria diversa. Sua morte,

---

14. MEPHISTOPHELES: Ich führe dich, und was ich tun kann, höre! Habe ich alle Macht im Himmel und auf Erden? Des Türners Sinne will ich umnebeln; bemächtige dich der Schlüssel und führ sie heraus mit Men-schenhand! Ich wache! die Zauberpferde sind bereit, ich entführe euch. Das vermag ich.
FAUST: Auf und davon!

absurdamente prematura, é um símbolo do desperdício mais absoluto, freqüentemente citado quando se quer culpar a mortalidade, como temos visto nos exemplos da morte de Mozart e Keats. Não que não se possa colocar a obra de Büchner ao seu lado; mas a promessa de gênio nos escritos deste autor é tão vasta e explícita que o que estava por vir era como se fosse um escárnio. Há algum cansaço na poesia tardia de Keats. Büchner foi podado em plena e ascendente carreira. Pode-se escassamente prever as direções nas quais haveria de amadurecer um jovem que já havia escrito *A Morte de Danton, Leonce e Lena, Woyzeck*, e o massivo tronco de prosa narrativa, *Lenz*. Em uma idade comparável, Shakespeare poderia ter sido o autor de umas poucas líricas amorosas.

O amadurecimento instantâneo de Büchner faz vacilar a convicção. A mestria está lá desde o início. Não há quase nenhuma carta inicial ou texto de panfleto político que não possua a marca da originalidade e do controle estilístico. Excetuando Rimbaud, não há outro escritor que foi tão completamente ele mesmo numa idade tão precoce. Normalmente, a paixão ou eloqüência surge muito antes do estilo; em Büchner elas se achavam unidas de vez. Fica-se também encantado com a escala de Büchner. Em Marlowe, por exemplo, há uma voz prematuramente silenciada, mas que já havia definido seu timbre particular. Büchner confia seus poderes em muitas direções diferentes; tudo em sua obra é realização e experimento. *A Morte de Danton* renova as possibilidades do drama político. *Leonce e Lena* é uma peça onírica, uma fusão de ironia e abandono apaixonado que ainda se encontra à frente do teatro moderno. *Woyzeck* não é somente a fonte do "expressionismo"; Ele propõe, em uma nova chave, toda problemática da tragédia moderna. *Lenz* leva os recursos da narrativa à divisa do surrealismo. Interessa-me principalmente a prosa dramática de Büchner e sua extensão radical ao compasso da tragédia. Mas todo aspecto de sua genialidade é um alerta de que o progresso da consciência moral e estética freqüentemente extravasa o precário pivô de uma única vida.

Esse também se debruça sobre acidentes triviais. O manuscrito de *Woyzeck* sumiu de vista imediatamente depois da morte de Büchner em 1837. O texto desbotado, quase ininteligível foi redescoberto e publicado em 1879, e somente depois da Primeira Guerra Mundial e dos anos de 1920 que os dramas de Büchner se tornaram amplamente conhecidos. Exerceram então uma tremenda influência sobre a arte expressionista e a literatura. Sem Büchner poderia não ter existido Brecht. Mas o longo, fortuito lapso entre a obra e o seu reconhecimento coloca uma das questões mais atormentadas da história do drama. O que aconteceria com o teatro se *Woyzeck* fosse reconhecida antes como obra-prima? Será que Ibsen e Strindberg teriam se empenhado em seus imanuseáveis dramas históricos se tivessem conhecido *A Morte de Danton*? No final do século XIX, somente Wedekind, aquela figura errática, selvagemente dotada, gerada no submundo do legítimo teatro, conhecia e aproveitava o exemplo de Büchner. E se não fosse por um novelista menor austríaco, Karl Emil Franzos, que resgatou o manuscrito, a própria existência de *Woyzeck* poderia ser agora uma disputada nota de rodapé na história literária.

Büchner conhecia a cena em prosa de *Fausto* e cita uma das réplicas derrisivas de Mefisto em *Leonce e Lena*. Também estava familiarizado com os usos energéticos, embora crus, da prosa de *Os Bandoleiros* de Schiller. Mas o estilo de *Woyzeck* é quase autônomo; é uma dessas raras façanhas em que um escritor acrescenta uma nova voz aos meios da linguagem. Van Gogh ensinou o olho a ver a chama no interior da árvore, e Schoenberg conduziu o ouvido a novas áreas de prazer possível. A obra de Büchner é dessa ordem de enriquecimento. Ele revolucionou a linguagem do teatro e desafiou definições de tragédia, em vigor desde Ésquilo. Por um desses acasos afortunados, que às vezes ocorrem na história da arte, Büchner chegou no momento certo. Era crucialmente necessária uma nova concepção da forma trágica, já que nem a antiga nem a shakespeariana pareciam se adequar às grandes mudanças da aparência moderna e da circunstância social. *Woyzeck* preenchia essa necessidade. Porém ele ultrapassou a ocasião histórica, e muito do que manifestou encontra-se até agora inexplorado. Pode-se estabelecer o paralelismo mais exato com um contemporâneo de Büchner, o matemático Galois. Às vésperas de sua morte num duelo ridículo, aos vinte anos de idade, Galois estabeleceu os fundamentos da topologia. Suas constatações e provas fragmentárias, os enormes saltos por sobre os limites da teoria clássica, são ainda considerados pela vanguarda da matemática moderna. Além disso, as anotações de Galois foram preservadas quase por acidente. Assim como aconteceu com *Woyzeck*; a peça é incompleta e estava quase perdida. No entanto, agora é reconhecida como uma das dobradiças na qual o drama se voltou em direção ao futuro.

Woyzeck é a primeira tragédia real da baixa vida. Ela repudia uma assunção implícita no drama grego, elisabetano, e neoclássico: a assunção de que o sofrimento trágico é o privilégio sombrio daqueles que estão em lugares elevados. A tragédia antiga tocara as ordens mais baixas, mas somente de passagem, como uma faísca espirrada das enormes conflagrações de dentro do palácio real. Além do mais, no cerne das dores pendentes das classes servis, os poetas trágicos introduziram uma nota grotesca ou cômica. O vigia, em *Agamêmnon* e o mensageiro, em *Antígona*, são acesos pelo fogo da ação trágica, mas pretende-se que sejam risíveis. Na realidade, o toque de comédia deriva do fato deles serem inadequados, devido à escala social ou ao entendimento das grandes ocasiões em que eles atuam brevemente. Shakespeare cerca seus protagonistas com um rico cortejo de homens inferiores. Mas suas próprias tristezas são apenas um eco da lealdade às tristezas reais, como acontece com os jardineiros de *Ricardo II*, ou em uma pausa para o humor, na cena de Porter em *Macbeth*. Somente em *Lear* o sentido de desolação trágica é tão universal a ponto de acompanhar as condições sociais (e *Woyzeck* deve, em certos aspectos, a *Lear*). Lillo, Lessing e Diderot ampliaram a noção de seriedade dramática ao incluir as fortunas da classe média. Mas suas peças são homilias sentimentais nas quais espreita a presunção da antiga aristocracia de que as misérias dos servos são, no fundo, cômicas. Diderot, em particular, foi essa figura característica, o esnobe radical.

Büchner foi o primeiro que tornou relevante a solenidade e compaixão da tragédia à categoria mais baixa de homens. Ele teve sucessores: Tolstói, Górki, Synge e Brecht. Mas nenhum igualou a força de pesadelo de *Woyzeck*. O drama é linguagem altamente pressionada pelo sentimento, em tal intensidade que as palavras transportam uma conotação necessária e imediata do gesto. É na montagem dessa pressão que Büchner se sobrepuja. Ele modelou um estilo mais gráfico do que qualquer outro desde *Lear* e percebeu, como Shakespeare, que na extremidade do sofrimento, a mente procura soltar as amarras da sintaxe racional. Os poderes da fala de Woyzeck caem drasticamente distantes da profundidade de sua angústia. Essa é a cruz da peça. Enquanto tantos personagens da tragédia clássica e shakespeariana parecem falar bem melhor do que sabem, elevados pelo verso e pela retórica, o espírito agonizado de Woyzeck martela em vão às portas da linguagem. A fluência dos seus atormentadores, o Doutor e o Capitão, é a mais terrível, pois o que eles têm a dizer não deveria ser exaltado pela fala culta. A versão operática de Alban Berg para *Woyzeck* é soberba, como música e como drama. Mas distorce o principal recurso de Büchner. A música torna Woyzeck eloqüente; uma orquestração astuciosa dá voz a sua alma. Na peça, essa alma é quase muda e é a deficiência das palavras de Woyzeck que carrega seu sofrimento. No entanto o estilo tem uma claridade feroz. Como isso é conseguido? Através de utilizações da prosa, inegavelmente relacionadas a *Rei Lear*. Lado a lado, as duas tragédias se iluminam mutuamente:

GLOUCESTER: Esses últimos eclipses do sol e da lua não nos anunciam nada bom. Muito embora a ciência da natureza possa explicá-los desta ou daquela maneira, a própria natureza se sente chicoteada pelos efeitos que se lhes seguem. O amor esfria, a amizade desaparece, os irmãos se desavêm; nas cidades, tumultos; nos campos, discórdias; nos palácios, traições, rompendo-se os laços entre filhos e pais. Esse meu filho desnaturado confirma aqueles sinais: é filho contra pai. O rei se afasta da trilha da natureza: é pai contra filho. Já vimos o melhor de nosso tempo. (I, ii)
WOYZECK: Mas com a natureza o caso é outro, veja o senhor com a natureza (Ele estala os dedos) é assim, como posso dizer, por exemplo...
....
Senhor Doutor, o senhor já viu algo que seja de natureza dupla? Quando o sol está no meio-dia e é como se o mundo ardesse em chamas, já me aconteceu que uma voz terrível falasse comigo!

....
Os cogumelos, senhor Doutor. Aí, aí é que está a coisa. O senhor já viu em que os cogumelos crescem no chão? Soubesse alguém ler isso! (8. "Woyzeck. O Doutor", p. 249)
LEAR: Abaixo da cintura são centauros, muito embora mulheres para cima. Até a cintura, os deuses é que mandam; para baixo, os demônios.Ali é o inferno, escuridão, abismo sulfuroso, calor, fervura, cheiro de podridão...Xi! Xi! Pá! Ó bondoso boticário, dá-me uma onça de almíscar, para eu temperar a imaginação. Aqui tens dinheiro. (IV, v)
WOYZECK (Sufocado): Mais e mais! (Levanta-se de um pulo e depois recai no banco.) Mais! Mais! (Bate as mãos uma na outra.) Rodem, girem. Por que Deus não apaga o sol com um sopro, para que tudo se revolva na imundície, homem e mulher, humanos e animais? Façam-no em plena luz do dia, façam-no nas próprias mãos. Como os mosquitos... Mulher... A mulher está quente, quente!... Mais e mais. [...] (11. "Taberna", p. 253)
LEAR: E, uma vez caindo em cima de meus genros: matar, matar, matar! (IV, v)
WOYZECK: Hein, o que, o que vocês estão dizendo? Mais alto, mais alto [...] Estou ouvindo também isso aqui, está o vento dizendo isso também? Ouço isso sempre, sempre: apunhale e mate, mate. (12. "Campo Aberto", p. 254)[15]*

Há ecos diretos. Lear clama pelos elementos a "crack nature's mould" diante da visão da ingratidão do homem: Woyzeck se pergunta porque Deus não espirra o sol. Ambos, Lear e Woytzeck, estão enlouquecidos

---

15. GLOUCESTER: These late eclipses in the sun and moon portend no good to us. Though the wisdom of nature can reason it thus and thus, yet nature finds itself scourg'd by the sequent effects. Love cools, friendship falls off, brothers divide. In cities, mutinies; in countries, discord; in palaces, treason; and the bond crack'd twixt son and father. This villain of mine comes under the prediction; there's son against father; the King falls from bias of nature; there's father against child. We have seen the best of our time.
(I,ii)
WOYZECK: Aber mit der Natur ist's was anders, sehn Sie; mit der Natur das is so was, wie soll ich doch sagen, zum Beispiel....
....
Herr Doktor, haben Sie schon was von der doppelten Natur gesehn? Wenn die Sonn in Mittag steht und es ist, als ging' die Welt in Feuer auf, hat schon eine fürchterliche Stimme zu mir geredt!
....
Die Schwämme, Herr Doktor, da, da steckt's. Haben Sie schon gesehn, in was für Figuren die Schwämme auf dem Boden wachsen? Wer das lessen könnt!
("Beim Doktor")
LEAR: Down from the waist they are Centaurs, though women all above; but to the girdle do the gods inherit, beneath in all the fiend's. There's hell, there's darkness, there's the sulphurous pit; burning, scalding, stench, consumption. Fie, fie, fie! pah, pah!
(IV, v)
WOYZECK: Immer zu – immer zu! Immer zu, immer zu! Dreht euch, wältz euch! Warum bläst Gott nicht die Sonn aus, dass alles in Unzucht sich übereinander wältz, Mann und Weib, Mensch und Vieh?! Tut's am hellen Tag, tut''s einem auf den Händen wie die Mücken! – Weib! Das Weib is heiss, heiss! Immer zu, immer zu!
("Wirtshaus")

com repugnância sexual. Diante de seus próprios olhos, os homens assumem as formas de bestas luxuriantes: a doninha e o cavalo no cio, em *Lear*; os mosquitos copulando em plena luz do dia, em *Woyzeck*. O mero pensamento da mulher toca seus nervos como um ferro em brasa: "there's the sulphurous pit; burning, scalding"; "Das Weib is heiss, heiss!" Um sentido de corrupção sexual totalmente invasiva incita o velho rei enlouquecido e o soldado iletrado ao mesmo frenesi assassino: "kill, kill"; "stich tot, tot!"

Mas é na utilização da prosa que as duas peças se aproximam entre si. Büchner claramente deve a Shakespeare. O estilo da prosa é notoriamente difícil de analisar, e há uma enorme e óbvia distância entre o alemão pós-romântico e o inglês elisabetano. No entanto, quando se coloca as passagens lado a lado, o ouvido apreende similaridades inegáveis. As palavras são organizadas do mesmo modo abrupto, e o ritmo subjacente funciona na direção de uma pressão e liberação de sentimento comparáveis. Na leitura em voz alta, a prosa de *Lear* e *Woyzeck* carrega o mesmo encurtamento da respiração e a mesma movida infatigável. A "forma" das sentenças é extraordinariamente similar. Nas parelhas rimadas de Racine existe uma qualidade de equilíbrio e redondeza quase visível ao olho. Mas na prosa de *Lear* assim como na de *Woyzeck*, a impressão é de falas quebradas e agrupamentos agudamente ásperos. Ou, para parafrasear um conceito em *Timão de Atenas*, as palavras "nos machucam", "ache at us".

No entanto, os fatos psicológicos com os quais Shakespeare e Büchner lidam são diametralmente opostos. O estilo da agonia de Lear marca uma queda ruinosa; a de Woyzeck, uma desesperada onda em elevação. Lear se desintegra na prosa, e temendo um eclipse total da razão, ele procura preservar ao alcance de sua angústia os fragmentos do seu entendimento anterior. Sua prosa é feita de tais fragmentos, arrumados numa tosca semelhança de ordem. No lugar da conexão racional, existe agora uma ligação odiosa com o mundo. Woyzeck, pelo contrário, é conduzido por seu tormento em direção a uma articulação que não lhe é inata. Ele tenta romper o silêncio e é continuamente empurrado para trás, pois as palavras ao seu comando são inadequadas à pressão e selvageria do seu sentimento. O resultado

---

LEAR: And When I have stolne upon these
son in lawes,
Then kill, kill, kill, kill, kill, kill!
    (IV, v)
WOYZECK: Hör ich's da auch? – Sagt's der
Wind auch? – Hör ich's immer, immer zu: stich tot, tot!
    ("Freies Feld")
    * *Rei Lear*, op. cit.
    Woyzeck, trad. de J. Guinsburg e Ingrid Dormien Koudela, em *Büchner: na Pena e na Cena*, São Paulo: Perspectiva, 2004.

é uma espécie de simplicidade terrível. Cada palavra é usada como se tivesse acabado de ter sido oferecida à fala humana. É nova e plena de incontrolável sentido. É o modo como as crianças usam as palavras, mantendo-as ao alcance da mão, pois elas possuem uma apreensão natural ao seu poder de construir ou destruir. E precisamente essa infantilidade de Woyzeck é relevante em Lear, pois em seu declínio da razão Lear retorna a uma inocência e ferocidade da criança. Nos dois textos, além disso, um recurso retórico importante é o de uma repetição infantil: "kill, kill, killl"; "never, never, never"; "immer zu, immer zu!"; "stich tot, tot!", como se falar algo insistentemente pudesse fazê-lo acontecer.

Repetição compulsiva e descontinuidade não pertencem somente à linguagem das crianças, mas também à dos pesadelos. É no efeito do pesadelo que Büchner se empenha. A angústia de Woyzeck engatinha na superfície da fala e aí é arrastada de alguma forma; irrompem somente clarões nervosos, estridentes. Como nos sonhos negros o grito retornou a nossas gargantas. As palavras que nos salvariam estão justamente além de nosso alcance. Essa é a tragédia de Woyzeck, e criar um drama falado daí foi uma concepção audaciosa. É como se um homem compusesse uma grande ópera sobre o tema da surdez.

Uns dos primeiros e mais duradouros lamentos sobre a trágica condição do homem é o grito de Cassandra no pátio da casa dos Atreus. Na fragmentária cena final de *Woyzeck* as implicações da dor não são menos universais. Woyzeck cometeu assassinato e cambaleia em transe. Ele encontra um idiota e uma criança:

WOYZECK: Christian, meu garotinho, você vai ganhar um soldadinho, as, as. (A criança o empurra. Para Karl.) Tome compre um soldadinho pro menino.
KARL (Olha para ele fixamente.)
WOYZECK: Upa! Upa! Cavalinho.
KARL (Soltando gritos de júbilo): Upa! Upa! Cavalinho! Cavalinho! (Sai correndo com a criança)[16].

Nas duas instâncias, a linguagem parece reverter a uma comunicação de terror mais antiga do que a fala literária. O grito de Cassandra é como o de um trinado de pássaro, selvagem e sem significado. Woyzeck se descarta das palavras como brinquedos quebrados; elas o traíram.

Em Büchner, a ruptura das convenções lingüísticas e sociais da poética trágica foi mais radical. Mas essas convenções foram perdendo sua garra no teatro europeu. Musset não possui a originalidade de Büchner nem sua força imaginativa. Mas ele se rebelou contra a auto-

---

16. WOYZECK: Christianchen, du bekommst ein Reuter, sa, sa: da, kauf dem Bub ein Reuter! Hop, hop! Ross!
KARL: Hop, hop! Ross! Ross!

cracia do verso no drama sério francês. Em sua rebelião, infelizmente, como em muitas outras coisas de sua vida e arte, Musset faltou com a convicção. Ele foi relutante em confiar na escala total da emoção dramática mesmo com uma prosa tão rica de recursos como a sua. Daí a leveza deliberada, o charme quebradiço, de *Comédies et proverbes* (Comédias e Provérbios). Musset manteve a distância somente uma vez, em *Lorenzaccio*.

Em muitos aspectos, a peça é típica do melodrama histórico romântico. O herói evasivo é composto de Hamlet e de autobiografia. Os conspiradores republicanos são modelados em *Fiesco,* de Schiller, e há toques derivados do arqui-romântico Jean Paul Richter. Mas a linguagem é nova. *Lorenzaccio* é escrito em uma prosa sinuosa, cheia de movimentação dardejante, e capaz de tornar explícitas as nuances de sentimento que caracterizam a visão romântica do homem. A prosa é toda ação. Musset incorpora ao diálogo dramático a economia e claridade adquirida pelos novelistas e *philosophes* da época precedente. Os melodramas de Victor Hugo são escritos como se nem Voltaire nem Laclos tivessem usado a linguagem francesa. O estilo de *Lorenzaccio*, pelo contrário, se enraíza diretamente na afinação da prosa que ocorreu durante o século dezoito. O diálogo prolongado de Lorenzaccio com Philippe Strozzi, no terceiro ato, rivaliza com Stendhal; possui a mesma economia exterior e riqueza de vida interior:

> É tarde demais – estou pronto para o meu ofício. O vício tem sido minha veste, agora ele está colado à minha pele. Eu sou realmente um rufião, e ao divertir meus pares, sinto-me sério como a Morte no âmago da minha alegria. Brutus se fez de bobo para matar Tarquínio, e o que me espanta nele, é que ele não perdeu a razão. Aproveite de mim Felipe, eis o que tenho a te dizer – não trabalhe por teu país[17].

Mas essa peça intrigante teve pouca influência. Não liberou a tragédia romântica francesa da regra do verso bombástico e vazio. Com todas suas virtudes, falta peso em *Lorenzaccio*. A estrutura é muito fortuita para um estilo tão delicado e de movimentação ágil. A tensão dramática encontra-se antes no detalhe do que na intenção geral. Como o restante das peças de Musset, no entanto, essa é mais vital no papel do que na encenação. No entanto, ao quebrar com o precedente do verso heróico, Musset deu um grande passo para a modernidade. O argumento de Stendhal a favor de um drama trágico escrito na linguagem dos vivos está implícito em *Lorenzaccio* assim como em *Woyzeck*.

---

17. Il est trop tard – je me suis fait à mon métier. Le vice a été pour moi um vêtement, maintenant il est collé à ma peau. Je suis vraiment um ruffian, et quand je plaisante sur mes pareils, je me sens sérieux comme la Mort au milieu de ma gaieté. Brutus a fait le fou pour tuer Tarquin, et ce qui m'étonne en lui, c'est qu'il n'y ait pas laissé sa raison. Profite de moi, Philippe, voilà ce que j'ai à te dire – ne travaille pas pour ta patrie.

VIII

O ideal de tragédia na tradição clássica ou shakespeariana foi desafiado não somente pela expansão da prosa realista, mas também pela música. Na segunda metade do século dezenove, a ópera evidenciou um sério clamor pelo legado do drama trágico.

Esse clamor é inerente a toda grande ópera, mas raramente é sustentada. A grande maioria das óperas são libretos montados para música, letras acompanhadas ou adornadas de sonoridade vocal e orquestral. A relação entre letra e música é de concordância formal, e o desenvolvimento da ação dramática depende de convenções elaboradas e implausíveis por meio das quais a fala é mais cantada do que falada. A música cerca o texto com um código de ênfase ou de clima apropriado; não se funde à língua para criar uma completa forma dramática. O primeiro a realizar uma articulação completa do sentimento dramático através de meios musicais foi Gluck, em seu *Orfeu*. Foi seguido por Mozart, cujo *Don Giovanni* desempenha um papel na história do drama musical comparável a *Don Juan* de Molière, na história do teatro falado. Ambos ampliam os limites da forma dramática. Mozart possuía domínio total dos recursos dramáticos da música, e suas óperas sugerem que somente a música conseguia animar as convenções do mito trágico e da conduta trágica que se ausentou do teatro, depois do século XVII.

Mas Mozart não teve sucessores imediatos. O gênero operístico parecia incapaz de se apropriar das possibilidades abertas pelo declínio da tragédia. Beethoven concentrou seus tremendos poderes dramáticos na música de câmara e no drama orquestral da sinfonia. *Fidelio*, na realidade, marca um retrocesso do ideal da forma operística coerente. E desse modo somente no período romântico tardio, a ópera atingiu sua herança trágica plena. Verdi e Wagner são os principais trágicos de sua época, e Wagner em particular é uma figura dominante em qualquer história da forma trágica. Ele era um gênio para propor questões decisivas: conseguiria o drama musicado recuperar a vitalidade de hábitos imaginativos e reconhecimento simbólico, essenciais a um teatro trágico mas que o racionalismo e a era da prosa baniram da consciência ocidental? Conseguiria a ópera realizar a fusão, longamente procurada, do drama clássico e shakespeariano com a criação de um gênero dramático total, o *Gesamtkunstwerk*? Wagner não estava sozinho na perseguição desse sonho de unidade. A carreira de Berlioz demonstra uma constante oscilação pendular entre o clima shakespeariano, como em *A Danação de Fausto*, e o clássico, como na concepção virgiliana de *Le Troyens* (As Troianas). Mas Wagner foi mais além. Ele aceitou o axioma de Shelley de que a saúde do drama é inseparável de uma sociedade livre. Desse modo ele não somente iniciou a criação de uma nova forma de arte, mas também de uma nova audiência. Bayreuth representa bem mais do que o projeto técnico de um palco inovador e espaço acústico. Ele almeja revolucionar o caráter do público e, por inferência, da sociedade. O uso que os nazistas fizeram de Wagner foi uma perversão abjeta; mas não há dúvida que sua imagem de teatro tinha implicações sociais drásticas. Ela procurava evocar na sociedade moderna a espécie de resposta unificada e disciplinada da emoção que tornou possível o drama grego e, em menor grau, o elisabetano.

Mas havia um traço de racionalismo astuto no gênio complexo de Wagner. Ele sabia que a imagem do mundo orgânico da tragédia sofocliana e shakespeariana não poderia ser revivida mesmo por hipnose musical. Desse modo, ele se determinou a construir uma nova mitologia. O resultado de sua tentativa é uma estranha beberagem bruxulenta de estética vitoriana, cristianismo do romantismo tardio, e de veneno do nacionalismo que estava sendo injetado na corrente sanguínea da Europa. A beleza abrupta e a perspicácia da música wagneriana investiram essa mitologia de uma coerência monumental. Arrastado pela rede tonal de *Parcifal*, o ouvinte é conduzido a uma experiência sensual direta das crenças místicas encarnadas na lenda. E esse era o propósito de Wagner. A música reconstruiria as pontes entre o intelecto e a fé dilacerada pela veemência superficial do racionalismo pós-newtoniano. A mitologia wagneriana de redenção através do amor serviria de escola à imaginação, e a *Festspielhaus*, sendo templo e local de aprendizagem, estaria novamente no centro nervoso da sociedade.

Instado por Nietzsche, Wagner invocava convictamente o precedente do teatro antigo para sua própria concepção. Ele sustentava, como

Nietzsche, que a tragédia havia nascido da música e dança. O drama falado havia sido um longo desvio; ao retornar à música, a peça trágica estaria, de fato, retornando à sua verdadeira natureza. Além do mais, na medida em que a fala moderna suportava o selo do ceticismo voltairiano e socrático, sem ajuda da música ela não poderia mais liberar, nos homens, os recuos sombrios da consciência mítica.

Não obstante, embora defendesse a primazia da forma musical total, Wagner foi um mestre da linguagem e um inventor habilidoso do melodrama. Como um manipulador do choque dramático, ele não foi mais imponente do que Sardou. *Tristão e Isolda* é um triângulo de sala de visitas em uma escala cósmica, e há tantas coincidências implausíveis e revelações surpreendentes no *Anel* como em qualquer peça bem construída. Essa habilidade, um tanto quanto prostituída no tratamento da forma teatral, traía o ideal wagneriano. Wagner, sem dúvida, mantém um lugar maciço e duradouro no repertório operístico. Mas sua realização marca o fim da tradição romântica e vitoriana do drama. Com exceção de Richard Strauss, a ópera moderna não deu continuidade a Wagner, mas se voltou contra ele. Apesar das tentativas exaustivas das produções modernistas, Bayreuth é um santuário de antiquário. Com sua rara acuidade nervosa, Nietzsche percebeu desde o início o cheiro da decadência. Ele detectou em Wagner a porção do charlatão e encontrou em Bayreuth não o frio ar marinho do espírito trágico grego, mas uma estufa de religiosidade romântica. As tratativas posteriores de Nietzsche contra Wagner são injustas e azedam a admiração que mal se foi. Mas ele estava certo ao caracterizar Wagner como um mestre do espetáculo, referindo-se menos às virtudes ou à inteligência da época do que aos seus nervos fatigados. O drama wagneriano está muito mais próximo de Sardou e Dumas Filho do que de Sófocles ou Shakespeare. No entanto, e isso Nietzsche não conseguiu perceber, *Tristão e Isolda* está mais próximo da tragédia completa do que qualquer outra coisa produzida durante a baixa do drama que separa Goethe de Ibsen. Quase o mesmo pode ser dito a respeito de duas outras óperas do século XIX tardio, *Boris Godunov* de Mussórgski, e *Otello* de Verdi.

No século XX, a ópera fortaleceu mais ainda seu clamor pela sucessão trágica. Pouco do teatro em prosa ou da retomada do drama em verso se equipara à coerência e eloquência da emoção trágica das óperas de Janáček e Alban Berg. É possível que os poderes modeladores da imaginação moderna sejam submetidos às linguagens das ciências e às notações da música em vez da palavra. Não é uma peça, mas uma ópera que mais destaca a promessa de um futuro para a tragédia.

Schoenberg não completou *Moisés e Arão*. Mas nos dois atos que compôs ele engendrou uma lógica e convicção expressiva tão imensa à coexistência da palavra e música como ninguém, creio eu, conseguiu até agora. Ambos, a palavra e o som musical, retêm sua autoridade específica, mas Schoenberg estabelece entre eles, ou antes em sua inteiração, um meio campo de intenso sentido dramático. A palavra canta, e a música fala. Nem a ficção, nem o teatro falado encontraram até agora uma resposta adequada aos sofrimentos monstruosos infligidos aos homens durante o passado imediato, e a maior parte da nossa poesia permaneceu privada e silenciosa. *Moisés e Arão* foi concebida às vésperas da catástrofe, no início dos anos de 1930, mas as constatações que ela faz a respeito da ausência necessária de Deus e a loucura do desejo humano provaram ser amargamente pertinentes à condição política. A grande tragédia é atemporal em todos os tempos.

Com o desenvolvimento, durante o século XIX, de uma prosa dramática amadurecida e de formas operísticas capazes de conduzir a ação complicada e séria, nosso tema principal está terminado. Depois de *Woyzeck* e *Tristão e Isolda*, as definições antigas do gênero trágico não mais são relevantes, e o caminho está aberto para Ibsen, Strindberg e Tchékhov. Estes dramaturgos não se perguntaram se estavam escrevendo tragédias em algum sentido tradicional ou formal. Suas obras não se apóiam sobre o conflito de ideais que dominaram a poética da tragédia desde o final do século XVII. Suas peças não pertencem nem à tradição clássica nem à shakespeariana e não tentam uni-las em alguma síntese artificial da forma total.

Com Ibsen, a história do drama começa novamente. Somente isso faz dele o dramaturgo mais importante depois de Shakespeare e Racine. O teatro moderno pode ser datado a partir de *Pilares da Sociedade* (1877). Mas como a maioria dos grandes artistas, Ibsen trabalhava no interior das convenções disponíveis. As quatro peças de sua maturidade precoce – *Pilares da Sociedade*, *Casa de Bonecas*, *Espectro* e *Um Inimigo do Povo* – são maravilhas da construção no modo prevalente da sala de estar do século XIX tardio. As junções são estritamente encaixadas como nos melodramas domésticos de Augier e Dumas. O revolucionário é a orientação desses esquemas prontos tais como o passado oculto, a carta roubada, ou a revelação no leito de morte de problemas sociais de seriedade premente. Os elementos do melodrama são investidos de responsabilidade para um propósito deliberado, intelectual. Essas são as peças nas quais Ibsen é o dramaturgo que Shaw tentou fazer de si: o pedagogo e o reformador. Nenhum teatro jamais teve atrás de si um impulso mais forte de vontade e filosofia social explícita.

Mas tais panfletos, que duram enquanto podem provar que existem pelo seu vigor teatral, não são tragédias. Na tragédia, não há remédios temporais. A questão não pode ser destacada muito freqüentemente. A tragédia não fala sobre o dilema secular a ser solucionado pela inovação racional, mas das tendências permanentes da desumanidade e destruição no curso do mundo. Mas esse não é o caso das peças do período radical de Ibsen. Há remédios específicos para os desastres que desabam sobre os personagens, e o propósito de Ibsen é de nos fazer ver esses remédios e concretizá-los. *Casa de Bonecas* e *Fantasmas* fundamentam-se na crença de que a sociedade pode mudar para uma concepção sã, adulta da vida sexual e que a mulher pode e precisa elevar-se à dignidade do homem. *Pilares da Sociedade* e *Um Inimigo do Povo* são denúncias das hipocrisias e opressões dissimuladas sob a máscara da gentileza da classe média. Elas nos falam do modo pelo qual os interesses monetários envenenam as molas da vida emocional e integridade intelectual. Elas clamam pelo radicalismo explícito e pela reforma. Como Shaw corretamente afirma: "Não mais tragédia para garantir lágrimas". Na realidade, nenhuma tragédia em geral, e sim retórica dramática, convocando à ação, pela convicção de que a verdade de conduta pode ser definida e de que ela libertará a sociedade.

Esses objetivos programáticos se estendem até o período médio de Ibsen. Mas em *O Pato Selvagem* (1884), a forma dramática se aprofunda. As limitações da peça bem construída e sua deliberada superficialidade de perspectiva começavam a pressionar Ibsen. Mantendo a forma da prosa e as convenções exteriores do realismo, ele retornou para a voz lírica e para os meios alegóricos de suas peças experimentais iniciais, *Brand* e *Peer Gynt*. Com a floresta de brinquedo e caçada imaginária do velho Ekdal em *O Pato Selvagem*, o drama retorna a um uso do mito efetivo e da ação simbólica que havia desaparecido do teatro desde as últimas peças de Shakespeare. Em *Rosmersholm*, *A Dama do Mar* e *Hedda Gabler*, Ibsen conseguiu realizar aquilo que todo dramaturgo maior tentara depois do final do século XVII e aquilo que até Goethe e Wagner não conseguiram realizar completamente: ele criou uma nova mitologia e convenções teatrais para expressá-la. Essa foi a maior realização do gênio de Ibsen e, até agora, não é completamente compreendida.

Como foi visto, o declínio da tragédia está inseparavelmente relacionado à concepção do mundo orgânico e ao seu contexto anexo de referência mitológica, simbólica e ritual. Foi nesse contexto que o drama grego se instaurou, e que os elisabetanos ainda foram capazes de lhe dar aderência imaginativa. Essa visão ordenada e estilizada da vida, com sua inclinação para a alegoria e a ação emblemática, já estava em declínio à época de Racine. Mas pela observância árdua das convenções neoclássicas, Racine conseguiu dar ao velho mito, agora esvaziado de crença, a vitalidade da forma viva. Foi uma brilhante ação de retaguarda a sua. Mas depois de Racine, os antigos hábitos de percepção e reconhecimento imediato, que forneceram ao drama trágico sua moldura de referência, não mais prevaleciam. Ibsen, portanto, defrontou-se com um vácuo real. Ele teve de criar um contexto de sentido ideológico (uma mitologia efetiva) para suas peças, e teve de projetar os símbolos e convenções teatrais de modo a comunicar seu sentido a um público corrompido pelas virtudes fáceis da cena realista. Ele se encontrava na posição de um escritor que inventa uma nova linguagem e precisa então ensiná-la a seus leitores.

Sendo um batalhador consumado, Ibsen transformou suas privações em vantagens. Ele tomou a precariedade das crenças modernas e a ausência da ordem de um mundo imaginativo como seu ponto de partida. O homem move-se nu em um mundo despossuído do mito explicativo ou conciliador. Os dramas de Ibsen pressupõem a retirada de Deus das questões humanas, e essa retirada deixou a porta aberta às frias rajadas que sopravam de uma criação malevolente embora inanimada. Mas os assaltos mais perigosos à razão e à vida não vêm de fora, como na tragédia grega e elisabetana. Eles surgem na alma instável. Ibsen parte da percepção moderna de que existe rivalidade e desequilíbrio na psique individual. Os fantasmas que assombram seus personagens não são os arautos palpáveis da danação que encontramos em *Hamlet* e *Macbeth*. São forças da disrupção que se romperam desatadas do âmago do espírito. Ou, mais precisamente, são cânceres que se desenvolvem na alma. No vocabulário de Ibsen, o mais mortal desses cânceres é o "idealismo", a máscara da hipocrisia e da autodecepção com a qual os homens buscam se defender das realidades da vida social e pessoal. Quando "os ideais" agarram um personagem de Ibsen, eles o conduzem à ruína psicológica e material como as Irmãs Sobrenaturais conduzem Macbeth. Uma vez aderida à pele, a máscara só pode ser removida à custa de suicídio. Quando Rosmer e Rebecca West adquirem a habilidade de confrontar a vida, eles estão à beira da morte. Quando a máscara não a resguarda mais da luz, Hedda Gabler se mata.

Para articular essa visão de um mundo abandonado por Deus e a consciência do homem trincado e vulnerável, Ibsen inventou uma série surpreendente de símbolos e gestos figurativos. Como a maior parte dos criadores de uma mitologia coerente, além disso, ele tomou decisões prematuras a respeito de suas encarnações objetivas. Os significados assumidos pelo mar, pelo fiorde, as avalanches e o pássaro espectral em *Brand*, continuam exatamente até a última peça de Ibsen, *Quando Despertamos entre os Mortos*. A nova igreja, em *Brand*, introduz o momento do desastre, do mesmo modo que o novo campanário em *O Mestre Construtor*. O garanhão branco de Peer Gynt obscurece as acusações dos fantasmas de Rosmersholm. Desde o início, Ibsen faz uso de certos objetos materiais na concentração de valores simbólicos (o pato selvagem, as pistolas do general Gabler, o mastro posicionado em frente à casa em *A Dama do Mar*). E a associação de uma imagem explícita e respeitável da vida por meio de ambiente e objetos materiais mais capazes de simbolizar e dramatizar, essa imagem foi a fonte do poder de Ibsen. Ela lhe permitiu organizar suas peças em modelos de ação mais ricos e expressivos do que qualquer outro que o teatro conhecera desde Shakespeare. Considere a pressão do sentimento dramático e a complexidade de sentido presentes na tarantela dançada por Nora, em *Casa de Bonecas*; na proposta de Hedda Gabler de coroar Lövborg com folhas de videira; ou no risco dos lugares altos e estreitos que acontece em *Rosmersholm, O Mestre Construtor*, e *Quando Despertamos entre os Mortos*. Cada um deles é por si mesmo um episódio coerente na peça, ainda assim é, ao mesmo tempo, um ato simbólico que discute uma visão específica da vida. Ibsen atingiu essa visão, e projetou os meios estilísticos e teatrais que lhe dão vida dramática. Essa é sua realização rara.

As últimas peças de Ibsen representam a espécie de movimento interior que também encontramos nas últimas peças de Shakespeare. *Cymbeline, O Conto de Inverno*, e *A Tempestade*, mantêm as convenções da tragicomédia jacobina. Mas essas convenções atuam como sinalizadores que apontam para significações interiores. As tempestades, a música, as máscaras alegóricas têm implicações que pertencem menos ao repertório imaginário comum do que a uma compreensão mais particular do mundo. As formas teatrais usuais são um simples palanque da forma interior. Esse é exatamente o caso em *O Mestre Construtor, O Pequeno Eyolf, John Gabriel Borkman*, e *Quando Despertamos entre os Mortos*. Esses dramas aparentemente pertencem à tradição realista e observam as convenções das três unidades da cena. Mas, de fato, não é isso que acontece. O ambiente é rarefeito a tal ponto que se torna desoladamente transparente, e conduz a uma estranha paisagem apropriada à mitologia de Ibsen sobre a vida e ressurreição.

É nessas quatro peças – e elas se encontram em meio aos picos do drama – que Ibsen mais se aproxima da tragédia. Mas é tragédia de uma ordem de peculiar, limitada. Trata-se de fábulas de morte, ambientadas num purgatório frio. Halvard Solness está morto muito antes de galgar a torre de sua nova aldeia. Allmers e Rita estão mortos um para o outro no sufoco do seu casamento. Borkman é um fantasma irado andando para cima e para baixo num caixão que se assemelha a uma casa. Em *Quando Despertamos entre os Mortos*, o tema do purgatório é explícito. No egotismo louco de sua arte, Rubeck pisoteou a fugacidade da vida. Ele destruiu Irene, recusando-se a tratá-la como um ser vivo. Mas em tal destruição sempre há um componente de suicídio, e o grande escultor – o modelador da vida – definhou em uma sombra grotesca. Ainda resta uma chance de milagre; na partilha do perigo mortal, os mortos podem despertar. Desse modo, Rubeck e Irene se apressam ao encontro da avalanche da montanha.

Nessas parábolas ferozes há ressonâncias ocasionais da tragédia clássica e shakespeariana. Penso que se experimenta uma sensação relacionada à forma trágica, quando Agamêmnon atravessa o tapete vermelho e Solness galga sua torre. Mas o foco é inteiramente outro. Ibsen inicia onde as primeiras tragédias terminaram, e seus argumentos são epílogos dos desastres prévios. Suponha que Shakespeare tenha escrito uma peça que mostre Macbeth e Lady Macbeth levando suas negras vidas no exílio depois de terem sido derrotados por seus inimigos vingativos. Tem-se então o ângulo de visão de *John Gabriel Borkman*. Esses dramas de pós-vida recrutam sombras tão vívidas a ponto de animar as regiões mais baixas do *Purgatório*. Mas mesmo nessas obras tardias há um propósito que ultrapassa a tragédia. Ibsen está dizendo que não é preciso viver prematuramente enterrado. Ele está lendo a lição da vida significativa. Os Allmers e os Rubecks do mundo podem despertar de suas mortes em vida e estabelecerem entre si relações de honestidade e sacrifício. Há uma saída, ainda que ela conduza ao encontro das geleiras. Não existe tal caminho para Agamêmnon ou Hamlet ou Fedra. Na melancolia do Ibsen tardio, o âmago da esperança militante está intacto.

Porque é que esse magnífico corpus dramático não exerceu uma influência maior ou mais libertadora sobre o teatro moderno? Dramaturgos como Arthur Miller apóiam-se em Ibsen como Dryden apoiava-se em Shakespeare. Eles observaram os meios técnicos das peças de Ibsen e adotaram algumas de suas convenções e gestos definidores. Mas o rico questionamento da vida implícito em Ibsen e a transparência de seus ambientes realistas à luz do simbolismo estão ausentes. O Ibsen das peças programáticas teve influência, no caso de Shaw, não pelos dramas atormentados de sua maturidade. Por que seria assim? Em parte, a resposta é que Ibsen realizou muito bem sua obra. Muitas das hipocrisias que ele combateu se libertaram do espírito. Muitos espectros da opressão da classe média foram exorcizados. O triunfo do reformador obscureceu a grandiosidade do poeta. Em parte, há a barreira da língua. Aqueles que lêem norueguês afirmam que a prosa madura de Ibsen é tão estritamente trabalhada em cadência e equilíbrio interior quanto o bom verso. Na poesia, além do mais, a força e direção do sentido freqüentemente se debruçam sobre as inflexões particulares e o arranjo de sons. Esses resistem à tradução. E desse modo, nas traduções disponíveis à maioria dos leitores, há um achatamento prosaico inteiramente inapropriado ao propósito simbólico e ao lirismo dos últimos dramas. Em suma, aquilo que melhor se traduz em Ibsen talvez seja o menos notável. Desse modo, ainda não se tem aquele teatro de Ibsen pleiteado por Shaw na virada do século.

Se Ibsen está fora do espaço da tragédia clássica ou shakespeariana, o mesmo é verdadeiro até em uma maior extensão para Strindberg e Tchékhov.

Nas peças de Strindberg encontram-se algumas das convenções radicais do Ibsen tardio, sem o tecido sustentador de uma visão de vida responsável. O simbolismo tem um brilho selvagem, aprisionante, mas atrás de si não existe nenhuma mitologia controladora. A concepção de mundo, implícita nas peças de Strindberg, é histérica e fragmentária. Nenhum dramaturgo jamais fez de uma forma tão pública quanto o drama uma expressão mais privada. Os personagens de Strindberg são emanações de sua própria psique atormentada e sua vida machucada. Gradualmente, eles perdem contato com um centro governante e são como fragmentos dispersos de alguma grande erupção de energia secreta. Em *A Sonata do Espectro* e *Sonho*, os personagens parecem colidir ao acaso numa espécie de espaço vazio. Daí as convenções de irrealidade e de alegoria do espectro e de sonho. Esses dramas pertencem a um teatro da mente e funcionam em nosso interior como música relembrada. Mas o que Strindberg realizou em profundidade, ele perdeu em coerência teatral. Essas peças fantasmáticas são sombras de drama.

Essa perspectiva esquisita, como se todas as coisas fossem vistas através da neblina e em linhas interrompidas, é extensiva até mesmo às peças históricas. O tratamento de Strindberg a Charles XII encolhe a escala da política para um teatro de bonecos de muitas marionetes estranhas, nervosas. Strindberg foi vitorioso rapidamente. *Senhorita Júlia* e *Credores* são obras-primas. O alto lance de sentimento e suscetibilidade nervosa, que os sustenta, pode ser forçado sobre uma única, breve ação. A saída final da senhorita Júlia é como o terror do recuo de um pesadelo. Despertamos entorpecidos e aterrorizados. Mas no decurso mais longo ou mais elaborado, a tensão se quebra, e temos a espécie de obscuridade flácida que desfigura *A Caminho de Damasco* e até a melhor das peças surrealistas de Strindberg, *A Dança da Morte*.

Strindberg não pertence à tradição dominante do teatro trágico nem cria a partir de Ibsen. Ele se alinha a Kleist e Wedekind, no excêntrico limite em que o drama não é primeiramente imitação da vida, mas antes um espelho da alma privada. E os meios expressivos de sua arte, ainda que tenham sido influentes em certos movimentos experimentais do drama moderno, pertencem menos ao teatro do que aos modos distorcidos e alucinatórios do filme.

No estilo tardio de Strindberg, os conflitos de ideologia e personagem que normalmente provêm do drama estão corroídos. Em vez disso, deparamo-nos com a criação de um clima ou atmosfera especial em que a forma de ação se torna fluida e musical. Às vezes, Strindberg utiliza a música vigente para estabelecer ou modular o tom do sentimento. O teatro de Tchékhov sempre tende à condição da música. Uma peça de Tchékhov não é dirigida primariamente para uma representação do conflito ou do argumento. Ela procura exteriorizar, tornar sensualmente perceptível, certas crises da vida interior. Os personagens se movimentam em uma atmosfera receptiva à menor mudança de entonação. Como se eles atravessassem um campo magnético, onde cada palavra e gesto provocassem uma perturbação complexa e um reagrupamento de forças psicológicas. Esse tipo de drama é imensamente difícil de produzir porque os meios para realização são muito próximos da música. Um diálogo tchekhoviano é uma escala musical estabelecida para a voz falada. Ele se alterna entre aceleração e retardamento. Extensão e timbre freqüentemente são tão significativos quanto o sentido explícito. Além do mais, o projeto do argumento é polifônico. Várias ações distintas e níveis de consciência são desenvolvidos ao mesmo tempo. Os agrupamentos característicos – a *soirée* teatral em *A Gaivota*, a festa na casa das três irmãs, o passeio em *O Jardim das Cerejeiras* – são conjuntos nos quais as várias melodias combinam ou se chocam em dissonância. No segundo ato de *O Jardim das Cerejeiras*, as vozes de Madame Ranevsky, Lopakhin, Gayev, Trofimov, e Anya formam um quinteto. As linhas melódicas movem-se isoladamente e em aparente incongruência. De repente um som misterioso é ouvido no céu da tarde, "o som de uma corda trincada". A peça inteira muda de chave. O cansaço quebradiço nas diferentes vozes se expande agora num imenso acorde sombrio. "Bem, gente boa, partamos", diz Madame Ranevsky, "está ficando escuro".

Mas para a linguagem da crítica é tão difícil de lidar com a arte de Tchékhov quanto para qualquer linguagem com a música. Tudo que eu destacaria aqui é o fato de Tchékhov se encontrar fora de uma consideração de tragédia. Ele próprio insistia em suas peças como comédias, e como tais são consideradas em sua terra natal. Ao viajar para o Ocidente, o vinho escurece. Para nós, esses retratos graves, líricos, do fracasso dos seres humanos em conduzir sua condição ou se comunicar entre si, transportam uma tristeza indizível. Mas talvez estejamos lendo aí muita durabilidade. Os dramas de Tchékhov estão enraizados em uma circunstância histórica específica e contêm um forte elemento de ironia política e sátira social. Esses seres injuriados, janotas em sua pobreza polida, e suas pretensões, são ridículos. Para que exista vida nova no mundo, o machado deve celebrar a saída da cerejeira. Lopakhin é um bruto vulgar; mas a vulgaridade é saudável, e casas serão construídas para que os vivos sobrevivam sobre as propriedades baldias dos mortos. Tchékhov foi um médico e a medicina conhece a dor e até o desespero na instância particular, mas não a tragédia.

Ou talvez se possa abordar essas peças alusivas no descarte de todas as tradições do gênero dramático. No encerramento de *O Simpósio*, Sócrates compeliu seus ouvintes a concordarem que o gênio da comédia era o mesmo da tragédia. Entorpecidos de vinho, não conseguiram seguir seu argumento. Um depois do outro, foi adormecendo em volta do mestre; somente ele permaneceu sereno e lúcido até o romper da aurora. Nem mesmo Aristófanes conseguiu se manter acordado para descobrir de que modo ele poderia ser considerado um trágico. Foi assim que a demonstração de Sócrates sobre a unidade última do drama trágico e cômico se perdeu para sempre. Mas a prova se encontra na arte de Tchékhov.

IX

Ibsen e Tchékhov foram os revolucionários cujas conquistas teriam impossibilitado um retorno às quimeras do passado. Eles demonstraram que a prosa e a economia do realismo – o alvorecer, os parâmetros seculares da experiência comum – podiam produzir convenções teatrais relevantes ao mundo moderno, ainda tão ricas e persuasivas quanto às da tragédia em verso. Ibsen construiu formas adequadas à ausência de uma mitologia central e ao isolamento nervoso do temperamento moderno. Tchékhov foi o explorador de um espaço interior, de uma área de turbulência social e psicológica a meio caminho entre os antigos pólos do trágico e cômico. Trata-se de solo sutil, e seu domínio demanda delicadeza de espírito, mas é o terreno mais apropriado ao caráter seco e privado do sofrimento moderno. As agonias da razão não exigem o palácio nem a praça da cidade; elas são encenadas em salas de visitas privadas. Os fantasmas que marcam a mente secular não temem a luz elétrica. Os dois dramaturgos, além do mais, introduziram no instrumento da prosa os recursos dramáticos que Berlioz, Wagner e Richard Strauss introduziram na orquestra moderna. Depois de *John Gabriel Borkman* e *O Jardim das Cerejeiras*, o drama teria se erguido dos mortos.

Mas a acha ficava muito espessa para essa boca. Ao ingressarem no século XX, as velhas sombras e idéias antiquadas se amontoaram novamente. A perseguição moderna da tragédia ficou arruinada pelo grande fracasso do vigor. Os poetas trágicos do nosso tempo se tornaram assaltantes de túmulos e conjuradores de fantasmas sem a antiga glória.

Com Yeats, Hofmannsthal, Cocteau e T. S. Eliot, nós retornamos ao início. Retornamos aos conflitos de intenção e tradição que acossaram Dryden. Discussões sobre a natureza da tragédia, rivalidades entre verso e prosa, entre a forma clássica e a aberta – a bagagem inteira de teoria empoeirada foi novamente invocada, muito depois de Ibsen e Tchékhov terem demonstrado sua irrelevância ao espírito moderno. Os ídolos destronados depois da bancarrota do drama romântico se encaminharam novamente para a praça do mercado. Trata-se de uma reversão estranha e exasperante. A imagem de teatro, implícita em *Electra, A Máquina Infernal* e *The Family Reunion* (A Reunião em Família), é a de um fantasma nobre. Ele assombrou o poeta moderno assim como assombrava Dryden e Goethe. Mas nunca deveria ter sido convocado de volta para a luz elétrica, onde se viu nu e inepto. As tragédias em verso produzidas pelos poetas europeus e americanos foram exercícios de arqueologia e tentativas de soprar fogo em cinza fria. Não foi possível de se realizar.

O que levou o teatro à retomada dos velhos deuses mortos? Se Ibsen e Tchékhov tivessem escrito em línguas mais imediatamente acessíveis a outros dramaturgos, se tivessem trabalhado em maior proximidade dos centros geográficos do gosto – digamos, em Paris ou Londres ou Viena – o curso inteiro do drama moderno poderia ter sido outro. Suas obras poderiam então ter funcionado com a força substantiva do exemplo. Mas aqueles que vieram depois deles conheceram suas criações através do véu da tradução e da lonjura cultural. Eles discerniram os artesãos habilidosos do realismo nos dois mestres, não os grandes criadores do mito e da forma simbólica que de fato eram. Eles observaram a estrutura das convenções realistas e das cenas de sala de visitas, ainda assim estavam cegos para a vida poética no seu interior. O realismo de Ibsen e Tchékhov é uma disciplina do desdobramento da percepção, cuja autoridade vai do real literal ao mais real do espírito. As paredes da sala de visitas numa peça de Ibsen são transparentes ao esplendor ou à escuridão da visão simbólica de controle. Uma profunda e sombria maré de significado parece se erguer ao limiar dos jardins e vilas de Tchékhov. O realismo do teatro comercial é algo grotescamente diferente. É simples *reportage*, que nos informa como a vida cotidiana se parece e cheira e soa nesse apartamento ou por aquele cais. A perspectiva do drama comercial realista é cega como uma câmera e a cada ano fica mais próxima do coração da insipidez. Aí não há lugar para a tensão interior e para a ressonância que conferem à arte de Ibsen e Tchékhov sua maravilhosa pluralidade.

Ainda assim os poetas modernos confundiram os dois modos. T. S. Eliot nota que Ibsen e Tchékhov realizaram na prosa certos efeitos que ele achava possíveis somente na poesia. Mas ele achava que esses seriam golpes momentâneos de sorte ou talento individual. Ele não percebia que por trás disso havia uma poética do drama revolucionária e coerente. Esse erro de julgamento teve amplas implicações. Levou os poetas dramaturgos do nosso tempo a darem as costas à prosa e ao futuro do teatro vivo. Yeats, Hofmannsthal e Eliot estavam perfeitamente justificados ao rejeitarem o realismo superficial, cheirando a repolho, que dominava a estética da cena comercial. Mas eles também rejeitaram a riqueza imaginativa e a relevância da tradição dramática para a vida moderna que vai de Büchner a Strindberg. E ao fazê-lo, eles se debruçaram sobre um passado fantasmagórico.

O drama em verso, no entanto, reage não somente contra as limitações grosseiras do "realismo social". Ao empreender a recaptura da nobreza do estilo trágico, o poeta dramático está tentando encontrar o desafio da novela. Um escritor que se voltasse ao drama sério no século XX teria diante dele a ficção em prosa como a forma mais vital e dominante de afirmação literária. Mais do que qualquer gênero rival, ela sustenta o hábito da consciência estilística e organiza, em virtude de sua própria vida profusa, a defesa usual da imaginação. No período renascentista e neoclássico, o dramaturgo foi figura emblemática da literatura; durante o romantismo, é o poeta lírico. Mas a partir da revolução industrial, a essência do escritor, o homem que tipificou à primeira vista a profissão das letras, foi o romancista.

A esfera da novela é a prosa, e a ficção moderna ampliou imensamente seu vetor. O declínio da tragédia e da narrativa em verso – da qual o fracasso do épico posterior a Milton é prova contundente – restaurou os domínios de retórica e invenção, anteriormente reservados ao dramaturgo e ao poeta, à linguagem comum. Flaubert se apossou do novo solo; ele escreveu em prosa tão fulgurante, tão intrincada, e tão cerimoniosa quanto poesia em grande estilo. O romance moderno seguiu nesse seu caminho adquirido. É na ficção em prosa que a linguagem se compromete com a maior cadeia de significado possível. Joyce foi um poeta, um produtor de palavras que combinam com a pressa e a guinada do sentimento, na medida em que nos lança para fora dos portões escancarados do inconsciente. Ele lavrou da linguagem metais novos para a língua, alguns acres e impuros, mas outros cinzelados com ouro antigo. *Ulisses* soma-se ao escopo da experiência possível, na medida em que é um acréscimo ao tesouro da linguagem. Proust instilou na prosa o movimento simultâneo e interior da música. Como a frase melódica, a sintaxe proustiana vai arrecadando, equalizadamente, lembrança e expectativa, cercando o fato presente com a estrutura do tempo dirigido. Nas novelas de Hermann Broch, o alemão consegue um de seus raros vôos sobre as tentações da asserção sistemática. Em *Der Tod des Vergil* (A Morte de Virgílio), essa linguagem, tão calcificada pela abstração, assume uma vitalidade sutil, elétrica, e move-se como um rastreador luminoso pela linha sombria do inconsciente. Esse é um domínio do qual o verso lírico foi o guardião tradicional. Mas de Flaubert a Broch, os aventureiros da palavra têm sido os romancistas.

Toda forma de arte busca definir seu próprio idioma, ou pela valorização dos modos disponíveis, ou pela reação contra eles. Yeats, Claudel, e seus sucessores retornaram ao verso dramático tradicional para destacar sua arte da prosa superficial, espalhafatosa, do teatro comercial e do próprio meio da prosa, sobre a qual há o carimbo da novela. Como faz freqüentemente, T. S. Eliot, ao definir seu objetivo, falou em nome de muitos:

> Tenho diante de meus olhos uma espécie de miragem da perfeição do drama em verso, que apresenta ao mesmo tempo os dois aspectos da ordem dramática e musical [...]. Prosseguir tanto quanto for possível nessa direção, sem perder contato com o mundo cotidiano comum, com o qual o drama deve chegar a um acordo, me parece o próprio objetivo da poesia dramática.

As palavras não são as mesmas de Dryden. Mas o ideal descrito por Eliot e as dificuldades práticas presentes no caminho são precisamente aquelas que preocuparam Dryden e toda tragédia inglesa depois do século XVII. Porém, transformar a miragem em realidade fica bem mais difícil agora do que à época de *Tudo por Amor*.

O contato entre o verso de uma ordem dramática e musical e o mundo cotidiano tornou-se cada vez mais precário e raro. O processo não é fácil de descrever, mas ele representa uma das principais mudanças da sensibilidade ocidental. O verso não se manteve mais no centro do discurso comunicativo. Não era mais, como fora de Homero a Milton, o repositório natural do conhecimento e do sentimento tradicional. Não mais oferecia à sociedade seu principal registro de grandiosidade passada ou seu ambiente natural de profecia, como em Virgílio ou Dante. O verso torna-se privado. Tratava-se de uma linguagem especial em que o poeta individual se insinuava, pela força do gênio pessoal, na consciência dos seus contemporâneos, persuadindo-os a aprender e talvez lidar com os próprios usos das palavras dele. A poesia tinha se tornado essencialmente lírica – isso significa que se tratava antes de poesia da visão privada do que da ocasião pública ou nacional. A épica da consciência nacional russa era *Guerra e Paz*, não um poema em estilo heróico. A crônica da descida ao inferno da alma moderna não era *A Divina Comédia*, mas a ficção em prosa de Dostoiévski e Kafka. A linguagem natural da afirmação, justificação, e experiência registrada era agora a prosa. Isso não significava que a poesia moderna não fosse absolutamente incitante ou importante à sobrevivência da literatura e à apreensão sensual. Mas sim que o drama tinha de lidar com a distância maior entre o verso e as realidades da ação comum.

E esse aumento da distância teve um efeito crucial na história do teatro. Em cada uma das principais línguas modernas acontece um momento historicamente definido, no qual o verso se afasta da cena viva. Em inglês, esse momento acontece durante a primeira parte do século XVIII; no verso dramático de Addison e Johnson já está presente a frieza da decadência. Apesar do virtuosismo de Rostand, a autoridade do sentimento direto parece retroceder ao *alexandrin* depois de Vigny. Kleist é o último dos dramaturgos alemães que fez da forma poética uma condição essencial ao argumento e ao sentido em vez de um ornamento secundário. O verso dramático continua sendo escrito durante o século XIX por poetas notáveis tais como Browning e Hebbel. Mas é cada vez menos relevante à cena vigente e à espécie de drama produzido para um público normal. E na medida que o verso se afasta da prática usual do teatro, surge o que Eric Bentley definiu como a crise do drama moderno: o divórcio entre literatura e o teatro.

Sófocles, Shakespeare e Racine foram dramaturgos que trabalharam na direção de uma espécie de encenação teatral comum e central em suas respectivas sociedades. *Lear* se destinava à Broadway de sua época. Goethe e Schiller estiveram intimamente comprometidos, no nível financeiro e técnico, com a vida teatral de Weimar. Os melodramas heróicos de Vitor Hugo e Vigny ainda pertencem à esfera da produção comercial. Depois disso a fenda aumenta. O final do século XIX e o início do XX se constituem na era clássica da peça intimista, cuja encenação visou um público especial em um teatro especial. É a época do *atelier*, do estúdio ou oficina dramática, das leituras dramáticas e do teatro experimental. Yeats escreveu seus dramas para uma espécie de teatro-dança japonês, cujas convenções de máscara e música são calculadas para o maior distanciamento possível do teatro comercial. Strindberg, Maeterlinck e Cocteau trabalharam com grupos de atores especialmente treinados para realizar efeitos esotéricos. Mesmo onde contempla o público maior, o drama poético moderno está freqüentemente relacionado a uma ambientação cerimoniosa e não teatral: Eliot escreveu *Morte na Catedral* para uma montagem em Centerbury, e Hofmannsthal concebeu *Jedermann* (Todo Mundo) para encenação ritual diante da entrada da catedral de Salzburg. A literatura sai do teatro, assim como a poesia se afasta do centro da atividade moral e intelectual.

Há pontes que atravessam esse intervalo. Certas peças que inicialmente visavam a encenação esotérica, posteriormente tiveram acesso ao repertório vivo. Shaw cavalga com familiaridade majestática nos dois mundos do drama sério e do entretenimento comercial. Mas a qualidade especial de suas peças, que no começo fez delas uma arte minoritária, está em sua doutrina radical, não em sua linguagem ou suas convenções. Acreditando que o verso dramático não era mais apropriado à ideologia moderna e à experiência moderna, Shaw escreveu em prosa soberbamente articulada. Ele ganhou o West End com seu próprio jogo, produzindo peças mais sagazes e vivazes do que os seus rivais comerciais. Mas essas comédias de argumento, por se dirigirem tão brilhantemente aos tópicos do momento, já são datadas. Talvez Shaw quisesse que fosse esse o caso. Ele não estava comprometido com o ideal perseguido por Yeats e Eliot. A Shaw isso parecia uma moda esnobe e antiquada. Ele chamava *The Doctor's Dilemma* (O Dilema do Médico) de tragédia, mas não vinculava a palavra a implicações estilísticas nem metafísicas. *Saint Joan* (Santa Joana) se aproxima de uma ordenação trágica da vida, e é uma peça magnífica. Ainda assim não se pode deixar de sentir que cai um pouco da primeira linha por pequena e obstinada margem. E defensores do drama em verso diriam que é precisamente essa margem que separa o melhor da prosa da poesia.

O drama propriamente em verso raramente passou da literatura à Broadway. Ou fez isso às custas do sucateamento ou autonegação. As tragédias de costumes de Maxwell Anderson são escritas em um estilo jamais falado por qualquer criatura viva (no momento de partir, os personagens falam entre si: "We two must twain" ["Nós dois precisamos repartir"]). Eles pertencem ao pó e ao mundo da bugiganga da charada vitoriana. As peças recentes de Eliot, que representam o mais urbano estupro do poético sobre o comercial, são parábolas de sala de visitas em flácido verso branco. Elas pouco se assemelham com o padrão da tragédia, que Eliot tinha diante de si quando se voltou para o drama pela primeira vez. A distância entre o modo poético e o teatro comercial parece muito grande. A voz da poesia tornou-se muito íntima para se impor àquele que é o mais público dos lugares – um teatro moderno.

Mas o simples fato da poesia mais moderna ser muito particular para uso efetivo em uma cena comercial é apenas um aspecto do dilema. A condição da própria linguagem no nosso tempo é tal que talvez torne quase impossível um renascimento do verso dramático. Esse é um tema vasto, complicado. Já passei por aí em algum lugar e poderei dar somente uma indicação sumária daquilo que quero dizer.

Não se pode ter certeza da existência de uma lei de conservação de energia tanto na linguagem como nas formas de arte. Pelo contrário, há uma evidência a qual demonstra que as reservas de sentimento podem ser exauridas, que tipos particulares de consciência intelectual e psicológica podem passar quebradiços ou irreais. Há um enrijecimento nas artérias do espírito como nas da carne. É plausível, ao menos, que o complexo de valores helenísticos e cristãos, que se encontra espelhado no drama trágico e que ajustou a vida da mente ocidental por duzentos anos, está agora em agudo declínio. A história da Europa moderna – a deportação, assassinato, ou morte em batalha de uns setenta milhões de homens, mulheres e crianças entre 1914 e 1947 – sugere que os reflexos pelos quais uma civilização altera seus hábitos para sobreviver ao perigo mortal não são mais tão velozes ou realistas quanto já foram.

Na linguagem, essa calcificação óssea, eu suponho que seja claramente discernível. Muitos dos hábitos de linguagem da nossa cultura não são mais respostas frescas ou criativas da realidade, mas gestos estilizados que o intelecto ainda encena eficientemente, mas com um retorno decrescente de intuição nova e sentimento novo.

IX

Nossas palavras parecem cansadas e de segunda mão. Não estão mais carregadas de sua inocência original ou do poder de revelação (pense o quanto de luz e fogo a palavra *amor* podia ainda reunir no interior da alma no século XIII tardio). E por se encontrarem fatigadas, as palavras não parecem mais preparadas para assumir o ônus do sentido novo e da pluralidade presentes em Dante, Montaigne, Shakespeare e Lutero. Somamos nosso vocabulário tecnológico, reunindo fragmentos usados, como um restaurador de velhos metais. Não fundimos mais os materiais crus da linguagem em nova glória como os compiladores da *Bíblia* do rei James. A curva da invenção aponta para baixo. Compare o jargão cinza do economista contemporâneo com o etilo de Montesquieu. Coloque a prosa de contabilidade do historiador moderno ao lado de Gibbon, Macauley ou Michelet. No local em que o acadêmico moderno faz citação de um texto clássico, parece surgir um buraco em sua própria página insípida. Os sociólogos, especialistas em comunicação de massa, os escritores de novelas televisivas e dos discursos políticos, e professores de "escrita criativa" são os coveiros da palavra. Mas as linguagens se deixam enterrar somente quando algo dentro delas morreu de fato.

A desumanidade política do nosso tempo, além disso, degradou e brutalizou a linguagem abaixo de qualquer precedente. As palavras têm sido usadas para justificar falsidade política, distorções massivas da história e as bestialidades do Estado totalitário. É concebível que algo das mentiras e da selvageria tenha se arrastado para o interior de suas medulas. Por terem sido usadas para finalidades tão vis, as palavras não mais apresentam seu pleno rendimento de sentido. E pelo fato delas nos atacarem em números tão vastos, estridentes, não mais lhes damos ouvidos cuidadosos. A cada dia engolimos nossa porção de horror – nos jornais, na tela da televisão, ou do rádio – e assim aumentamos nossa insensibilidade a um insulto fresco. Esse torpor tem um peso crucial sobre a possibilidade do estilo trágico. Aquilo que se iniciou no período romântico, o açodamento das emoções da política em curso e as emoções históricas na vida cotidiana, se tornou um fato dominante da nossa própria experiência. Comparadas às realidades da guerra e da opressão ao nosso redor, as imaginações mais graves dos poetas se encolhem na escala do privado ou do terror artificial. Em *As Troianas*, Eurípides tinha a autoridade poética para levar ao público ateniense a injustiça e a censura ao saque de Melos. A crueldade ainda era comensurável ao escopo ou à resposta da imaginação.

Imagino se ainda é esse o caso. Que obra de arte poderia dar expressão adequada ao nosso passado imediato? A última guerra não teve nem sua *Ilíada* nem sua *Guerra e Paz*. Ninguém que tenha tratado disso se equiparou ao controle de recordação conseguido por Robert Graves ou Sassoon em seus relatos de 1914-1918. A linguagem parece se chocar com os fatos. A única ordem de palavras ainda capaz de se aproximar da rapidez do sentimento é a espécie de registro despojado e prosaico disposto em *O Diário de Anne Frank*.

Dados os abusos da linguagem, pelo terror político e pelo consumo de massa iletrado, é possível observar um retorno daquele mistério das palavras que se encontra na fonte da poesia trágica? Pode a *newspeak* de George Orwell, em *1984* (e esse ano ainda paira sobre nós), servir às necessidades do drama trágico? Creio que não, e é por isso que T. S. Eliot está tão certo quando descreve o ideal do verso dramático moderno como "uma miragem".

Naturalmente que tal julgamento só pode ser provisório. Um mestre da tragédia em verso pode surgir em cena amanhã. A aclamação dada a *JB*, de Archibald MacLeish, demonstra que as expectativas permanecem altas. Em inglês, além do mais, há ao menos um grupo de peças em verso que chegam muito perto de solucionar o problema do estilo trágico. Já em *The Countess Cathleen* (A Condessa Cathleen), Yeats foi mais além do que qualquer poeta desde Dryden ao restaurar para o verso branco os nervos da ação:

> ANJO: A Luz das Luzes
> Procura sempre o motivo, não a ação,
> A Sombra das Sombras procura somente a ação.
> OONA: Diga-lhes quem anda sobre o chão de paz
> Que eu morreria para seguir aquela quem amo;
> Os anos como grandes bois pisam o mundo,
> E Deus, o boiadeiro, tange-os por trás,
> Sou alquebrado pelos passos idos.

Em *Purgatory* (Purgatório), a miragem da perfeição do verso dramático encontra-se no âmbito do entendimento. Em nenhum lugar da peça inteira se encontra uma única solução de continuidade ou afrouxamento. Cada verso se mantém tencionado, e o poder frio, luminoso é o da linguagem que passa através do ensinamento dos grandes séculos da prosa:

> Observe aquela árvore.
> Está lá como uma alma pura,
> Toda fria, doce, de luz brilhante.
> Mãe querida, a janela está novamente sombria,
> Mas estás na luz porque
> Acabei com toda conseqüência.
> Eu matei aquele sujeito pois se ele crescesse
> Ele teria atacado um capricho feminino,
> Causado, e contaminado.
> Sou um maldito velho desagradável
> E portanto inofensivo.

Mas *Purgatório* é uma façanha que se sustenta apenas brevemente, sobre uma única cena que envolve duas vozes. Sendo uma visão de um momento intermediário nos procedimentos da alma – um momento entre a danação e o julgamento maior da graça – é suficiente por si mesmo. Mas não oferece nenhuma solução para o problema do drama em plena escala. E isso vale para todas as melhores peças de Yeats. Elas são brasas cintilantes, como se as virtudes de sua poesia fossem demasiadamente frágeis e instantâneas para suportar o tecido de intriga e argumento que o teatro usual requer. *The Dreaming of the Bones* (O Sonho dos Ossos) e *Purgatory* são prolegômenos de um drama futuro. Suas limitações nos informam que um renascimento da tragédia poética exige mais do que a realização do estilo.

Ele exige que o estilo tenha contato com o mundo cotidiano comum. Tal contato não depende do grau de realismo ou modernidade que o poeta está preparado para admitir. A obra de arte pode atravessar as barreiras que cercam toda visão particular – pode fazer uma janela do espelho do poeta – somente se houver algum contexto de crença e convenção para o artista partilhar com seu público; em suma, somente se existir na força viva aquilo que chamei de uma mitologia. A tentativa de Yeats de criar tal mitologia é notória mas inconclusiva. O corpo de mito que ele imaginou para seus poemas e peças é pleno de imagens vívidas. Nos bons poemas ele vislumbra, no repertório remoto, uma sugestão de revelação próxima. Mas freqüentemente ele se interpõe entre o leitor e o texto como vidro embaçado. Na leitura de um poema, há tempo e incentivo para se adquirir o conhecimento esotérico necessário à compreensão; o olho acostuma-se à escuridão e à centelha do sentido particular. Mas não no teatro; nossa compreensão de uma peça teatral deve mostrar convicção instantânea.

O fracasso de Yeats em construir uma mitologia para a época é parte do fracasso maior ou do afastamento do compromisso imaginativo que acontece depois do século XVII. A tragédia grega se movimentava em um contexto de rico mito explícito. A paisagem de terror era inteiramente familiar ao público, e essa familiaridade era uma espora e uma limitação à invenção pessoal do poeta. Era uma rede para proteger da ruína as acrobacias de sua fantasia. A mitologia em andamento no drama shakespeariano é menos formal, sendo construída a partir de uma conjunção íntima, ainda que liberal, da visão do mundo antigo com a do mundo cristão. Mas ela ainda formatava e ordenava a realidade. O palco elisabetano tinha atrás de si um edifício de valores religiosos e temporais, em cuja fachada os homens eram colocados em lugares determinados, como na escultura hierarquizada de um portal gótico. O traçado do significado literal e de inferência alegórica se estendia da matéria bruta às esferas angelicais. O alfabeto do drama trágico – conceitos como graça e danação, purgação e reincidência, inocência e corrupção por meio do poder demoníaco – retinha um significado claro e presente. Em torno das concepções e afirmações dos personagens individuais da tragédia elisabetana, atuava uma luz de referência mais ampla. E nos vários graus do imediato, essa luz era perceptível ao público teatral. Não havia necessidade de nota de rodapé para conduzir a natureza da tentação demoníaca que serpenteia Macbeth; o apelo de Hamlet aos ministros da graça conseguia chocar o lar sem um verniz teológico. O dramaturgo dependia da existência de um solo comum: uma espécie de pacto de entendimento preliminar havia sido estabelecido entre ele e sua sociedade. O drama shakespeariano apoiava-se em uma comunidade de expectativa assim como a música clássica apoiava-se numa aceitação das convenções do intervalo na escala temperada.

Mas o pacto foi rompido durante a fragmentação da antiga imagem do mundo hierárquico. Milton foi o último poeta maior a assumir a completa relevância da mitologia clássica e cristã. Sua recusa, em *Paraíso Perdido*, em escolher entre as avaliações ptolomáicas e copernianas do movimento celeste, é um gesto sereno e lamentável; sereno, porque considera as propostas da ciência natural como menos urgentes ou garantidas do que as da tradição poética; lamentável, porque marca o momento em que as formas do cosmos recuam da autoridade do julgamento humanístico. Conseqüentemente o ardor das estrelas se encontra fora de alcance. Depois de Milton a mitologia da criação animada e a consciência quase tangível de uma continuidade entre ordem humana e divina – aquele sentido de uma relação entre a borda da experiência particular e a quadratura do círculo da grande roda do ser – perderam sua posse sobre a vida intelectual. Wallace Stevens escrevia a respeito "dos deuses que Boucher matou". A pintura rococó e o balé cortesão fizeram pior do que matar; eles encolheram os antigos mistérios e seus emblemas para ornamentar a trivialidade. Uma pastoral do século XVIII em vestimenta mitológica é mais do que uma recusa ao mito; é paródia.

Os mitos que têm prevalecido desde Descartes e Newton são mitos da razão, não mais verdadeiros, talvez, do que aqueles que os precederam, mas menos responsivos aos clamores da arte. Ainda assim quando se rompe solta da ancoragem do mito, a arte tende a anarquia. Torna-se o salto aparente da imaginação desapaixonada, mas particular para o interior de uma ausência de sentido. O artista é Ícaro buscando solo seguro, e a insustentável solidão do seu vôo comunica à sua obra aquele toque de vertigem, que é tão característico do romantismo e não menos da arte moderna abstrata. Seguro no interior da cidadela de suas persuasões, Chesterton observou como o artista moderno vive dos farrapos e à mercê das antigas mitologias gastas, ou da tentativa de criar novas em seu lugar. Os séculos XIX e XX foram um período clássico para o artista como renovador ou criador de mito. *Fausto II* é uma tentativa de fundir elementos helênicos, cristãos e gnósticos em um projeto coerente. Tolstói e Proust elaboraram mitologias do tempo e do governo do tempo sobre o homem. Zola caiu vítima de uma mística do fato literal, construindo suas obras como certos escultores modernos quando soldam refugos de ferro. D. H. Lawrence adorava os deuses sombrios e o fogo no sangue. Yeats esforçou-se por persuadir a si e a seus leitores (tornando-os desse modo cúmplices de sua própria dúvida) de uma mitologia sobre as fases lunares e a comunhão com os mortos. Blake e Rilke povoaram sua solidão de anfitriões angelicais.

Mas quando o artista tem de ser o arquiteto de sua própria mitologia, o tempo está contra ele. Ele não consegue viver o suficiente para impor sua visão especial e símbolos que imaginou para ela, aos hábitos da linguagem e ao sentimento em sua sociedade. A mitologia cristã em Dante tinha atrás de si séculos de elaboração e precedente aos quais o leitor poderia se referir naturalmente quando aderia à abordagem particular do poeta. O sistema cabalístico invocado em Blake e a magia da lua de Yeats possuem somente uma tradição particular ou oculta. Exteriormente ao poema, não há um edifício estável, construído sobre autoridades ou convenções independentes das asserções do poeta (foi o gênio de Joyce que notou a necessidade da corroboração exterior, ao ancorar *Ulisses* à *Odisséia*). A imagem de mundo idiossincrática, sem um tecido ortodoxo ou público para apoiá-la, mantém-se em foco somente pelo talento presente do poeta. Não pega raiz em solo comum.

Isso é verdadeiro mesmo no caso de Wagner, embora ele estivesse mais próximo do que qualquer outro de transformar uma revelação privada em uma crença pública. Devido à enorme força de sua personalidade e por sua retórica astuta, ele quase instilou na mente geral sua mitologia forjada. A nota wagneriana ressoava através da vida social e política e teve seus ecos ensandecidos na ruína da Europa moderna. Mas atualmente está se enfraquecendo rapidamente. O simbolismo wagneriano recuou aos limites do operístico e não desempenha mais um papel significativo no repertório do sentimento.

Estou tentando esclarecer um fato simples, no entanto decisivo, para o entendimento da crise da tragédia moderna. As mitologias que centralizaram os hábitos imaginativos e as práticas da civilização ocidental, que organizaram a paisagem interna, não foram produto do gênio individual. Uma mitologia cristaliza sedimentos acumulados sobre grandes extensões de tempo. Ela junta, na forma convencional, as memórias primais e a experiência histórica da raça. Por se tratar da fala da mente quando se encontra em estado prodigioso ou de percepção, os grandes mitos são elaborados tão lentamente quanto a própria linguagem. Mais de mil anos de realidade estão presentes atrás das fábulas de Homero e Ésquilo. A imagem cristã da peregrinação da alma era antiga antes de Dante e Milton se utilizarem dela. Como uma pedra que repousou em água vivente, ela se tornou firme e lustrosa ao toque do poeta. Quando a ordem de mundo clássica e cristã entrou em declínio, o conseqüente vazio não pôde ser preenchido por atos de invenção particular.

Ou assim parecia ter sido até o século XX. Pois agora temos diante de nós o fato surpreendente de uma mitologia criada em um tempo específico por um grupo particular de homens, ainda que imposta sobre as vidas de milhões. Trata-se daquele mito específico da condição humana e dos objetivos da história que chamamos de marxismo. O marxismo é a terceira mitologia principal a ter se enraizado na consciência ocidental. Não se sabe por quanto tempo e quão profundamente ele marcará o curso da experiência moral e intelectual. Talvez as raízes sejam superficiais precisamente porque a perspectiva do mundo marxista teve existência mais por decreto político do que pelo amadurecimento da emoção coletiva. Talvez esteja sendo mantida apenas pelo poder material e se provará incapaz de crescimento interno. Mas no momento é tão articulada e compreensível quanto qualquer mitologia imaginada para ordenar o caos complexo da realidade. Possui seus heróis e lendas sagradas, seus santuários e emblemas de terror, seus ritos de purgação e anátema. Encontra-se entre as três maiores configurações de crença e forma simbólica, disponíveis ao poeta quando ele procura um contexto público para sua arte.

Mas das três, não há nenhuma que seja naturalmente adequada a uma renovação do drama trágico. O clássico conduz a um passado morto. As metafísicas do cristianismo e marxismo são antitrágicas. Esse é, em essência, o dilema da tragédia moderna.

O drama literário moderno voltou-se para a mitologia antiga em uma escala massiva. Cada registro do teatro trágico contemporâneo se lê como uma cartilha de mitos gregos: *Antígona, Medéia, Electra, Édipo e a Esfinge, Orfeu, Édipo Rei, Electra Enlutada, A Guerra de Tróia não Acontecerá*. Freqüentemente novos títulos meramente disfarçam o tema antigo: *A Máquina Infernal* é uma versão da catástrofe de Édipo; *A Reunião em Família*, de Eliot, e *As Moscas*, de Sartre, são variações da *Oréstia*. A dramaturgia moderna freqüentemente traduz o texto grego: Claudel transformou *The Libation Bearers* (As Portadoras de Libações) para seu próprio estilo solto e suntuoso; Yeats e Ezra Pound traduziram Sófocles para seu próprio idioma distinto. A *Medéia* de Robinson Jeffers e a *Electra* de Hofmannsthal estão a meio caminho da tradução direta e a reinvenção. Como Cocteau, Gide usa a fábula clássica como paródia ou crítica (*Ajax, Filoctetes*). Pode-se continuar enumerando; isso inclui toda figura maior do drama poético moderno, com a impressionante exceção de Brecht.

A tentativa de deslizar em máscaras antigas, implica na consciência de que nenhuma mitologia criada à época do empirismo racional se equipara ao antigo em poder trágico ou em forma teatral. Mas o dramaturgo contemporâneo volta-se para Orfeu, Agamêmnon, ou Édipo de um modo especial. Ele procura acrescentar vinho novo às antigas garrafas roubadas. A vindima é parte Freud e parte Frazer. Tem sido uma das descobertas notáveis do temperamento moderno o fato de que as fábulas antigas possam ser lidas à luz da psicanálise e da antropologia. Manipulando os valores dos mitos, podemos fazê-los surgir do interior dos seus traços arcaicos sombrios da repressão psíquica e do ritual de sangue. É um jogo fascinante e sem dúvida legítimo dentro de certos limites de integridade. Desde que haja raízes na lembrança primal do homem, e desde que registre, em um código imaginário, certas práticas muito antigas e cruéis, os mitos gregos podem justamente documentar as especulações da psicologia e de *The Golden Bough* (O Ramo de Ouro). Se essas lendas não brotassem das puras fontes do nosso ser, elas não conseguiriam persistir em seu encantamento duradouro.

O'Neill, Giraudoux, Hofmannsthal, Cocteau, e os homens menores freqüentemente procederam com artifício temerário. Eles teriam enveredado por dois caminhos, combinando a ressonância do tema clássico com o sabor do novo. Ao invocar os nomes de Medéia, Agamêmnon ou Antígona, o dramaturgo arma uma cilada à imaginação. Ele sabe que essas sombras elevadas surgirão em nossas mentes por uma série contínua de associação. Elas tangem as cordas da memória e desencadeiam ecos majestosos. A lenda antiga, além do mais, é como ouro bem cinzelado e maleável à arte anterior. Metade do trabalho é realizado pelo poeta antes da cortina se abrir. O público está familiarizado com a história, e não há necessidade de ele construir uma intriga plausível. Seu procedimento lhe permite projetar variações sinistras ou risíveis de temas já disponíveis, cuja mera presença fazem soar a nota trágica. O resultado pode ser momentaneamente aprisionante; pode solapar ou excitar nossos nervos irritadiços. Mas não se consegue evitar o cansaço que cai sobre qualquer festa, a rigor ao romper do dia.

Na tentativa de dar à fábula clássica uma nova guinada, a peça moderna tende destruir seu significado. As fortunas de Édipo na cena contemporânea são acusações da frivolidade e perversão de nossas fantasias. Gide faz dele um homenzinho petulante que chega à extraordinária intuição de que seu casamento com Jocasta era maldito porque o fazia retroceder à infância e, desse modo, impedia o livre desenvolvimento de sua personalidade (nessa mistura, é reconhecível o motivo gideano do filho pródigo). Hofmannsthal e Cocteau se lançaram como harpias míopes sobre esses dois episódios da lenda, os quais o drama grego foi moralmente reticente e tecnicamente sofisticado ao deixá-los intactos: o encontro entre Édipo e a Esfíngie e o namoro com Jocasta. Cocteau chega ao auge do mau gosto. *A Máquina Infernal* termina no quarto do casal. Édipo está dormindo em sua cama nupcial, seu braço pousado sobre o berço do filho perdido de Jocasta, enquanto a nobre dama lambuza sua face de creme em uma tentativa frenética de se tornar mais jovem e desejável. Sob marteladas tão embotadas a nobreza trágica da ação se desintegra. Resta-nos um estridente *jeu d'esprit* (jogo de espírito). O'Neill comete vandalismo interno devido à pura inadequação do estilo. No marasmo de sua linguagem, as dores elevadas da casa dos Atreus encolhem-se para um caso de adultério e crime em algum buraco provinciano.

Mas a pobreza desses fantasmas estofados pode ser observada mesmo quando o poeta aborda seu material com tato e habilidade formal. Em *A Reunião em Família*, Eliot faz uso cuidadoso da *Oréstia*. Ele mantém equilibrada em nossas mentes a proximidade da presença da tragédia esquiliana. Essa presença brilha e se obscurece sob a frágil estrutura da obra moderna. Por um tempo o foco dual é efetivo. Parece que se escuta, por sobre a cadência nervosa da fala polida, os sobretons do desastre antigo. Mas no momento culminante da peça, o recurso fracassa drasticamente. Harry comenta estar possuído pelas Fúrias, "as caçadoras insones que não me deixam dormir". As cortinas da janela se rompem "revelando as Eumênides". Mary não as vê, mas Harry nos assegura que "Elas estão aqui". Mais tarde elas são vistas por outros personagens, e o mordomo reconhece nelas o toque do futuro perdão. Como na *Oréstia*, os mastins do inferno se transformarão em espíritos guardiões.

O que fez Eliot, de fato? Incapaz de conduzir a versão racional, de sala de visitas, do mito a uma suficiente intensidade de terror, ele puxou as cortinas da janela moderna para revelar as filhas antigas da noite. Ele tira a carta da manga, mudando de uma convenção a outra, na esperança de criar, por associação, o choque trágico que não conseguiu extrair de sua própria peça. Mas o problema não é somente da invenção ou da "desonestidade" dos meios. O truque simplesmente não acontece em cena. As fúrias estão ali ou como fantasmas de papel ou então como realidades tão intensas que catalisam todo tecido da peça ao seu redor. Um poeta toma emprestado seu risco. A proximidade com a grandeza, como o fogo, pode consumir. Eliot foi seu próprio crítico mais lúcido:

> Eu deveria ter me fixado mais em Ésquilo ou então tomado uma liberdade maior com seu mito. Uma evidência disso é a aparição dessas figuras fatídicas, as Fúrias. Elas serão omitidas do elenco, futuramente, e serão compreendidas como visíveis somente para alguns dos personagens, e não para o público. Tentamos toda maneira possível de representá-las. Ao colocá-las na cena, elas se assemelharam a visitas não convidadas que se perderam de um baile à fantasia. Ao ocultá-las atrás da neblina, elas sugeriam uma foto de um filme de Walt Disney. Ao torná-las mais turvas, elas ficaram parecendo um matagal bem junto à janela. Tenho assistido a outras tentativas de expedientes: eu as vi sinalizando a passagem do jardim, ou se aglomerando em cena como um time de futebol, e elas nunca ficam bem. Elas nunca conseguiram existir nem como deusas gregas nem como assombrações modernas. Mas seu fracasso é simplesmente um sintoma do fracasso em ajustar o antigo com o moderno.

Esse fracasso vai muito além do reparo técnico. Nenhuma dose de ingenuidade teatral tornará a aparência das Fúrias natural sob a luz aguda, translúcida do mundo moderno. O antigo não é uma luva na qual o moderno pode deslizar quando quer. A mitologia do drama grego foi expressão de uma imagem de vida completa e tradicional. O poeta conseguia realizar com seu público um contato imediato com o terror e prazer porque ambos compartilhavam os mesmos hábitos de fé. Quando esses hábitos não estão mais em curso, a mitologia correspondente torna-se morta ou espúria. Racine ainda conseguiu usar os mitos do drama clássico porque seu simbolismo e as convenções do sentido retiveram uma certa vitalidade. O espectador do século XVII não acreditava literalmente que Fedra fosse uma descendente do sol, mas as implicações do caos mágico e demoníaco que essa lenda trazia no sangue ainda eram aceitáveis. Foi um desses milagres de pós-morte que às vezes ocorrem na arte. Mas hoje em dia o contexto está tão completamente alterado, que os mitos antigos surgem no teatro moderno ou como um travesti ou como uma charada de antiquário. A "circoinvenção" de Eliot é preferível à bobagem machista de Cocteau. Mas nenhum deles colabora com uma peça viva.

Talvez haja uma exceção. A *Antígona*, de Anouilh, ajusta o antigo ao moderno, iluminando ambos. Mas o caso é especial. O fato político forneceu à lenda uma relevância séria. O choque entre a moralidade do protesto e a moralidade da ordem teve um apoio tão direto na condição do público da França ocupada, que Anouilh pôde preservar intacto o sentido da peça sofocliana. Sua tradução dos valores gregos foi literal no sentido de ser uma tradução para a angústia atual. Além disso, Anouilh teve de produzir a obra diante do inimigo; ele apresentou uma *Antígona* na corte de Creonte. Desse modo ele teve todo direito de usar o código do mito. Se escolhesse um episódio contemporâneo, a peça não poderia ter sido representada. Assim, a máscara antiga serviu como um verdadeiro semblante dos tempos. Mas *Antígona* permanece como uma realização à parte. Em outro lugar, as variações sobre temas clássicos têm produzido resultados excêntricos e freqüentemente ignóbeis. Quando os deuses mortos foram convocados para retornar aos palcos modernos, um odor de decadência veio com eles.

Na época de Dante, o espírito movia-se no mundo como um drama da vida de Cristo. Essa vida e o milagre de sua encarnação tornava a realidade intencional e objetiva. Brilhava através da folha trêmula e da estrela cadente, solicitando a alma para uma peregrinação da graça. Toda matéria e graus de experiência, todo fato observado e causa conjeturada, eram entendidos pela "verdadeira mitologia" da igreja e por suas convenções do rito e sacramento. Essa mitologia, palmilhando a vida como a arcada elevada de uma nave gótica, não é mais a única ou mesmo a principal configuração da concepção ocidental. Aqui e ali já se está ruindo. Os santos não colocam mais seus pés ardentes em lugares elevados.Os ritos se tornaram cerimônias esvaziadas de fé e os lábios entoam para mascarar o silêncio do coração. Contudo, o simbolismo cristão, e o contexto do sentido cristão, ainda ajustam o clima da vida ocidental. O poeta cristão moderno encontra-se mais próximo de Dante do que Racine se encontrava de Eurípides.

Mas o problema da tragédia cristã não é da distância histórica ou de uma mitologia passada, envelhecida. Não houve nenhum modo especificamente cristão de drama trágico mesmo no anoitecer da fé. O cristianismo é uma visão antitrágica de mundo. Isso é tão verdadeiro atualmente quanto foi na época em que Dante intitulou seu poema de *commedia* ou Corneille lutou com o paradoxo da santidade em *Polieuto*. O cristianismo oferece ao homem uma segurança da certeza final e repouso em Deus. Ele conduz a alma na direção da justiça e ressurreição. A paixão de Cristo é um evento de dor indizível, mas é também uma cifra através da qual é revelado o amor de Deus pelo homem. Na luz negra do sofrimento de Cristo, o pecado original é demonstrado como um erro jubiloso (*felix culpa*). Através dele a humanidade será restaurada a uma condição bem mais exaltada do que foi a inocência de Adão. No drama da vida cristã, a flecha bate contra o vento, mas aponta para o alto. Sendo um limiar do eterno, a morte do herói cristão pode ser ocasião de tristeza, mas não de tragédia. Somos justamente advertidos em *Sansão, o Lutador*: "Venha, venha, não há tempo para lamentação agora". A verdadeira tragédia pode ocorrer somente aonde a alma atormentada crê que não resta tempo para o perdão de Deus. "E agora é tarde demais", diz Fausto na única peça que mais se aproxima de solucionar a contradição inerente à tragédia cristã. Mas ele recai em erro. Nunca é tarde demais para se arrepender, e o melodrama romântico é pura teologia quando representa a alma sendo recuperada no extremo limite da danação.

A concepção cristã conhece apenas tragédia parcial ou episódica. No interior de seu otimismo essencial há momentos de desespero; retrocessos cruéis podem acontecer durante a ascensão para a graça. Mas é como um provérbio português, "Deus escreve direito por linhas tortas". É precisamente esse provérbio que o mestre do drama católico escolheu como um mote, no qual ele acrescenta duas palavras de Santo Agostinho: *Etiam peccata*.

Claudel é um escritor enlouquecido: ele é pomposo, intolerante, retórico, amador, prolixo – o que queiram. Muitas de suas peças são fantasticamente túrgidas, e em todas elas há remendos de árida veemência. Ele sapateia pelo teatro como um touro inflamado, chifrando e sacudindo e, finalmente, correndo pelo telão adentro com um grande rasgo de chifres. Mas não importa. Sobra suficiente grandeza, suficiente poder total de invenção, que faz de Claudel um dos dois grandes dramaturgos líricos do século. Com Claudel, a fantasia, a amplidão, o fulgor da retórica, que permanecia dormente desde Shakespeare e Calderón, retorna ao teatro. Seu modo é barroco; ele junta em selvagem profusão o trágico e cômico, o solene e farsesco, o sagrado e profano. Em lugar do trabalho pela privação do poeta clássico, Claudel oferece ao seu estilo uma obstinada enormidade. Ele arrebenta como uma grande onda, emitindo palavras e imagens brilhantes que despencam em nossa direção. Freqüentemente elas correm numa desordem rasa. Mas às vezes essas marés elevadas de linguagem possuem a persuasão da música.

Os dramas de Claudel violentam a lógica do tempo e espaço. Claudel curva o arco do tempo para trás, produzindo confrontos de personagens e eventos que se encontram, segundo o fato histórico, em isolamento de meio século. *Partage de Midi* (Partilha do Meio-dia) e *A Sapatilha de Cetim* cobrem dois hemisférios. As imagens favoritas de Claudel são os arquipélagos, o mar inconstante, abrigando suas frotas de baleias, o céu tropical com suas legiões de fogo distante. Como nas peças dos mistérios medievais, a escala é o mundo. A Inglaterra torna-se um pombal cercado pela flutuação da branca espuma marinha; a África é uma chama vermelha ardendo nas lonjuras da terra. Equilibrado em Darien, Don Rodrigue se compara a um homem escarranchado sobre dois vastos cavalos, o Atlântico e o secreto Pacífico, *cette Mer séquestrée*. Sua sombra, projetada contra o Zodíaco, parece tocar os dois pólos.

No entanto, em toda essa imensidão desatada, se encontra princípios de estrutura dramática. Eles são difíceis de analisar, na medida em que pertencem mais à música do que ao mundo falado. Claudel aprendeu com Wagner. O fluxo do argumento move-se através de suas peças juntando-se aos auges do encantamento lírico. Todos os experimentos líricos e estilísticos de Claudel visam dotar o drama da energia direcionada e da liberdade da forma musical. Em *O Livro de Cristóvão Colombo* e *Jeanne d'Arc au bûcher* (Joana d'Arc do Matadouro), Claudel utiliza a orquestra, o filme, e a ampliação mecânica da voz humana para romper com os laços do teatro tradicional. Para Claudel, assim como para a tragédia grega e a ópera wagneriana, a linguagem é somente um dos condutores de sentido. Idealmente, todos os modos de representação dramática – discurso, gesto, música, a imagem na tela – devem colaborar para uma espécie de inteireza orquestral.

Por ser um dramaturgo com uma tendência para o trágico e também um católico devoto, comprometido com uma visão da realidade do mundo em Cristo, Claudel teve de enfrentar o paradoxo da tragédia cristã. Ele resolveu essa questão de um modo defensivo e também ingênuo, como era de sua natureza. Os personagens de Claudel vivem destinos trágicos porque são desvios ou deflexões dos meridianos da intenção de Deus. Ao olharem para trás, eles sabem que causaram destruição inútil, e essa consciência vem junto com um reconhecimento do desperdício trágico. Ysé e Mesa encontram-se à beira da morte (Claudel sempre escolheu nomes que envolviam seus personagens em uma penumbra de estranhamento, adequada a seres isolados pela graça do sofrimento excepcional). Os amantes se unem em um ato de contrição extática, pois atrás deles encontra-se a ruína e a maldade que poderiam ter sido evitadas, assim como o caos cruel da história humana poderia ter sido evitado. Mas é exatamente a medida da culpa do homem que torna a vinda de Cristo um milagre necessário. O drama claudelino se situa no momento anterior ao amanhecer, quando o olho enxerga ao mesmo tempo a noite que passa e a estrela da manhã.

Essa intenção é belamente sustentada em *A Sapatilha de Cetim*, uma das poucas peças da literatura moderna que se aproxima da grande tragédia. Deus utiliza linhas tortas para escrever diretamente. As vidas de Don Rodrigue e Dona Prouhèze estão enredadas. Mas se tivessem que ser desembaraçadas prematuramente, o desígnio de Deus estaria arruinado, pois no mapa da jornada da alma não há atalhos. Esses dois seres soberbos, maiores do que a vida em seu tormento não menos que em seu valor, negam-se à plenitude do amor. Eles colocam os oceanos e a lâmina de sua vontade entre eles. Uma última vez, o conquistador e a mulher exilada, arruinada, enfrentam-se na carne. Mas cada um já está se retirando da vida, de modo que suas almas possam ser libertadas para reencontrarem-se novamente em derradeira e duradoura nudez. Através da cadência grave de sua partida parece que se ouve o eco de uma heresia antiga: a suposição de que as almas dos abençoados devem se unir depois da morte em um abraço ardente, para além das imagens mais ferozes da carne. Se for possível a existência do desejo sensual no Paraíso, Don Rodrigue e Dona Prouhèze arderão nele. Seu derradeiro encontro nesse mundo é uma das glórias do drama:

Dona Prouhèze: Queria somente te dar prazer! Nada guardar! Ser inteiramente
  essa suavidade! Cessar de ser eu mesma
  para que tenhas tudo!
  Lá onde existe a alegria maior, como
  acreditar que estarei ausente? Lá onde
  existe a alegria maior, é lá que
  existe mais Prouhèze!
  Desejo estar contigo no princípio! Desejo
  desposar tua causa! Desejo aprender com Deus a não
  guardar nada, a ser essa coisa
  inteiramente boa e inteiramente
  devotada, que nada guarda e de
  quem se pode tomar tudo!
  Toma, Rodrigue, toma, meu
  coração, toma, meu
  amor, toma esse Deus que me completa!
  A força com que te amo não é diferente
  daquela pela qual existes.
  Estou eternamente unida a isso
  que te fornece vida eterna!
  O sangue não está mais unido
  à carne que Deus me faz
  sentir a cada batida
  desse coração no
  teu peito que a cada segundo da bendita eternidade
  se junta e se separa novamente.
O Vice-Rei: Palavras além da Morte e

que mal entendo! Vejo-te e é suficiente! Ó Prouhèze,
não me abandone, fique viva!
D. PROUHÈZE: É preciso que vá.
O VICE-REI: Se fores, não haverá estrela que
me guie estarei só!
D. PROUHÈZE: Não mais só.
O VICE-REI: Se não puder mais te ver
esquecerei do céu
Quem te dá essa certeza
de que não posso cessar
de te amar?
D. PROUHÈZE: Assim como existo eu sei que existes comigo.
O VICE-REI: Faça-me somente essa promessa e
eu manterei a minha.
D. PROUHÈZE: Não sou capaz de promessa.
O VICE-REI: Sou o senhor ainda! Se eu quiser, posso te impedir de partir.
D. PROUHÈZE: Crês realmente que podes me impedir de partir?
O VICE-REI: Sim, posso te impedir de partir.
D. PROUHÈZE: Crês? Então diga somente uma palavra e ficarei. Eu juro, diga
somente uma palavra, eu ficarei. Não é preciso violência.
Uma palavra, e ficarei contigo. Uma única palavra,
é tão difícil de dizer?Uma/ única palavra e ficarei contigo.
(*Silêncio. O Vice-Rei abaixa a cabeça chora. Dona Prouhèze se cobre da cabeça aos pés*)[1].

Don Rodrigue não consegue pronunciar aquela única, simples, pequena palavra. Seria um rompimento da honra e do desígnio de Deus. Mas na escuridão do instante também existe luz. Dona Prouhèze deixa atrás de

1. DONA PROUHÈZE: Qu'ai-je voulu que te donner la joie! ne rien/ garder! être entièrement/ cette suavité! cesser d'être moi-même/ pour que tu aies tout!/ Là où il y a le plus de joie, comment/ croire que je suis absente? là où il/ y a le plus de joie, c'est là qu'il y/ a le plus Prouhèze!/ Je veux être avec toi dans le/ principe! Je veux/ épouser ta cause! Je veux apprendre/ avec Dieu à ne/ rien réserver, à être cette chose/ toute bonne et toute/ donnée qui ne réserve rien et à/ qui l'on prend tout!/ Prends, Rodrigue, prends, mon/ coeur, prends, mon/ amour, prends ce Dieu que me remplit!/ La force par laquelle je t'aime/ n'est pas différente/ de celle par laquelle tu existes./ Je suis unie pour toujours à cette/ chose qui te donne la vie éternelle!/ Le sang n'est pas plus uni à la/ chair que Dieu ne/ me fait sentir chaque battement/ de ce coeur dans ta/ poitrine qui à chaque seconde/ de la bienheureuse éternité/ S'unit et se resépare.
LE VICE-ROI: Paroles au delà de la Mort et/ que je comprends à/ peine! Je te regarde et cela me/ suffit! O Prouhèze,/ ne t'en va pas de moi, reste vivante!
DONA PROUHÈZE: Il me faut partir.
LE VICE-ROI: Si tu t'en vas, il n'y a plus d'étoile pour me/ guider, je suis seul!
DONA PROUHÈZE: Non pas seul.
LE VICE-ROI: A force de ne plus la voir au/ ciel je l'oublierai./ Qui te donne cette assurance/ que je ne puisse cesser/ de t'aimer?
DONA PROUHÈZE: Tant que j'existe et moi je sais/ que tu existes avec moi.
LE VICE-ROI: Fais-moi seulement cette promesse et moi / je garderai la mienne.
DONA PROUHÈZE: Je ne suis pas capable de promesse.
LE VICE-ROI: Je suis le maître encore! Si je veux, je peux/ t'empêcher de partir.

si sua jovem filha, e é dela a voz que se ouve nos últimos momentos da peça, significando o triunfo das frotas católicas em Lepanto.

Mas não se pode concluir que a visão cristã de mundo, a partir do gênio bizarro e particular de Claudel, esteja preste a produzir um corpo de drama trágico. Claudel foi menos um cristão e mais um peculiar e um tanto terrivelmente begnino de católico romano. Ele pertencia mais à época gregoriana do que à igreja moderna. O brilho da chama do inferno parecia evocar nele uma aprovação grave, quase uma satisfação pela grandeza vingadora dos caminhos de Deus. Há páginas em seus dramas e comentários escritos que se lêem como se fossem descobertos em uma biblioteca monástica e como se fossem o trabalho de um abade tirânico zeloso das corrupções do homem. Além do mais, poucas peças de Claudel visavam a encenação prática. Várias delas só podem ser produzidas efetivamente em versões resumidas ou simplificadas. O recurso essencial em *A Sapatilha de Cetim* é a transição instantânea do real, num sentido visual e normal, ao puramente imaginário. No teatro vigente, essas transições propõem problemas de extrema dificuldade. Em suma, na arte de Claudel o dramático existe mais do que o drama. E acima de tudo, nem a aventura singular de Claudel nem instâncias como *Morte na Catedral*, de Eliot, conseguem alterar o fato de que a visão cristã do homem leva à negação da tragédia. Um ator que freqüentemente interpretava o papel de Becket colocou sucintamente a questão: "Sei que estou sendo assassinado em cena, mas não me senti morto nem uma única vez".

A noção de tragédia parcial, implícita em Claudel, e a concepção de tragédia mais como um desperdício do que como desastre predestinado ou inevitável, é central na arte de Brecht. Ela se relacionava à questão. A concepção marxista de mundo, ainda mais explicitamente

---

DONA PROUHÈZE: Est-ce que tu crois vraiment / que tu peux m'empêcher de partir?
LE VICE-ROI: Oui, je peux t'empêcher de partir.
DONA PROUHÈZE: Tu le crois? eh bien, dis seulement un mot
et je reste. Je le jure, dis selement un mot,
je reste. Il n'y a pas besoin de violence.
Un mot, et je reste avec toi. Un seul mot,
est-il si difficile à dire? Un seul mot
et je reste avec toi.
(*Silence. Le Vice-Roi baisse la tête et pleure. Dona Prouhèze s'est voilée de la tête aux pieds.*)
Não entendo plenamente certas palavras de D. Prouhèze, particularmente as do final de seu ofertório, sua autodoação a Rodrigue. Mas a resposta de Rodrigue sugere que não se entenda o seu significado total. Estas são palavras "para além da Morte". Tentei, na medida do possível, manter a deliberada pontuação sutil de Claudel. Como Whitman, ele usa pontuação ou ausência dela para ordenar o movimento do seu verso branco. Note como o uso de uma vírgula na afirmação final de Dona Prouhèze marca uma urgência que não é obtida pelas mesmas palavras, usadas anteriormente. (N. do A.)

do que a cristã, admite o erro, angústia e derrota temporária, mas não a definitiva tragédia. O desespero é um pecado mortal para o marxismo tanto quanto para Cristo. Lunacharsky, o primeiro comissário soviético da educação, proclamava que uma das qualidades que definiam uma sociedade comunista seria a ausência do drama trágico. Convencido de que os poderes da razão conseguem dominar o mundo natural e conferir completa dignidade e sentido à vida humana, um comunista não pode mais reconhecer o sentido da tragédia. Ou ele conceberá a tragédia como uma relíquia no museu do passado moral. O teatro trágico é uma expressão da fase pré-racional da história; fundamenta-se na assunção de que existem, na natureza e na psique oculta, forças incontroláveis capazes de enlouquecer e destruir a mente. O marxista sabe que tais forças não possuem existência real; são metáforas da ignorância antiga ou fantasmas para assustar as crianças no escuro. Ele sabe que não existe tal coisa como *Anangké*, a necessidade cega que oprime Édipo. "A necessidade é cega", afirmava Marx e Engels, "somente quando ela não é entendida." A tragédia só pode ocorrer onde a realidade não foi arreada pela razão e consciência social. Quando o novo homem da sociedade comunista desembocar em uma encruzilhada de três vias, ele encontrará uma fábrica ou uma casa de cultura, não um Laio furioso em seu carro.

Além do mais, o credo marxista é imensamente, talvez ingenuamente, otimista. Como o visionário medieval, com sua fé absoluta no advento do reino de Deus, o comunista tem certeza que o reino da justiça se aproxima da terra. A concepção marxista da história é uma *commedia* secular. A humanidade avança para a justiça, em igualdade, e para o ócio da sociedade sem classes. Quando a exploração capitalista terminar, e o Estado for abolido, a guerra e a pobreza desaparecerão num pesadelo de lembrança sombria, e o mundo será novamente um jardim para o homem. Há catástrofes ao longo do caminho. A *bourgeoisie* condenada luta por sua vida com astúcia selvagem e, em curto prazo, pode obter sucesso político ou militar. Há revoltas prematuras, tais como as da Comuna e a insurreição de 1905, nas quais o sangue das classes laboriosas é derramado sem nenhuma finalidade evidente. Pode haver desvios de heresias ou cismas no interior do campo socialista. Mas até mesmo o mais severo revés não oferece espaço ao desespero trágico. A marcha adiante continua, pois tem a seu favor as inexoráveis leis da história; a vitória final é tão certa quanto a chegada da alvorada.

Além do mais, a literatura marxista é uma afirmação jubilosa ou um grito de batalha. Stálin foi perfeitamente consistente com os objetivos de uma sociedade comunista quando exigia que todas as peças e romances tivessem um final feliz. Os censores soviéticos tinham razão ao procurar banir *Os Demônios* de Dostoiévski, essa parábola da ruína definitiva da utopia socialista. Em um Estado comunista, a tragédia não é unicamente arte ruim; é traição calculada para subverter a moral das linhas de frente. Esse axioma de júbilo necessário tornou-se explícito no título de uma peça produzida em 1934, *A Tragédia Otimista*, de Vischniévski. Ela dramatiza a morte heróica, em batalha, de uma companhia de marinheiros vermelhos. Todos perecem diante de nós, mas não devemos considerar seu sacrifício como trágico, pois ele contribui para a vitória final do Partido e da União Soviética. Junto com o cristão devoto, o comunista pode indagar: "Morte, onde está vosso ferrão?"

É notável como uma mitologia tão estridente e ingênua deve ter servido às finalidades de um dramaturgo da estatura de Brecht. Mas as relações de Brecht com o marxismo foram sempre oblíquas. Como Claudel, ele possuía aquela ponta de heresia a qual permite que um poeta trabalhe contra a corrente de uma fé ortodoxa. Onde em Claudel faltava caridade, em Brecht faltava esperança. Seus poemas são moldados não pela ascensão inexorável do poder soviético, mas pelo fracasso e destruição do movimento comunista alemão. Esse episódio desastroso tingiu toda sua perspectiva e lançou sua sombra contra o clarão do otimismo stalinista. Brecht não morou na Rússia nem aderiu à instituição oficial da literatura stalinista. Quase no fim, ele preferiu viver no exílio. Quando o peso do sucesso militar e político se transferiu para o terreno marxista, ele permaneceu na aura da derrota anterior (a última peça de Brecht trata da supressão da Comuna). Essa recusa de correr junto à leva vitoriosa conferiu um sabor particular, anárquico à política de Brecht freqüentemente irreconciliável com a orientação oficial "positiva". Creio que isso foi válido até em seus últimos anos em Berlim Oriental. Ele atuou a favor do seu realismo esquelético, sua tendência satírica e engenho indomável contra a ideologia que professou sincera e abertamente. Desse modo está presente em suas obras, como em Corneille, um choque deliberado entre a qualidade natural da mente do poeta e a direção exterior de sua retórica. Além do mais, Brecht não estava muito preocupado com o paradoxo da "tragédia otimista". Ele era um virtuosista dos estilos teatrais, igualmente familiarizado com a música e cinema, com o lirismo e propaganda. Ele raramente fez uso do gênero trágico para seu jogo astuto e radical. Mas no único caso maior, em *Mãe Coragem*, a noção de tragédia em Brecht não está distante daquela de um poeta cristão.

Brecht acreditava no processo dialético da história e na consumação inevitável do ideal marxista. Mas ele mantinha seu olho frio no presente. Era por demais realista para saber que a luz no horizonte se encontrava imensamente distante e que haveria sofrimento terrível no decorrer do caminho. Hosanas brotarão no reino da justiça, mas não amanhã nem mesmo depois de amanhã. Ainda assim, justamente porque a vitória final é certa, todo sofrimento que deve precedê-la tem uma qualidade de desperdício estranho, desumano. É monstruoso porque é evitável, de alguma maneira. Os personagens de Claudel se enredam na tragédia porque dão as costas ao poder redentor de Deus. O sofrimento deles é real, mas metafisicamente absurdo. Assim acontece com Brecht. Um marxista sabe que é absurdo um homem lutar contra as leis da história. Se a classe capitalista reconhecesse que está condenada, se aceitasse a verdade manifesta da revelação socialista, não haveria necessidade de continuar a luta. Se o proletariado pudesse entender a natureza do processo histórico e ele se voltasse para a vanguarda comunista como sua liderança natural, toda fábrica de guerra e ganância mercantil entraria em colapso. Mas os homens estão cegos para sua própria salvação. Desse modo, inúmeras vidas são rompidas, e rompidas inutilmente.

Mãe Coragem é uma alegoria do puro desperdício. A velha enlouquecida perde seus filhos, um por um, no fluxo assassino da Guerra dos Trinta Anos. Essas vidas dissipadas são desperdício suficiente. Mas o desperdício real é interno. Mãe Coragem não aprende nada de sua agonia. Ela se recusa a entender a simples verdade de que aqueles que vivem da venda da espada morrerão pela espada. Ela arrasta sua carroça de mascate de batalha em batalha. Ela sabe que onde há homens feridos há pedidos de aguardente e onde há armas de fogo há necessidade de pólvora. A cada momento, um de seus filhos morre. Mãe Coragem poderia parar. No entanto, ela arreia os sobreviventes ao seu vagão e continua como um abutre rondando a carcaça. Ao arrastar a carroça, o palco móvel começa a girar, cada vez mais rapidamente. A tola criatura acha que está avançando. Na realidade ela está pisando em um moinho de ruína. Ela se recusa a ceder enquanto houver um ducado a ser ganho em algum lugar da paisagem carbonizada entre a Alsácia e Praga. Ela abandona seus mortos ao relento e aos lobos, e insiste. Os horrores que recaem sobre ela são puro desperdício, como se a luz atingisse a cinza fria. Ela força seus ombros para trás, entra no arreio novamente, e canta as canções da guerra:

> De Ulm, e de Metz à Morávia,
> Mãe Coragem está em todo lugar.
> A guerra tem sempre pólvora e chumbo
> Para os seus contingentes sustentar.
> Porém nem só de pólvora e de chumbo
> A guerra vive: precisa de gente!
> Entrem para o primeiro Regimento
> Que aparecer, para que ela se agüente![2]*

2. Von Ulm nach Metz, von Metz nach Mähren!/ Mutter Courage ist dabei!/ Der Krieg wird seinen Mann ernähren/ Er braucht nur Pulver zu und Blei./ Von Blei allein Kann er nicht leben/ Von Pulver nicht, er braucht auch Leut!/ Müssts euch zum Regiment begeben/ Sonst steht er um! So kommt noch heut!

* *Mãe Coragem e seus Filhos*, trad. de Geir Campos, São Paulo: Editora Paz e Terra, Teatro Completo, v. 6, 1991.

Mãe Coragem sabe que a guerra devora homens. Ela esquece quais filhos são devorados antes. Finalmente seu último filho, o mudo Kattrin, é morto. Mas até esse horror é uma perda morta. Coragem é agora um espantalho com semelhança grotesca de vida. Mas o cheiro da guerra e dinheiro ainda a impulsiona: "Espero conseguir puxar carroça sozinha. Eu consigo. Não tem muita coisa aí". Um regimento passa ao fundo tocando tambor e flautim. Ela grita: "Me levem com vocês". Ela se encaixa em seu arreio e o palco começa girar novamente sob um céu vazio. A canção da marcha informa que a guerra durará uns cem anos.

E assim será; e depois daquela guerra, mais duzentas. Não existe perspectiva de um fim para o desperdício e assassinato? Não até que as mulheres se recusem em ceder seus filhos como bucha de canhão; não até que os homens cessem de forjar armas que matam seus próprios filhos. Há um vestígio de alvorada no horizonte longínquo da peça. Na dialética dos eventos, virá um tempo em que as nações pousarão seus braços sobre águas mansas. Mas Mãe Coragem se afasta da proximidade desse tempo. Brecht queria que injuriássemos a velha harpia por sua ganância estúpida. Ele queria que entendêssemos que o desperdício não é nobre nem trágico, mas simples e horrivelmente inútil. Essa é toda questão da peça. Para que o público possa aprender algo, Mãe Coragem não aprendeu nada. Fim da lição.

Mas é claro que não funciona assim. O moralista precisa compartilhar sua plataforma com o poeta. E o poeta é habilidoso. Ele permite ao moralista sua fala; não nega, em nenhum momento, a responsabilidade de Coragem colocar seu fardo de miséria. Ele meramente nos solicita para que a observemos. Ela se apresenta tão imensamente vital em cada terminação nervosa, tão rapace e inconquistável. Ela é o sal da terra, destrutiva ainda que tortuosa. É impossível se desligar da peça e meramente fazer um julgamento frio de suas faltas. Nós também nos encontramos atrelados à carroça, e é sob nossos pés que gira o palco.

Brecht é inteiramente consciente disso, embora pretenda considerar qualquer identificação do espectador com a personagem como insensatez romântica. No duelo entre o artista e o dialeticista, ele permite ao artista uma margem estreita mas constante de vitória. Nessa margem, *Mãe Coragem* é tragédia; incompleta, talvez, pela redenção política que a envolve, mas, no entanto, real e consumada. Brecht encontra-se a meio caminho do mundo de Édipo e o de Marx. Ele concorda com Marx que a necessidade não é cega, mas como todos os verdadeiros poetas, ele sabia que ela freqüentemente fecha seus olhos. E ao fechá-los, ela fica de tocaia para a chegada do homem que passa pela estrada de Corinto.

Não tratei, nesse ensaio, do grupo de peças sombrias que surgiram no teatro francês a partir da guerra. As peças de Sartre, *Calígula*, de Camus e as fantasias negras de Samuel Beckett são de uma época tão próxima de nós para que se possa fazer qualquer julgamento precário. Minha própria sensação é de que sua importância se encontra fora da esfera e autoridade do drama. *Entre Quatro Paredes*, *O Diabo e o Bom Deus* e *Calígula* não são primariamente teatro, mas, antes, utilizações da cena. Como Diderot, Sartre e Camus fazem da ação dramática uma parábola do argumento filosófico ou político. A forma teatral é quase fortuita; as peças são ensaios ou panfletos declamados e acentuados pelo gesto gráfico. Nessas alegorias se escutam vozes, não personagens.

O caso de Beckett é mais intrigante. Ele obteve, de sua associação pessoal com a literatura irlandesa, uma nota distinta de tristeza cômica. Em *Esperando Godot* há momentos que proclamam, com vivacidade dolorosa, a enfermidade de nossa condição moral: a incapacidade da fala ou gesto de conter o abismo e horror dos tempos. Mas novamente me pergunto se lidamos com o drama em qualquer sentido genuíno. Beckett escreve "antidrama"; ele demonstra, com uma espécie de lógica irlandesa, que se pode bloquear, em cena, todas as formas de mobilidade e de comunicação natural entre os personagens e ainda assim produzir uma peça. Mas creio que o resultado é aleijado e monótono. No máximo, se consegue um *guignol* metafísico, um espetáculo de marionetes que se faz momentaneamente, fascinante ou monstruoso, pelo fato das marionetes insistirem em se comportar como se estivessem vivos.

Nenhum desses dramaturgos tem o dom, sem o qual o drama não subsiste, de Brecht e Claudel: ou seja, a capacidade de criar personagens dotados do milagre de vida independente. Bertolt Brecht está morto, e o tempo deve livrar-nos do pesadelo de sua política. Mas seus seres imaginados adquiriram uma vitalidade consistente. Quando o nome de Brecht tiver passado no enterro da história literária, Mãe Coragem continuará empurrando sua carroça pela noite de inverno.

X

Quero fechar esse ensaio mais com uma nota de lembrança pessoal do que de argumento crítico. Não há soluções definidas para os problemas que abordei. Freqüentemente a luz da alegoria é mais adequada do que a asserção. Além disso, acredito que em torno da crítica literária não há rigor nem prova. Se for honesta, é passional, experiência particular que procura persuadir. Os três incidentes que contarei concordam com as três possibilidades de nosso tema: que a tragédia esteja, de fato, morta; que ela continua em sua tradição essencial apesar das mudanças da forma técnica; ou, por fim, que o drama trágico deve retornar à vida.

Não faz muito tempo, eu viajava de trem pelo sul da Polônia. Passamos por uma ruína desabada sobre a crista de uma montanha. Um dos poloneses do meu compartimento contou-me o que se passara por lá. Havia sido um monastério, e os alemães usaram como prisão de oficiais russos capturados. No último ano da guerra, quando o exército alemão do Leste começou a recuar, não chegava mais comida na prisão. Os guardas pilhavam o que conseguiam da terra, mas logo seus cães policiais, com fome, tornaram-se perigosos. Depois de alguma hesitação, os alemães soltaram os cachorros sobre os prisioneiros, e, enlouquecidos de forme, os cães devoraram vários deles vivos. Quando a guarnição fugiu, deixou os sobreviventes trancados no porão. Dois deles conseguiram se manter vivos, matando e devorando seus companheiros. Finalmente, o exército soviético que avançava os encontrou. Deram comida decente aos dois soldados e então os fuzilaram a fim de que os soldados vissem a que abjeção seus antigos oficiais ficaram reduzidos. Depois disso, o monastério foi totalmente queimado. Os outros viajantes do nosso compartimento ouviram, e então cada um, por sua vez, contou um incidente comparável ou pior. Uma mulher contou o que havia sido feito com sua irmã no campo de morte de Matthausen. Não transcreverei aqui, por ser o tipo de coisa que rompe a linguagem. Ficamos todos silenciosos por algum tempo, e então um homem mais velho falou que conhecia uma parábola medieval que poderia ajudar a compreender como tais eventos chegaram a acontecer:

> Numa obscura aldeia da Polônia central, havia uma pequena sinagoga. Uma noite, ao fazer suas rondas, o Rabi entrou e viu Deus sentado em um canto escuro. Ele se jogou diante dele e gritou: "Deus senhor, que Fazeis aqui?" Deus não lhe respondeu nem com trovão nem com rajada de vento, mas em voz baixa: "Estou cansado, Rabi, Estou cansado até a morte".

Considero a difusão dessa parábola sobre nosso tema, da seguinte maneira: Deus se cansou cada vez mais da selvageria do homem. Talvez Ele não fosse mais capaz de ter controle sobre ela e não conseguisse mais reconhecer Sua imagem no espelho da criação. Ele abandonou o mundo aos seus próprios recursos desumanos e habita agora algum outro canto do universo tão remoto que Seus mensageiros não conseguem sequer nos alcançar. Eu suporia que Ele se retirou durante o século dezessete, uma época que tem sido a linha divisória constante do nosso ensaio. No século XIX, Laplace declarava que Deus era uma hipótese da qual a mente racional não mais necessitava; Deus foi atacado pela palavra do grande astrônomo. Mas a tragédia é a forma de arte que requer o peso intolerável da presença de Deus. Ela agora está morta porque Sua sombra não incide mais sobre nós como incidia sobre Agamêmnon ou Macbeth ou Atália.

Ou, talvez, a tragédia simplesmente mudou o estilo e a convenção. Chega um momento, em *Mãe Coragem*, em que os soldados carregam o corpo morto de Schweizerkas. Eles suspeitam que se trata do filho de Coragem mas não têm certeza. Ela pode ser obrigada a identificá-lo. Eu assisti à atuação de Helene Weigel em cena com o elenco de Berlim Oriental, embora atuação seja uma palavra desprezível para o deslumbramento de sua encarnação. Diante do corpo estendido de seu filho, ela simplesmente sacudia sua cabeça em negação muda. Os soldados compeliam-na a olhar novamente. Novamente ela não dava sinal de reconhecimento, somente um olhar morto. Enquanto o corpo era carregado, Weigel olhava para o outro lado e rasgava sua boca imensamente aberta. A forma do gesto era a do cavalo berrante na *Guernica* de Picasso. O som que surgia era cru e terrível além de qualquer descrição que eu conseguisse fazer. Mas, na realidade, não havia som. Nada. O som era silêncio total. Era o silêncio que gritava e gritava por todo teatro a ponto do público abaixar sua cabeça como diante de uma rajada de vento. E aquele grito no interior do silêncio me parecia ser o da Cassandra quando ela vaticina os vapores de sangue na casa dos Atreus. Foi o mesmo grito selvagem com o qual a imaginação trágica marcou pela primeira vez nossa sensação de vida. O mesmo lamento selvagem e puro sobre a desumanidade do homem e desperdício do homem. A curva da tragédia, talvez, seja inquebrantável.

Finalmente, deve se fazer presente em nossas mentes a possibilidade – embora eu a julgue remota – de que o teatro trágico possa ter diante de si uma nova vida e futuro. Assisti a um filme documentário que mostrava as atividades de uma comuna agrícola chinesa. Num certo momento, os trabalhadores afluíam das terras, depunham seus ancinhos, e se juntavam na praça do barracão. Eles formavam um coro enorme e começavam a entoar uma canção de ódio pelos inimigos da China. Depois um líder do grupo saltava das fileiras e encenava uma espécie de dança violenta, complicada. Ele estava interpretando, em pantomima, a luta contra os bandidos imperialistas e sua derrota pelos exércitos camponeses. A cerimônia encerrava com um recital sobre a morte heróica de um dos fundadores do partido comunista local. Ele fora morto pelos japoneses e estava enterrado nas proximidades.

Será que não foi assim, com algum rito comparável de desafio e honra aos mortos que a tragédia começou, três mil anos atrás, sobre as planícies de Argos?

Índice Remissivo

Addison, Joseph – 177
   Cato – 153
Alfieri, Vittorio – 119, 122, 123, 124, 130
   Agamêmnon – 122
   Antígona – 122
   Conjuração dos Pazzi, A (La Congiura de Pazzi) – 122
   Filippo – 122
   Maria Stuarda – 102, 122
   Mirra – 123, 124
   Saul – 123
Anderson, Maxwell – 178
Anouilh, Jean – 133
   Antígona – 184, 187
   Arden of Feversham – 112
   Medéia – 132
Aristóteles: preceitos da tragédia – 11, 12, 14, 15, 17, 18, 108; aplicado a Shakespeare – 21, 23, 24, 102, 109, 110
Augier, Émile – 166

Balzac, Honoré de – 70, 130, 152
Basillach, Robert – 34
Beaumont, Francis – 24, 30
Beckett, Samuel – 196-197
   Esperando Godot – 197
Beddoes, Thomas Lovell – 69, 85
Beethoven, Ludwig van – 77, 88, 105, 163
   Fidélio – 164
Bel-Geddes, Norman – 120
Benserade, Isaac de – 34
Bentley, Eric – 102, 177
Berg, Alban – 165
   Woyzeck – 158, 166
Berlioz, Hector – 89, 97, 108, 120, 164, 173
   Danação de Fausto, A – 164
   Memórias (Mémories) – 81
   Troianas, As (Le Troyens) – 164
Blake, William – 107, 113, 183
   Eduardo III – 69
Blunden, Edmund – 84
Boileau, Nicolas – 24, 77, 108
Bonaparte, Napoleão – 34, 66, 71
   Livro de Enoque, O – 120
Bossuet, Jacques Bénigne – 34
Boucher, François – 182
Brecht, Bertold – 22, 23, 67, 95, 184, 197; conceito de drama – 44, 45, 105, 133; como sucessor de Büchner – 156, 158; e marxismo – 192-195
   Mãe Coragem – 194-197, 200
Broch, Hermann –
   Morte de Virgílio, A (Der Tod des Vergil) – 175
Browning, Robert – 70, 177
Brunetière, Ferdinand – 27
Büchner, Georg – 62, 95, 124, 155-161, 175

Lenz – 156
Leonce e Lena – 156, 157
Morte de Danton, A – 124, 156
Woyzeck – 156-162
Byron, George Gordon, Lord – 68, 69, 91, 115, 116, 122; rejeição ao teatro – 44, 118; clássico e romântico em – 72, 80, 115-119; admiração de Goethe por – 115; peças religiosas – 115-123; e Alfieri – 122, 123, 124; e Grillparzer – 131
Cain – 119, 120
Céu e Terra (Heaven and Earth) – 119, 120, 121
Deformado Transformado, O (Deformed Transformed) – 119, 121, 122, 124
Dois Foscari, Os (The Two Foscari) – 115, 116, 117, 118
Don Juan – 77, 122
Manfred – 75, 115, 119
Marino Faliero – 115-118
Sardanapalus – 16, 115, 116, 118, 119, 124

Calderón, Pedro – 29, 30, 62, 63, 69, 188
calvinismo – 10, 72
Camus, Albert –
Calígula – 196, 197
Can Grande, Príncipe de Verona – 7
Castelvetro, Lodovico – 13, 108
Poética de Aristóteles Vulgarizada, A (Poética d'Aristotele vulgarizata) – 12
Castlereagh, Rovert Stewart, Visconde de – 68
Chapman, George – 13, 16, 17, 18, 82
Admiral de França (Admiral of France) – 17
Bussy d'Ambois – 17
Tragédia de Chabot, A (The Tragedy of Chabot) – 17
Chaucer, Geoffrey – 7, 8, 10
Conto do Monge, O (The Monk'Tale) – 7, 8, 10
Chaulmer, Charles – 34
Chesterton, G. K. – 182
Churchyard, Thomas –
Espelho dos Magistrados, O (Mirror for Magistrates) – 9
Cícero – 40
Cintio, Giraldo – 15
Clarendon, Edward Hyde, Earl de – 58
Claudel, Paul – 12; papel do coro – 22; estilo de – 176, 188, 189, 192, 197; uso do mito clássico – 184; mito cristão – 189-192, 194, 195; ecos de *Suréna* em – 43

Joana d'Arc do Matadouro (Jeanne d'Arc au bûcher) – 189
Livro de Cristóvão Colombo, O (Le Livre de Chistophe Colomb) – 121, 189
Partilha do Meio-dia (Partage de Midi) – 189
Sapatilha de Cetim, A (Le Soulier de Satin) – 30, 189, 190-192
Cocteau, Jean – 14, 174, 177; uso dos mitos gregos – 184, 185, 187
*Máquina Infernal, A (*La Machine Infernale) – 25, 174, 184, 185
Coleridge, Samuel Taylor – 68, 69, 78, 82, 113, 149; comentários sobre Shakespeare – 40, 48, 81, 149; tema do remorso em – 71, 73
Balada do Velho Marinheiro, A (The Ancient Mariner) – 72, 74
Queda de Robespierre, A (The Fall of Robespierre) – 69
Remorso (Remorse) – 69, 74, 75, 83
Zapolya – 69, 82
Comédie Française – 28, 29, 44, 58
Condé, Louis, Príncipe de – 38
Congreve, William – 143, 144
Cooke, George Frederick – 64
Corneille, Pierre – 16, 32, 39, 62, 109; como crítico – 23; influência de – 24, 62, 63; "intradutibilidade" – 28, 57; comparado a Racine – 28, 29, 30, 39, 41, 42, 43, 44, 45, 46, 47; estilo de – 30-32, 34, 38, 42, 43, 94, 194; tema de Roma em – 32, 34, 36, 39, 40, 116; tragédia política em – 32-43, 103
Cid, O – 28, 30, 31, 32
Cinna – 28, 34
Don Sancho de Aragão – 31
Édipo – 38
Horácio – 28, 32, 33, 34
Mentiroso, O (Le Menteur) – 30
Medéia – 31
Nicomède – 34, 38, 39
Othon – 41
Pertarita (Pertharite) – 34, 38
Polieuto – 31, 188
Pompeu – 34, 35-37
Pulquério – 42
Rodogune – 30, 34
Sertorius – 34, 39, 40
Suréna – 32, 34, 42, 43
Tito e Berenice – 41
Tosão de Ouro, O (La Toison d'or) – 38
Corneille, Thomas – 109
Covent Garden – 63, 64, 69
Cowley, Abraham – 22

ÍNDICE REMISSIVO

Cromwell, Oliver – 23, 63

Daniel, Samuel –
 Cleópatra – 16
Dante – 13, 32, 88; noção de tragédia – 7, 8; verso em – 176; linguagem em – 179; mitologia cristã em – 183, 187, 188
 Divina Comédia, A – 176
 Inferno – 120
 Purgatório – 170
De Gaulle, Charles – 29
De Quincey, Thomas –
 Confissões de Um Comedor de Ópio (The Confessions of an English Opium Eater) – 78
Defoe, Daniel – 59, 112
 Moll Flanders – 152
Delacroix, Eugène – 108
Descartes, René: o uso de Racine de – 46, 48, 61; românticos e – 70; efeito sobre a tragédia – 111, 113, 182
 Diário de Anne Frank, O – 180
 Discurso do Método – 111
Dickens, Charles – 70
Diderot, Denis – 23, 88, 158, 197
 Filho Natural, O – 153
Donizetti, Gaetano – 95, 103
Dostoiévski, Fyodor – 70, 91, 147, 196
 Demônios, Os – 193
 Memórias do Subsolo – 78
Drury Lane – 63, 64
Dryden, John – 16, 22, 24, 28, 81; tradições conflitantes em – 23-26, 61, 108, 109, 170, 174, 176; uso de palavras – 41, 58, 140, 180
 Aureng-Zebe – 25
 Casamento à Moda de (Marriage à la Mode) – 24
 Corça e a Pantera, A (The Hind and the Panther) – 26
 Ensaio de Poesia Dramática (Essay of Dramatic Poesy) – 23
 Tróilo e Créssida – 23, 24, 25
 Tudo por Amor (All for Love) – 24, 25, 176
Dumas, Alexandre – 89, 102, 166
 Antony – 94
Dumas, Alexandre, filho – 94, 165

Eckermann, Johann Peter – 114, 115
Eliot, T. S. – 12, 186; problema do coro – 22; verso branco de – 140; conflito de tradições em – 174, 186, 187; interpretação da prosa dramática – 174, 175; ideal do verso dramático – 176, 177, 178, 180
 Morte na Catedral (Murder in the Cathedral) – 134, 177, 192
 Prufrock – 140
 Reunião em Família, A (The Family Reunion) – 174, 184, 186
Engels, Friedrich – 193
Erasmus, Desiderius –
 Adagia – 8
Ésquilo – 19, 62, 88; concepção neoclássica de – 14, 19, 20, 21; mitologia de – 47, 183; público de – 65; e os românticos – 108-111; e Holderlin – 135
 Agamêmnon – 157
 Eumênides – 3, 14
 Oréstia – 1, 15, 109, 113; influência de – 20; como teatro vivo – 28; afirmação na – 97, 99; variações modernas de – 122, 184, 186; verso em – 138
 Persas, Os – 109
 Portadoras de Libações, As (The Libation Bearers) – 184
 Prometeu – 19, 120
 Sete Contra Tebas, Os – 109
 Suplicantes, As – 56, 57
Eurípides – 28, 62, 135; concepção neoclássica de – 14, 18, 20; interpretação de Rymer – 21, 22; e Racine – 29, 44, 46, 47, 48, 61, 187; e românticos – 110, 114; e Grillparzer – 131
 Bacantes, As – 4, 138
 Medéia – 109
 Troianas, As – 179

Flaubert, Gustave – 70, 130, 175
 Madame Bovary – 29
Flecknoe, Richard –
 Pequeno Discurso sobre a Cena Inglesa (Short Discourse of the English Stage) – *20*
Fletcher, John – 24, 30
 Dois Nobres Aparentados, Os (The Two Noble Kinsmen) – 83
Fontenelle, Bernard Le Bouvier, de – 150
Ford, John – 14, 82, 83
Franklin, Benjamin – 111
Franzos, Karl Emil – 157
Frazer, James George – 184
 Ramo de Ouro, O (The Golden Bough) – 185
Freud, Sigmund – 3, 131, 184

Galois, Évariste – 157
Garnier, Robert – 15, 16, 34

Cornélie – 16
Hippolyte (Hipólito) – 49, 54
Marco Antônio – 15, 16
Garrick, David – 64
Gautier, Théophile – 27
Gênesis – 120
George, Stefan – 28
Gibbon, Edward – 179
Gide, André – 27, 185
   Ajax – 184
   Filoctetes – 184
Giraudoux, Jean – 127, 185
Gluck, Christoph –
   Orfeu – 163
Goethe, Johann Wolfgang – 14, 29, 43, 62, 69, 165, 167; público de – 65, 67, 177; e Schiller – 90, 91, 102, 103; rejeição à tragédia – 95-98; união do clássico ao germânico – 113-115, 174; e Byron – 115; e Kleist – 125, 130
   Egmont – 90
   Elegias Romanas – 114
   Fausto – 28, 67, 114, 119, 121, 153, 154, 155; evasão da tragédia em – 72, 73, 76, 77, 95-97; clássico e germânico em – 113, 115, 182; prosa em – 153-155, 157
   Filha Natural, A (Die Natürlische Tochter) – 97
   Götz von Berlichingen – 90, 91
   Ifigênia – 96, 97, 185
   Torquato Tasso – 29, 96, 97, 114
   Werther – 78, 98, 112
   Wilhelm Meister – 96, 113
Goldoni, Carlo – 122
Górki, Máximo – 158
Gosse, Edmond – 85
Graves, Robert – 18, 138, 179
Greville, Fulke –
   Alaham – 16
   Mustafá – 16
Grillparzer, Franz – 95, 131-133
   Medéia – 131, 132
   Velocino de Ouro, O (The Golden Fleece) – 131

Handel, George Frederick – 34
Hardy, Alexandre – 30, 31
Hardy, Thomas – 68, 69
   Dinastas, Os (The Dynasts) – 68
Hazlitt, William – 68, 69, 80, 81
Hebbel, Friedrich – 95, 177
Hegel, Georg Wilhelm Friedrich – 63, 89
Heine, Heinrich – 78, 79
   Almansor – 79
   Ratcliff – 79

Heller, Erich – 65
Hofmannsthal, Hugo von – 133, 174, 175, 177, 184, 185
   Electra – 174, 184
   Todo Mundo (Jedermann) – 177
Hölderin, Friedrich – 14, 124, 134, 135
   Empédocles – 134, 135
   Empédocles sobre o Etna (Empedokles auf dem Ätna) – 134, 135
   Morte de Empédocles, A (Der Tod des Empedokles) – 135
Homero – 2, 22, 44, 78, 88, 107, 176, 183
   Ilíada – 2
   Odisséia – 183
Horácio – 12, 17, 108, 116, 119
Howard, Sir Robert – 22
Hugo, Victor: abordagem do drama – 23, 79, 80, 89, 107, 108, 110, 113, 115, 162, 177; atitude em relação a Corneille e Racine – 27; romantismo de – 72, 107; e Shakespeare – 81, 87-89; fracasso artístico de – 92-95; influência de – 100, 110
   Contemplações, As (Les Contemplations) – 79
   Cromwell – 87, 89, 139
   Hernani – 30, 88, 92, 94
   Miseráveis, Os – 72
   Rei se Diverte, O (Le Roi s'amuse) – 95
   Ruy Blas – 30, 89, 92, 93, 94
   William Shakespeare – 87
Hume, David – 111
Hunt, Leigh – 63
   Cenas de um Drama Inacabado (Scenes from an Unfinished Drama) – 69
   Lenda de Florença (Legend of Florence) – 69

Ibsen, Henrik – 26, 62, 78, 121, 156, 272; como autor de tragédia – 4, 11, 20, 23, 49, 68, 70, 152, 153, 166-170; influência sobre o teatro moderno – 170, 171, 173, 174
   Brand – 167, 168
   Casa de Bonecas – 166, 167, 169
   Dama do Mar, A – 167, 168
   Espectro – 166
   Hedda Gabler – 167
   Inimigo do Povo, Um – 166, 167
   John Gabriel Borkman – 169, 170, 173
   Mestre Construtor, O – 168, 169
   Peer Gynt – 122, 167
   Pequeno Eyolf, O – 169
   Pilares da Sociedade – 166, 167
   Quando Despertamos Entre os Mortos – 168, 169

Rosmersholm – 167, 169
Isaías – 88

James, Henry – 70, 117, 139
Janáček, Leos – 165
jansenismo – 46, 49
Jeffers, Robinson –
　Jó, Livro de – 1
　Medéia – 184
Jodelle, Étienne – 15, 34
　Cleópatra Cativa (Cléopàtre captive) – 15
Johnson, Samuel – 81, 83, 177
　Irene – 63, 153
Jonson, Ben – 17-18, 62, 67; neoclassicismo de – 11, 12, 13, 14, 17, 18, 20, 35, 116, 118, 119; conflito de tradições em – 16, 18, 24
　Conspiração de Catilina, A – 17
　Mulher Silenciosa, A – 17
　Sejanus – 11, 17
　Volpone – 17, 18, 152
Joyce, James – 94, 139, 175
　Ulisses – 175, 183

Kafka, Franz – 176
Kean, Edmund – 64
Keats, John – 64, 69, 70, 78, 80, 81, 128, 142, 156
　Lamia – 84
　Otho, o Grande (Otho, The Great) – 64, 69, 81, 84
　Rei Estevão (King Stephen) – 69
　Véspera de Sta. Agnes, A (Eve of St. Agnes) – 70
Kemble, John Philip – 64
Kinwelmarsh, F., e Gascoigne, G., *Jocasta* – 9, 10
Kleist, Heinrich von – 62, 95, 171; romântico e clássico em – 119, 124-131; comparado a Grillparzer – 131, 132, 133; uso da poesia – 177
　Anfitrião (Amphitryon) – 126, 127, 129
　Die Hermannsschlacht – 127
　Käthchen von Heilbronn, Das – 126, 127, 128
　Pentesiléia (Penthesilea) – 124, 125, 130, 131
　Príncipe de Homburg, O (Prinz von Homburg) – 31, 126, 127, 128, 129, 130
　Robert Guiskard – 125
　Terremoto no Chile, O (Das Erdberden von Chili) – 125
Knight, G. Wilson – 122
Kyd, Thomas – 13, 16
　Tragédia Hispânica, A (The Spanish Tragedy) – 83

La Harpe, Jean François de – 108
La Motte, Antoine Houdar de –
　Édipo – 150
Laclos, Pierre Choderlos de – 38, 162
Lamartine, Alphonse de – 78
Lamb, Charles – 74, 81, 82, 83
　Espécies de Poetas Dramáticos Ingleses (Specimens of English Dramatic Poets) – 82, 84
　John Woodvil – 74, 83
Landor, Walter Svage – 69
Laplace, Pierre Simon, Marquis de – 200
Lautréamont, Isidore Ducasse, Conde de – 139
Lawrence, D. H. – 38, 140, 182
Le Tourneur, Pierre – 89
Lenz, Jakob Michael – 124
Leopardi, Conde Giacomo – 59, 78
Lessing, Gotthold Ephraim – 20, 108, 109, 110, 127, 153, 158
　Dramaturgia Hamburguesa (Hamburgische Dramaturgie) – 109
　Miss Sara Sampson – 153
Lillo, George – 153, 158
Livy – 8
Lope de Vega – 29
Lunacharsky, A. V. – 193
Longueville, Anne de Bourbon-Condé, Duquesa de, (Grande Demoiselle) – 38
Lutero, Martin – 179
Lydgate, John – 10

Macauley, Thomas Babington – 67, 179
Machiavel, Nicolau –
　Mandrágora, A – 143
MacLeish, Archibald –
　JB – 180
MacNeice, Louis – 115
Macready, William Charles – 64
Maeterlinck, Maurice – 177
Maintenon, Françoise d'Aubigné, Mme. De – 44
Malone, Edmund – 81
Mann, Thomas – 95, 102
Marlowe, Christopher – 10, 13, 14, 62, 93, 156; efeito sobre os românticos – 82, 83, 84, 85
　História Trágica do Doutor Fausto, A (The Tragicall Historie of Doutor Faustus) – 9, 13, 53, 56, 76, 83, 114
　Tamburlaine – 85
　Tragédia de Eduardo II, A (The Tragedia of Edward the Second) – 8

Marston, John – 82
Marx, Karl – 2, 72, 193; marxismo e tragédia – 2, 184, 192, 193
Maulnier, Thierry –
 Introdução à Poesia Francesa (Introduction à la Poésie Française) – 28
Mazarin, Jules – 32
Medwin, Thomas – 120
Melville, Herman, – 104
Menandro – 142
Meredith, George – 70
Metternich, Prince von – 131
Meyerbeer, Giacomo – 95
Michelangelo – 107, 108
Michelet, Jules – 179
Middleton, Thomas – 14, 82
 Duque de Milão, O (Duke of Milan) – 84
Miller, Arthur – 170
Milton, John – 14, 24, 108, 126, 175, 176; egotismo em – 78; Byron comparado com – 115, 117, 119; mitologia em – 182, 183
 Paraíso Perdido (Paradise Lost) – 36, 120, 182
 Sansão, o Lutador (Samson Agonistes) – 19, 20, 133, 134, 188
Molière – 44, 67, 143, 188
 Don Juan – 30, 150-152, 153,163
Moncrieff, William Thomas –
 Catarata do Ganges, A (The Catarate of the Ganges) – 64
Montaigne, Michel de – 28, 33, 77, 179
 Ensaios (Essays) – 28
Montesquieu, Charles de Secondat, Barão de – 32
Montherlant, Henry de – 30
 Mestre de Santiago (Le Maître de Santiago) – 30
Mozart, Wolfgang Amadeus – 28, 156
 Don Giovanni – 163
Murray, John – 116
Musset, Alfred de – 81, 161, 162
 Comédias e Provérbios (Comédies et proverbs) – 162
 Confissão de uma Criança do Século (Confession d'un enfant du siècle) – 71-72
 Lorenzaccio – 89, 90, 122, 162
Mussórgski, Modest Petrovich – 91
 Boris Godunov – 165

Newton, Isaac: efeito sobre a tragédia – 70, 107, 111, 113, 182
 Principia – 111
Nietzsche, Friedrich – 99, 103, 164, 165

O'Neill, Eugene – 185
 Electra Enlutada (Mourning Becames Electra) – 25, 184
Orwell, George –
 1984 – 180
Otway, Thomas – 63, 116
Ovídio – 123

Pascal, Blaise – 33, 46, 77
Peacock, Thomas – 68
 Quatro Idades da Poesia (Four Ages of Poetry) – 68
 Peça do Pastor – 143
Pembroke, Mary Herbert, Condessa de – 16
Picasso, Pablo –
 Guernica – 200
Pickersgill, Joshua –
 Três Irmãos, Os (The Three Brothers) – 121
Pico della Mirandola, Giovanni – 10
Pirandello, Luigi – 23, 70, 122, 130
Platão –
 Diálogos – 137
 Simposium – 172
Plauto – 142
Poe, Edgar Allan – 130, 142
Pope, Alexander – 37, 107, 111, 116
Pound, Ezra – 57, 184
Prévost, Marcel –
 Manon Lescaut – 152
Prior, Matthew – 18
Proust, Marcel – 139, 175, 182
Púschkin, Alexandre – 59, 78, 92
 Boris Godunov – 91, 92, 102

Quintiliano – 40

Rabelais, François – 138
Racine, Jean Baptiste – 11, 15, 16, 43, 44, 61, 62, 78; forma neoclássica e mito clássico em – 22, 43-59, 108, 167, 187; "intradutibilidade" de – 27-30; comparado a Corneille – 29, 31, 39, 41, 42, 44, 45, 46, 47, 57; rejeição ao teatro – 44, 55, 58; e Eurípides – 46, 47, 48, 49, 61, 187; público de – 47, 48, 66, 177; e os românticos – 88, 94, 99, 108, 127, 133; verso de – 160
 Andrômaca – 59
 Atália – 44, 45, 46, 55, 56, 57, 111, 112, 123
 Berenice – 29, 41, 44, 45, 46, 58, 59
 Britannicus – 28
 Esther – 44, 55, 56

Fedra – 1, 5, 27, 28, 29, 44, 45, 46, 49, 50, 51, 52, 54, 55, 56, 58, 59, 66, 11, 113; análise de – 48-55; linguagem de – 58, 59
Ifigênia – 28, 44, 46, 47, 48, 49, 53, 59
Radcliffe, Ann – 116
Rembrandt – 107
Revolução Francesa – 66, 68, 71, 88, 98
Richards, I. A. – 73
Richardson, Samuel – 112
Richelieu – 31
Richter, Jean Paul – 162
Rilke, Rainer Maria – 28, 183
Rimbaud, Arthur – 139, 156
Rojas, Fernando de –
 Celestina – 143
Rostand, Edmond – 29, 94, 177
Rousseau, Jean Jacques: efeito sobre a tragédia – 71, 72, 74, 76, 77; e o romantismo – 81, 99, 100, 113
 Confissões – 29, 77
 Nova Heloísa, A (La Nouvelle Héloïse) – 112
Royal Theatre – 63
Rymer, Thomas – 21, 22, 23, 24, 108
 Tragédias da Última Era, As (The Tragedies of the Last Age) – 21

St. John Perse (Aléxis Léger) – 28
Saint-Simon, Claude Henri de Rouvroy, Conde de – 45
Saintsbury, George, – 26
Salmo, oitavo – 9-10
Salmos – 123
Sardou, Victorien – 94, 165
Sartre, Jean Paul – 196
 Diabo e o Bom Deus, O – 197
 Entre Quatro Paredes – 197
 Moscas, As – 184
Sassoon, Siegfried – 179
Scaliger, Jules-César – 12
Schiller, Johann, Christoph Friedrich – 22, 28, 55, 58, 90, 91, 95, 102, 110, 115, 116, 124, 125; uso do coro – 22, 133, 134; e Goethe – 29, 62, 90, 91, 99, 102, 177; romantismo e tragédia em – 76, 77, 98-105; importância de Shakespeare para – 81, 82, 90, 91, 99; comparado a Kleist – 125, 127; uso do verso – 139
 Demetrius – 91, 99
 Bandoleiros, Os (Die Raüber) – 98, 157
 Don Carlos – 100, 102, 103, 105
 Donzela de Orleans, A (Die Jungfrau von Orleans) – 76, 104, 133
 Fiesco – 162

 Guilherme Tell (Wilhelm Tell) – 104, 105
 Maria Stuart – 102, 104, 105, 133
 Morte de Wallenstein, A (Wallensteins Tod) – 102, 105
 Noiva de Messina, A (Die Braut von Messina) – 99, 133, 134, 135
 Ode ao Júbilo – 77
 Wallenstein – 91, 102, 105, 133
Schlegel, Friedrich von – 90
Schoenberg, Arnold – 157
 Moisés e Arão – 165, 166
Scott, Sir Walter – 64, 69, 102
 Ensaio sobre o Drama (Essay on the Drama) – 66
Scribe, Eugène – 95
Sêneca – 8, 14, 15, 49; modelo para o neo-classicismo – 11, 12, 14; uso elisabetano de – 13, 14, 16; influência tardia – 30
Shakespeare, William: e o neoclassicismo – 12, 14, 20, 21; público de – 66; uso do cenário político – 32, 33; e o romantismo – 80-85, 87-92; contraste da prosa e poesia em – 143-150
 Antônio e Cleópatra – 25, 89
 Como Gostais – 83, 144
 Conto de Inverno, O – 13, 82, 143, 144, 169
 Coriolano – 17, 32, 91, 99, 141, 144
 Cymbeline – 84, 143, 169
 Hamlet – 1, 15, 20, 27, 28, 30, 45, 52, 64, 89, 90, 168; público de – 64, 66, 89, 90
 Henrique IV – 91, 102, 145
 Henrique V – 32
 Júlio César – 40, 64, 89, 91, 99, 145
 Macbeth – 12, 21, 28, 45, 89, 91, 109, 110, 113, 158, 168
 Medida por Medida – 13, 32, 83, 84, 126
 Mercador de Veneza, O – 83, 152
 Muito Barulho por Nada – 84, 144, 145
 Otelo – 83, 89, 109
 Rei Lear – 5, 13, 15, 19, 20, 28, 35, 90, 96, 97, 109, 111, 113, 120, 177; prosa em – 144, 148, 149; comparado com *Woyzeck* – 158, 159, 160, 161
 Ricardo II – 13, 33, 91, 139, 157
 Ricardo III – 33, 91, 92, 109
 Romeu e Julieta – 83, 89, 110
 Sonho de Uma Noite de Verão – 143
 Tempestade, A – 25, 143, 144, 169
 Timão de Atenas – 160
 Trabalhos de Amor Perdidos – 143

Tróilo e Créssida – 126, 147, 148
Shaw, George Bernard – 22, 23, 121, 122, 144, 167; e Ibsen – 166, 170; uso da prosa – 177, 178
  Dilema do Médico, O (The Doctor's Dilemma) – 178
  Santa Joana (Saint Joan) – 178
Shelley, Percy Bysshe – 62, 63, 68, 69, 113, 123, 164
  Cenci, Os (The Cenci) – 69, 83, 84, 85
  Defesa da Poesia (Defense of Poetry) – 62, 68
  Lamento (Hellas) – 69, 71
  Prometeu – 69
Sheridan, Richard – 24
Siddons, Mrs. Sarah – 64
Sidney, Sir Philip – 12, 13, 14, 16, 18
  Defesa da Poesia – 12
Smith, Adam – 152
Smollett, Tobias George – 152
Sófocles – 28, 62, 78; concepção neoclássica de – 14, 18, 20; interpretação de Rymer sobre – 21, 22; e Racine – 44; público de – 65, 117; e os românticos – 108, 109, 110; e Schiller – 134; influência de – 135, 184
  Antígona – 28, 104, 110, 157
  Édipo em Colona – 3, 19, 99
  Édipo Rei – 5, 20, 28, 96, 111, 113
Southey, Robert –
  Queda de Robespierre, A (The Fall of Robespierre) – 69
  Wat Tyler – 69
Spengler, Oswald – 68
Stálin, Joseph – 193, 194
Steevens, George – 81
Stendhal, (Henri Beyle) – 38, 70, 162; concepção de Shakespeare – 27, 81, 88; oposição à versificação da tragédia – 150, 162
Sterne, Laurence – 138
Stevens, Wallace – 182
Strachey, Lytton – 85
Strauss, Richard – 22, 165, 173
Strindberg, August – 20, 62, 156, 175; retrato do antagonismo – 19, 130; novo conceito de tragédia – 70, 166, 170, 171
  A Caminho de Damasco – 171
  Credores – 171
  Dança da Morte, A – 171
  Senhorita Júlia – 171
  Sonho – 171
  Sonata do Espectro, A – 171
Swift, Jonathan – 116, 152

Swinburne, Algernon Charles – 70
  Maria Stuart – 102
Synge, John Millington – 158

Tácito – 17, 33, 142
Taine, Hippolyte – 89
Tasso, Torquato – 22, 24
  Torrismondo – 15
Tchékov, Anton – 20, 62, 113; noção de tragédia e comédia – 70, 166, 170, 171, 172; influência no teatro moderno de – 173, 174
  Gaivota, A – 172
  Jardim das Cerejeiras, O – 172, 173
  Três Irmãs, As – 29
Tennyson, Alfred, Lord – 70, 82, 132
Terêncio – 8, 142
Tieck, Johann Ludwig – 90
  Timour, o Tártaro (Timour, The Tartar) – 64
Tolstói, Leo – 158, 182
  Guerra e Paz – 176
Tourneur, Cyril – 14, 82
Trissino, Giovan-Giorgio – 15
Tucídides – 2, 3, 137
Turenne, Henri de la Tour d'Auverne, Visconde de – 39

Valéry, Paul – 15, 59
Van Gogh, Vincent – 157
Velho Testamento – 3
Verdi, Giuseppe – 89, 95, 164
  Falstaff – 89
  Hernani – 94
  Macbeth – 89
  Otello – 165
  Rigolleto – 95
Vigny, Alfred de – 78, 87, 89, 92, 177
  Otelo – 87
Virgilio – 22, 176
Vishniévski, Vsevolod –
  Tragédia Otimista, A – 194
Voltaire – 29, 152, 162; como crítico – 21, 40, 43; e os românticos – 63, 88, 107, 108, 109; efeito sobre a tragédia – 111, 113
  Semiramis – 109

Wagner, Richard – 11, 22, 121, 173, 189; filosofia social de – 63, 68; temas de – 73, 75, 123; teoria do drama – 67, 110, 114, 164; mitologia de – 167, 183
  Anel – 165
  Crepúsculo dos Deuses (Götterdämmerung) – 72
  Parcifal – 164

Tannhäuser – 9
Tristão e Isolda – 52, 165, 166
Webster, John – 11, 14, 62, 82, 83
 Diabo Branco, O (The White Devil) – 11, 83, 84
 Duquesa de Malfi, A (The Duchess of Malfi) – 83
Wedekind, Frank – 95, 156, 171
Weigel, Helene – 200
Whitman, Walt – 341 n
Wieland, Christoph Martin – 90
Wilde, Oscar – 144
 Salomé – 130
Winckelmann, Johann – 99
Winters, Yvor – 58
Wordsworth, William – 71, 72, 78, 140

Baladas Líricas (Lyrical Ballads) – 107, 140
Fronteiriços, Os (The Borderes) – 69, 82, 74

Yeats, William Butler – 22; fracasso como dramaturgo moderno – 130, 174, 175, 184; verso dramático de – 176, 178, 180, 181; alienação do público – 177; mitologia de – 181, 183
 Condessa Cathleen, A (The Countess Cathleen) – 180
 Purgatório (Purgatory) – 180, 181
 Sonho dos Ossos, O (The Dreaming of the Bones) – 181
Zola, Émile – 70, 182

Este livro foi impresso na cidade de Cotia,
nas oficinas da Meta Brasil,
para a Editora Perspectiva